中国扳指

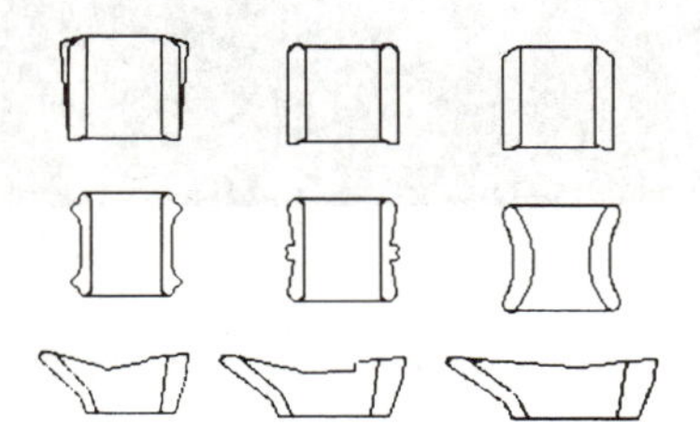

上图扳指的剖面图

扳指是由各类宝石和较珍贵的石头制成的，样式繁多。上图中最后一排的那种扳指自周代至汉代都广受欢迎。中间一排那种外壁颇有特点的圆柱形扳指深受明朝人喜爱，而外壁光滑的圆柱形扳指在清代很流行。绝大多数扳指仅仅用于装饰，认真的射手多喜欢皮制、角制和骨制的扳指，但这类扳指很少留存至今。

箭　镞

中原和周边草原上的工匠制作出了种类繁多的箭镞。右下角的箭镞属于新石器时代，是用骨头、燧石或黑曜石制成的。除上两排外的其他箭镞则是商代至汉代晚期的文物，为青铜材质。有些箭镞用于弩箭，有些用于打猎或战争，有些则设计成毒箭。上两排的箭镞都是铁制的，有两只是鸣镝，用于在战场上传递信号。有两只箭镞可以携带火球引燃目标物。大而宽阔的箭镞在军事演习中很受欢迎。作为武器、战利品和商品的箭镞广泛分布于不同的时空之中，所以难以确定每一类箭镞的起源地。

汉代弓箭手

这件陶俑可追溯到汉代早期。承接秦始皇兵马俑的风格，该陶俑应是一支随葬“军队”中的士兵，以彰显墓主人的重要身份。陶俑身着步兵的皮甲，双手各有一槽，原来应该握着一把木制的弓（他的背上也捆了一个盒状的小箭囊）。注意他的双脚是呈直角角度站立的。执弓手臂用艺术的方式再现了其伸展的状态，好似“前推泰山”。

唐代弓箭手

这具镇墓武士俑以持弓箭的形象站立。其双手各有一个凹槽，用来放置木制模型弓及弓弦。这种涂上白色、赭色和绿色彩釉的俑是唐代很流行的随葬品。虽然俑的姿势比较风格化，但其手臂姿势和身上的盔甲可以确信是真实再现。在唐代这种样貌凶狠的胡人武士俑比较流行，汉人形象则不多见。

明代骑马猎手

这是一件釉陶俑，一位明代贵族身着保暖的外套，骑在一匹脾气温和的草原小马驹上，持弓欲射。他的皮制弓囊横挂在左腿上，右边腰上套着一个箭囊。创作者着力表现出其手臂伸直、头部竖起的动作细节。

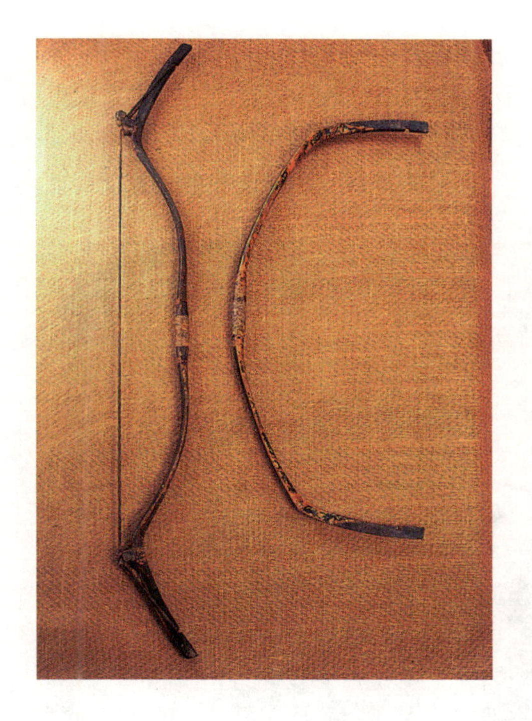

清代武举中测试臂力的硬弓

这两张弓一为上弦的“张弓”，一为放弦的“弛弓”，它们大约制作于19世纪中叶，是用作力量训练和考试的工具，并非用来射箭。弓匠把牛肠按一定长度分割，再拧在一起晒干，制成弓弦。这种材质的弓弦足以承受满弓时高达100公斤的拉力。

传统的中国弹弓

中国弹弓的用途是打鸟，但不是射杀它们。弹弓高手可以打下一只全速飞行的鸟。这种弹弓拉力不大，弓体制作中也用不到牛角。弦外侧的弓体部分用一定长度的竹片制成，弦则是用两条平行的丝线，弦的中段绑上一个用鲨鱼皮装饰的竹制弹袋。弹丸以陶土烧制而成。图上这把弹弓是1998年北京的聚元号制作的。

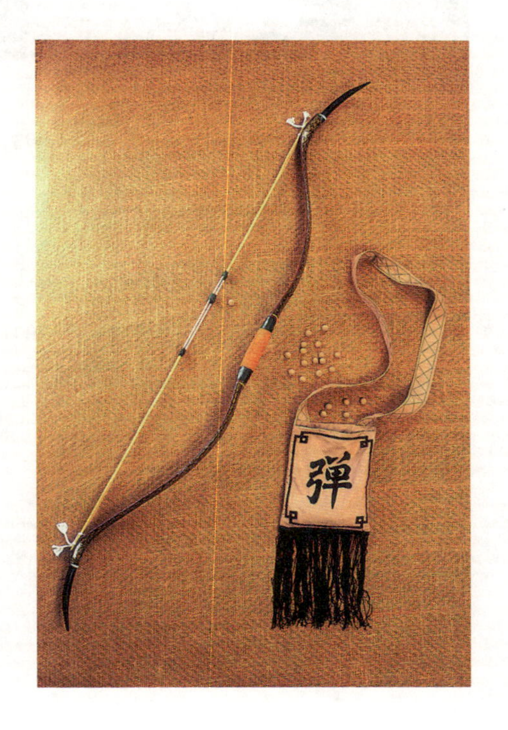

射箭考试

这是一幅用于出口的纸本水粉画。这位画家捕捉到了武举步射考试的核心部分，这场考试在衙门内进行，但画家没有弄清楚弓上弦的方式。画面的右边是一位考官，他以在考生名字上勾红的方式来计分。两位司仪辅助考官的工作，两位考生正在参加考试。箭靶右边有一位裁判，他通过敲锣来表明考生是否射中。另外一边有一位负责捡箭的助手。箭靶是标准样式，靶上有一面用来表示风向的小旗。

北京街道上练习射箭的士兵

这幅图刊载在1878年的《画报》(*Graphic Magazine*)上。画家精确地捕捉到了弓箭以及弓箭手动作的细节。画面上的颜色是后来添加的，也许并不符合实际。

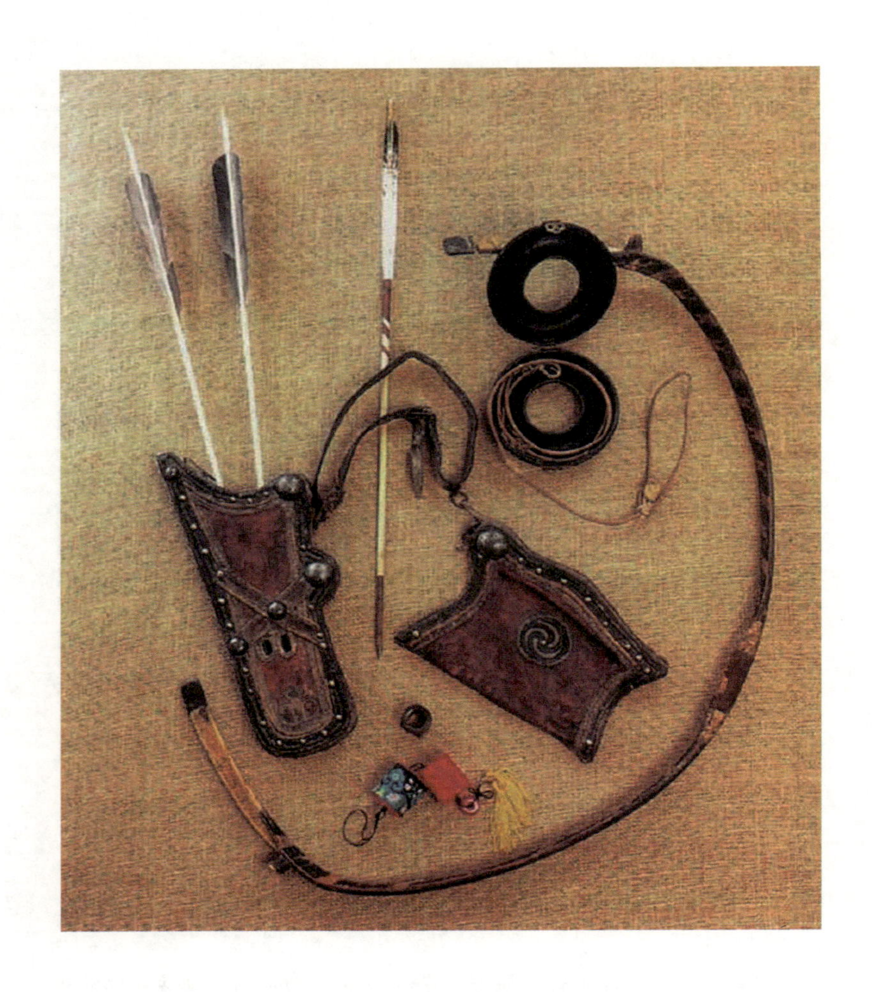

中国传统骑射或打猎装备

图中是19世纪中叶骑射手使用的装备，有骑射弓（比步弓小而轻）、弓囊和箭囊。下方有一枚玉扳指和装它的盒子。上面像甜甜圈一样的小皮盒用来收纳备用弓弦。这几支装着传统尾羽的箭是现代制作的。

中华射艺史话

〔英〕
Stephen Selby
谢肃方
著

陈雨石　贠琰
译

北京大学出版社
PEKING UNIVERSIYT PRESS

培文
PEIWEN

著作权合同登记号　图字：01-2015-1470

图书在版编目（CIP）数据

中华射艺史话 /（英）谢肃方著；陈雨石，负琰译．—北京：北京大学出版社，2023.1
（培文书系·文化艺术译丛）
ISBN 978-7-301-33547-5

Ⅰ．①中…　Ⅱ．①谢…　②陈…　③负…　Ⅲ．①中国式射箭—体育运动史
Ⅳ．① G852.99

中国版本图书馆 CIP 数据核字（2022）第 202304 号

书　　名	中华射艺史话 ZHONGHUA SHEYI SHIHUA
著作责任者	〔英〕谢肃方（Stephen Selby）著；陈雨石、负琰　译
策划编辑	梁　勇
责任编辑	李书雅
标准书号	ISBN 978-7-301-33547-5
出版发行	北京大学出版社
地　　址	北京市海淀区成府路 205 号　100871
网　　址	http://www.pup.cn　新浪微博：@ 北京大学出版社　@ 阅读培文
电子信箱	pkupw@qq.com
电　　话	邮购部 010-62752015　发行部 010-62750672 编辑部 010-62750883
印 刷 者	天津联城印刷有限公司
经 销 者	新华书店 710 毫米 ×1000 毫米　16 开本　24.5 印张　彩插 0.5 印张　445 千字 2023 年 1 月第 1 版　　2023 年 1 月第 1 次印刷
定　　价	98.00 元

纪念

陆智夫师傅

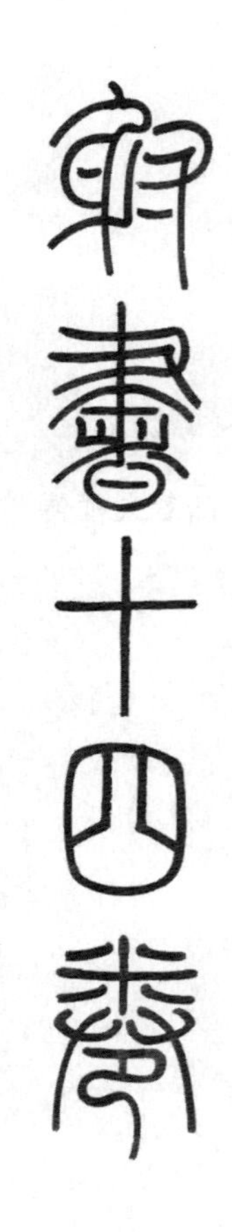

故宫博物院李合龙先生

为本书原书名题签

目录

序

马明达

一

考古发现，早在旧石器时代的晚期，我们的祖先就已经在使用着弓箭。山西朔县峙峪遗址发现的石箭镞，令全世界都为之瞩目，为之神往。[1]同样，早在西周，中国人就把射箭技术看成一门“艺”，不只是狩猎攻敌的武艺，而且是用以培养和考察品德修养的重要项目。于是，在努力张扬百发百中的高超技艺之同时，又提出了“射不主皮”和“射以观德”的理念。这实际是给射箭赋予了教育功能，赋予了人文教化的内涵。众所周知，西周曾经创造出内容丰富而形式多样的“射”的活动，构建起一整套的“射礼”。古代学者早就指出，从西周天子所举行的“大蒐礼”，到各诸侯国基层的“乡射礼”，都具有寓兵于射和寓教于射的双重性质。它并非单一的军事活动，其所具备的体育性质彰明昭著，毋庸置疑。当代史家杨宽先生早就指出，举办频率很高的乡射礼，“实际上就是国人在所居的‘乡’中举行的一种以‘射’为内容的运动会”。[2]从本质上讲，这是中国人最古老的体育意识和实践，是竞技与教育相结合的体育运动会。

中国自古就是多民族国家，数千年来不断地经历

[1]《旧石器时代晚期文化·朔县峙峪遗址》：“1963年发掘……发现一件燧石箭头，用很薄的长石片制成，尖端周正，肩部两侧变窄似呈铤状。结合过去在萨拉乌苏河、水洞沟遗址也曾见到有石镞的实物材料，说明弓箭的最初使用，可以追溯到旧石器时代的晚期。”见中国社会科学院考古研究所编著《新中国的考古发现和研究》，文物出版社，1984年，第22页。又据杨泓《弓和弩》一文载，峙峪遗址的放射性碳素测定，其年代为距今28945年。见杨泓《中国古兵器论丛》，北京：文物出版社，1980年，第190页。

[2] 杨宽：《“射礼”新探》，见杨宽《古史新探》，上海：上海人民出版社，2016年，第316页。

着民族的变迁和交融。可以说，在中国所有的古代文化遗产中，没有哪种文化形式像射箭一样充满了多民族文化冲突、交流与融合的特征。一部中国射史，自始至终都深深地打着多民族共生文化的印记。自孔子发出“隼之来也远矣！此肃慎氏之矢也”（《鲁语》），到赵武灵王的“胡服骑射”；从党项人李定向北宋献出“射三百步，能洞重札”的“神臂弓”（《梦溪笔谈》），到大清王朝制定武举考试以步射、骑射为主项的制度，无不显现出我国各兄弟民族对“射”的钟爱和贡献。正因为经历了多元文化的不断融合与汇集，又经历了几千年的演进与变化，才终于形成一门具有明显的中华文化特色的“中国式射箭”体系。毫无疑问，这是一门由中华民族共同创造的具有综合价值的学问，古人将它称之为“射学”，可谓寓意深刻，再恰当不过的了。

射之成为“学”，不仅因为它的功能早就突破了军事与狩猎的领域，具有了显而易见的体育文化性质，而且还因为古人以“射”为基点，又衍生出诸如弹弓、投壶、射柳、射网等一系列竞技与游艺的分支项目，同时，还不断地丰富它的文化蕴含量，延伸出来一系列的文化内容，诸如制作、装饰、佩服、礼仪、馈赠、比较、考试，以及诗文、图画、歌舞等。最终融汇成为一个领域宽广而缤纷多彩的文化现象，可以称之为“弓箭文化现象”。正因为如此，在古代，射不仅是备受国家重视的军戎与教化大事，也是中华民族体育活动的主干项目。在相当长的时间里，弓与剑，曾经共同担当着中国“武文化”的标志，并成为中华“武学”的最重要内容之一。

射之成为“学”，还有一个重要的原因，就是它拥有许多著述，拥有一个理论与技术并重的独立的射文献系统。在中国传统体育项目中，包括被许多人动不动就誉之为“博大精深”的武术在内，没有哪个项目能像射箭一样拥有如此众多的典籍，其中有些图书，理法俱全，图文并茂，堪称民族体育文化遗产的珍品。中国射书还传播到了周边国家，19世纪以后也传到欧洲，引起外国学者的注意。我们在日本、韩国和越南都发现了中国射书的原本和翻刻本，这些国家的射箭活动和理论，有其本国的特点，但无不深深受到中国射学的影响。

遗憾的是，今天，珍贵的射文化遗产正在成为历史的陈迹。尽管有些少数民族还保存着本民族射箭的传统，国家也为之提供了表演和竞赛的场合，但主要由汉民族传承的“中国式射箭”早就被轻而易举地抛弃了。长时间以来，由于没有正式赛事，又受到各种条件的制约，民间习射在很长一段时间中销声匿迹，了无踪影。这使我们不免为中国传统射箭的生存与延续心存担忧。难道在流传了几千年之后，极尽精巧的中国弓箭制作工艺，连同相关的一系列附属物的制作方法，要陷入沦为绝学的凄惨境地？既然连射的活动和弓矢制作都没有了，还谈什么“射学”？所以，在使用这个名词时，我们的心中不免掠过一种类似“上阳宫人谈天宝遗事”的沧桑感。

再强调一点，“射学”的失落，不仅表现为中国式射箭已经杳如黄鹤，还表现为国内至今没有高质量的系统研究我国射箭的专著，没有对古代射箭文献的系统研究，更没有射箭技术发展史的研究。多年来射箭只在考古学的领域里占有一席之地，为此我们要感谢兵器史家周纬和杨泓等学者，他们在自己著作中涉及了弓弩，提出过非常有价值的观点。但总的来说，考古界和史学界关于器物的研究多，关于技术与礼仪的演进，民族射箭的交流，以及射学文献等方面，就显得很少。至于从民族体育的角度谈论射箭的文章，以我们的寡陋所及，似乎大都着眼于少数民族的弓弩活动，也多半仅限于罗列现象而已。

二

旅居香港多年的英国学者谢肃方先生是我的老朋友，更是一位在中国传统射箭文化方面有着深厚基础的学者。他长时间从事东亚射箭文化，特别是中国射箭文化的研究与收藏，成果颇丰。2000年，香港大学出版社出版了谢肃方先生的《射书十四卷》一书，这是一本有关中国射箭的英文专著，也是当时海内外唯一一部系统研究中国古代射学的英文学术专著。这部书的出版，不仅以其独特的学术视角和丰硕的研究成果而引人注目，令人感佩，更重要的是它说明沉寂已久的中国射学并没有被人们彻底遗忘。在国外，在世界各地，中国射学仍然以其独特的魅力吸引着学者们的关注。《射书十四卷》的问世是一个象征，是一个令人鼓舞的学术动态，所以我们愿意将它介绍给关心和热爱中华民族体育的人们。

《射书十四卷》简体中文版改名为《中华射艺史话》，全书共分十四卷。书的自序与卷一是对此书的一个简单介绍，说明了此书的缘起与撰写目的。卷二到卷三，作者以中国古代弓箭的发明人为引论，举述了我国古代传说的众多射箭高手，将古代有关射箭的神话传说串联起来。又通过对中国古代“弓”字的产生与发展的考述，以及相关文献的研究和考古资料的引述，指出了射箭在中国古代宗教生活中的地位与作用，说明弓箭的产生与中国文明的产生之间的密切关系。

卷四到卷五是学术含量很高的两卷。两卷集中讨论中国古代的射礼，除了对射礼内容的具体论述外，还涉及孔子思想中有关射箭的内容，涉及先秦文献中关于射的记述和所反映的射文化理念。

卷六集中研究中国古代弓箭的材料结构与制作方法。作者分别围绕弓匠做弓、箭匠做箭及木工制作箭靶，在征引了从先秦到明清的大量文献的基础上，做了许多数据的检测与统计，借以说明中国弓箭的基本结构及其原理，由此可见作者的用功之专之细。

卷七中，作者对我国古代一些与弓箭相关的记载中的疑点做了自己的分析判断，提出了许多有价值的观点。卷八主要介绍弩机，通过文献史料和考古实物的印证，阐释弩机的结构与制作原理。并连同介绍了一些我国古代由射箭衍生出来诸如弋射的内容。最后还提到礼射的终结时代是汉代。

随后的几卷里，作者从文献学的角度就我国古代射箭的著作，尤其是明清两代的射书做了尽其所能的论述，这是全书中内容最显丰富也最具见地的部分。作者首先利用古代文献的记载，论及唐、宋、元时代的中国弓箭制作及射术，与周边少数民族之间的差异和交流。接着以明、清两代为主，系统介绍传存下来的中国古代射箭著作，及其所反映的射术的变化。值得一提的是，作者使用了日本古代著名学者荻生徂徕（1666—1728）对中国射书搜集与研究的成果。荻生徂徕所编刻的射学丛书《射书类聚国字解》，其实主要是一些稀见的中国射书，有些书在中国已经失传。《中华射艺史话》提供了《射书类聚国字解》的细目，使我们进一步了解到中国射学对周边国家的影响，知道了某些稀见射书的隐身之地，这不禁让人为之兴奋。

《中华射艺史话》的一大特点，是作者对若干重要的射学典籍做了详细考证和引录，并采录了许多图像，达到图文并茂的效果。正是通过对许多古代射书的认真审读，考镜源流，比较异同，作者才清晰地勾画出了中国射学的发展进程，勾画出了中国射学宏阔宽广的文化内涵。作为一部学术著作，不能说这部书是尽善尽美的，这也不可能，书中确实存在一些值得商榷的地方，甚至还有个别对中文文献解读上的失误。但必须承认这是一部严肃的学术著作，是作者长时间辛勤耕耘的学术成果，截至目前，这也是笔者所见到的第一部关于中国射学的专著。特别需要指出的是，十余年前在拜读了《射书十四卷》之后，我曾主动与谢肃方先生取得联系，向他请教几种稀见射书的海外收藏情况。承蒙谢肃方先生慷慨相助，我立即得到了多种复印本。在此，我们向谢先生的学者风范表示敬意。

十余年来，在中国当代射箭名宿徐开才、李淑兰二位先生为代表的众多热心人不断奔波与大声呼吁之下，传统射箭在民间获得了长足发展，不但赛事频繁，论坛不断，筋角制作的传统弓与竹木材质的传统箭也获得了恢复与发扬，一些优秀的年轻人致力于中国传统射箭技艺的恢复，而且越做越好，越做越有传统的质感。而这一过程中，谢肃方先生同样起到了非常重要的作用，不仅在于他完成了《射书十四卷》，还在于他为复兴和推广中国射箭做了许多事情，吸引到不少有识之士的支持和参与。

近日，应四川大学历史文化学院的陈雨石博士与四川大学体育学院的负琰博士等诸位师友之托，我为即将付梓的《中华射艺史话》中文版写序，他们嘱我略弁数言以为推动，我则在欣喜之余，乐于稍稍溯述几句射学的渊源，以见中国射箭文化的含蕴悠深，源远流长。同时，我也祝愿两位年轻学者，再接再厉，在中国射学的研究上取得更多成绩。保护和发扬这一份珍贵的武学遗产，是我们大家的责任。

此次中文版的出版，必将进一步推动大家对中国射学的关注与探究。

匆促临纸，疏误必所难免，恳祈读者概予指正。

2021年8月22日星期日

于健公书院

中译本自序

1999年底，我从香港大学出版社收到拙著《射书十四卷》的首份样书。我仍记得看到成书的那一刻我的兴奋劲儿，这毕竟是我人生中出版的第一本书，更别说出版社还把它做得那么漂亮。

北京大学出版社即将印行拙著的中译本（书名改为《中华射艺史话》），我由衷感到开心，并深感荣幸，但同时亦觉不安。自2000年以来，中华射艺的研究迅速推进。中国学者们产出了许多优秀成果，令我自愧不如。另外，海外也有不少有关中华射艺的精细研究，一些相关的古文献亦被陆续译介。

20年很长，尤其当你身处中国这样一个发展迅速的国家。20世纪90年代我开始研究中华射艺时，尚未有人关注这一课题，也仅有极少数人在练习传统射艺——大部分是藏族和蒙古族，他们还保留并复原了一些传统技艺。在青海省，仅有的三四名弓箭工匠正为当地的比赛修理老弓；在北京，聚元号第九代传人杨文通还在苦心恢复他的家族产业——制造满族风格的传统弓（清弓）。那时的体育专家会说，大多数人满足于关注衣食住行，如果还有人对射箭抱有些许兴趣，那也是聚焦于2008年北京奥运会的备战。

20年后，中国得益于其政府旨在消除绝对贫困的一系列政策，使得大多数人有闲暇来发展自己的业余爱好，例如传统射艺。人们对促进中国传统文化发展的兴趣也逐渐高涨，乃至现在中国的一些中小学都开设了专为少年儿童介绍射箭文化的课程。20年前，我怎么也想不到有一天我能每周在中国的媒体上看到有关传统射艺竞赛和展演的消息，同时我也在海外看到各年龄段的人参加中华射艺的兴趣团体。我惊讶地发现海内外的许多手工艺人都在复原传统中国弓。看着一群身着古装的小学生跳起周代风格的"弓箭舞"，更令我感动落泪。

我此前对要不要修订《射书十四卷》颇感纠结：一方面，过去20年里出现了新的知识；另一方面，我的原书中还存在一些纰漏。但我最终还是决定保持原样。尽管书中有些错误，不过无伤大雅。而且，我仍然认为原版的《射书十四卷》与其他后来的研究成果相比，有其特别的地位和功用。这本书是在顾煜《射书》(1637)的精神基础上，对中国弓箭进行的一次全景式文化鉴赏。它更关注射艺在中国文化中的位置，而非射箭的技法。它涉及哲学、礼仪、文学和历史等主题。虽然中国的学者们产出了多方面的学术成果，但我觉得其中一些研究仍需进一步搜集民俗材料，以及仔细校勘博物馆与图书馆中收藏的史料。

我希望《射书十四卷》中译本的面世可以鼓励更多人参与到中华射艺的研究中，以使射艺能重归中华文化的百宝箱，那是本就属于它的地方。

英文版自序

哈勒赫（Harlech），北威尔士，1995

正值暑假，我带着孩子们去参观哈勒赫古堡。我买完了门票，又强行把孩子们从纪念品商店中揪出来，这时才发现我们已置身于堡垒之内了。城墙下面是修剪一新的保龄球草坪，以及一条保持得整齐完好的鹅卵石小径。我的孩子们正想沿着那漆黑蜿蜒的石阶爬上城墙。

接下来，我沿着那狭窄的石阶走了一半路程，来到了一处射击孔。它大约有2米高，透过一个不足20厘米宽的窄孔，我可以看见城堡下那小镇的一角，还有远方沧海的一隅。

孩子们继续朝前跑去，而我则停下脚步，静坐在射击孔旁。

这一边的城墙约有3米厚。粗凿的岩石混着运自附近海滩及溪涧的圆卵石，人们再用水泥将它们砌成墙体。射击孔的外侧很窄，但靠里的一边却宽逾一米半——足够容下两名弓箭手共同监视着城墙下的世界。凛冽干燥的海风从射击孔刮了进来，吹向我身后的台阶。

我在射击孔边缘坐下，身后传来孩子们兴奋的叫声——他们攀上了堡垒下放着的一门铁炮。海鸥在我的头顶喧闹，我时不时地还能听见几声寒鸦的怪叫。然而，穿过射击孔而来的声音却扭曲而奇特：混杂了车声、涛声及古怪且令人费解的人声。

这射击孔的安置深具战略性，这里能看得十分清晰。城墙里边的昏暗倒衬得外面的光线出奇明亮。从我坐的地方看出去，有汽车通过城堡下的公路，有从达芙林·奥黛薇（Dyffryn Ardudwy）开来的火车刚刚到站，有人在海滩上放风筝。我开始思考，我在这里局限的视野与我妻儿站在城墙高处的广阔视野相比，究竟会有多大的不同？

对于他们而言，当然有更多东西可以一看，但关键是怎样判断该看什么，因为有太多的东西在吸引他们的注意力。城堡的一边有庭院，庭院里有一座被毁坏的礼拜堂；城堡的另一边是哈勒赫小镇和几座小山。当他们对一个方向的注意力开始减退的时候，另一边的东西自然抓住了眼球。上下左右四面八方，选择颇让人为难。

而我局限的视野却别有趣味。确实，我不能同时看清上和下，而且为了在这狭小的视野中找到最佳视角，我得把头支在靠近射击孔的位置——这样我大概能偷得至多30度的视角。我的注意力却在某种程度上得以集中，这迫使我从所见中“拧出”更多信息：有多少人搭乘了那列火车？搭火车的人比沿着公路开车的人多吗？为什么他们要选择搭乘火车？诸如此类。

那条通过哈勒赫城堡射击孔外的铁路已有150年以上的历史了。在比钦博士[1]（Doctor Beeching）的时代之前，它不大被人熟知的前身——威尔士沿海快车已沿着这条铁路线开通了。20世纪50—60年代，这条铁路已成为位于普尔赫利（Pwllheli）的巴特林夏令营

[1] 译者注：理查德·比钦（Richard Beeching，1913—1985），1961年至1965年任英国铁路公司主席。

地（Butlins Holiday Camp）的生命线，它让居住在利物浦和中部工业区的城市居民第一次尝到了离家度假的滋味——同时也让我每年可以去崔洛格（Chwilog）看望祖父母。在此之前，它已带着成千上万爱德华时代的游客去到巴茅斯（Barmouth）和阿伯里斯特威斯（Aberystwyth）的度假胜地。劳合·乔治（Lloyd George）首相或许也要乘着它从伦敦的议会大厦启程，在假期里旅行至他在拉纳斯蒂姆杜伊（Llanystymdwy）的家族领地。我母亲曾告诉我，一列火车曾在巴茅斯外的一处悬崖边脱轨，数十人身亡。

在铁路修建之前，这里是一条沿海的公路。卫理公会的牧师沿着它到克里基厄斯（Criccieth）去设立他们的教会。天主教的朝圣者们——无论是富人还是穷人，圣徒还是罪人，都曾沿着海岸去往神圣的巴德西（Bardsey）岛。若有人想做一份历史记录的话，通过深嵌在哈勒赫城堡城墙上通风良好的射击孔，能看到的事物比以上提到的还要多。

所以当我被问到"为什么要研究'中华射艺史'这样一个狭窄的题目"时，我心里自有答案。我只是凝视着我心中那窄小的射击孔，任千古风流穿行眼前。

中国的长城亦有那样的射击孔。

上海，中国，1997

1997年11月，我坐在李圃教授的研究室内，他是中国首屈一指的古文字学家。我们的身前有一堆棕色的信封，里面装着准备录入电脑数据库的3500年前中国商代甲骨文的手稿。

"你的这本射学研究著作准备写多长？"他问我。

“我想大约十二章吧。”我答道。李教授嘿嘿笑我，他的助手臧教授也笑了：“李教授可以写出整整十二章古代弓箭的历史，而且不用借助商代甲骨文以外的任何材料！”

他这并非夸大其词。我的“狭窄”题目已经贯穿了中国历史、艺术和文学，要将这无数的信息碎片收集起来并以合理的顺序加以排列——不仅仅是埋头在故纸堆里——的确是一项挑战。中国已经拥有了自己的罗宾汉（Robin Hood）和威廉·退尔（William Tell）[2]，不仅如此，射箭从有文字记载的历史——李教授研究的甲骨文代表的时代——开始就支撑着民间信仰和神秘的礼仪文化。

[2] 译者注：威廉·退尔（William Tell）是瑞士民间传说中的英雄，擅长弩射。德国文豪席勒以之为蓝本创作了著名戏剧作品《威廉·退尔》。

射手和射术曾多次决定了中国历史的进程，如同克雷西（Crécy）战场[3]上的长弓之于英国一样。弓、弩以及战马构筑了中国军事思想的主要成分，并绵延了数个世纪，甚至延续到了火药已普遍使用的时代。对于中国古代文明而言，那些神秘射手手中之箭，恰如宙斯手中的闪电一般，在民间信仰中扮演着举足轻重的角色。关于射箭的知识广泛根植于中国古代的文学作品中，以至于孔子、列子等伟大的哲人能轻易地用射艺为喻去阐述他们的观点。

[3] 译者注：克雷西会战是英法百年战争中的经典战役，发生于1346年8月26日，英法两军在法国克雷西交战，是役英军以长弓手大破法军。

中国和英国都拥有着漫长而浪漫的射艺历史。在英语世界里，传统射艺很好地保存着，但在中国却消亡了。1800年前后，射箭作为一项贵族运动，在中国的地位远高于英国。然而在今天，传统射艺在英语世界里是广受欢迎的体育运动，传统方式的弓箭制造亦是许多人的兴趣爱好。在中国却无人能记起该如何拉开一张传统弓，更遑论如何制弓。何以如此？

这部作品涉及了中国从远古到1950年的历史，几乎无所不包。大多数中国历史、文学、哲学和艺术中的著名人物都将一一从射击孔下走过。从那狭窄的窥孔中，我们能听到他们的窃窃私语，阅读他们的金玉良言。我们可以一睹中国人谱写的皇皇史诗——怀抱十字弩的长城守卫在箭塔里挤作一团，他们共同抵御着来自崇山峻岭和大漠荒原的猎猎寒风。风带着苦艾的气味，吹向了守卫身后的石阶。

致谢

本书的面世有赖太多友人的帮助。他们帮我搜集材料，并在本书完稿后予以指正。要说感谢，真不知从谁说起。我要特别感谢那些世界各地的射艺研习者和制作弓箭的工匠，他们给了我宝贵而实用的建议。周代诸多的青铜铭文该如何释读？汉代蚕丝的平均粗细是多少？煮鱼鳔胶需要多长时间？诸如此类的问题，都有人给我提供参考意见。很多帮助和建议通过网络送达。通过运用网络资源——如图书馆的书目、邮件、书商提供的书单和网上论坛，我在这本书上的研究得以事半功倍。

下面列出我的致谢名单[1]，若有朋友被这份名单遗漏，我希望得到谅解。

国外

- Adam Karpowicz
- Anthony F. Spink, Chairman, Spink & Son Ltd（斯宾克父子公司）
- Barbara Giordana
- Bede Dwyer
- Carol A. Edwards

[1] 译者注：今对原文致谢名单顺序做了一些调整。

- Dr Charles E. Grayson and the "Grayson Collection" at the University of Missouri（密苏里大学"格雷森弓箭藏品"）
- Choijelsurengiin Munkhtsetseg of the Mongolian Archery Association（蒙古国射箭协会）
- Christer Von der Bergh, Han Shan Tang Books（寒山堂书店）
- Dr D. Batchuluun of the Mongolian Sports Institute（蒙古国体育运动研究所）
- Don Cohn
- Douglas Elmy of the Society of Archer-Antiquaries（射箭文物协会）
- Clay and Yoshiko Buchanan of the Northern California Kyudo Federation（北加州弓道协会）
- Garnet Publishing（加内特出版社）
- Jaap Koppedrayer, bowyer of Yumi Traditional Archery（传统日本和弓弓匠）
- Dr James Hayes; James L. Easton of the International Archery Federation（国际射箭联合会）
- Dr M. E. Lewis
- Molly Strode of the University of Missouri（密苏里大学）
- Ned Hilleren
- Paul Bush
- Rick Hinton, Editor of Instinctive Archer Magazine（《直觉射手》杂志编辑）
- Roger Moss
- Roy Collins
- Thomas and Jenny Duvernay

- Vittorio Brizzi and Alessio Cenni, traditional bowyers of Bologna（博洛尼亚传统弓匠）
- 日本东洋文库
- 日本国立国会图书馆
- 日本群马县立女子大学，滨口富士雄教授

国内

- 北京大学图书馆
- 北京大学，陈美章教授
- 港岛射箭协会
- 华东师范大学中国文字研究与应用中心，李圃教授
- 华东师范大学中国文字研究与应用中心，臧克和教授
- 李小珠
- 林锦光用他的专业知识慷慨地帮助我翻译了日文材料
- 上海市图书馆
- 香港历史博物馆
- 香港大学出版社全体工作人员
- 香港古玩交易和收藏团体的朋友耐心地允许我拍摄他们的藏品
- 中国射箭协会，林志波
- 中国射箭协会，徐开才、李淑兰
- 武当派气功大师胡广发师傅

译者前言

国际知名射艺研究学者、汉学家谢肃方先生的大作《射书十四卷》出版于22年前，盖谢肃方先生本人对明代射艺家顾煜的射学专著《射书》青眼有加，故将自己草就的总计十四章著作之中文书名定为《射书十四卷》，以示敬意。后因网络传播，《射书十四卷》为更多的射艺爱好者知晓，并被奉为开山的经典之作。不过，由于传统射艺在中国国内尚属冷门运动，除专家学者和一些民间爱好者外，普通读者恐难以从《射书十四卷》这一古奥的书名上直接了解本书的主题，故此次中译本的出版，作者、出版社和我们译者均希望另拟一题。权衡再三，我们决定最终定书名为《中华射艺史话》。

必须指出的是，以“中华射艺”对译Chinese archery并非不言自明的选择。事实上，对“中国传统射矢活动和射矢文化”这一研究对象，无论历史学界还是体育学界均未达成统一的学术称谓。首先检视“射艺”。中国传统典籍一般单以“射”为总括性通称，衍生出射礼、射法、射学等概念。“射艺”源于儒家“六艺”，“射”为“礼乐射御书数”之一，乃贵族必须掌握的技艺。见于古籍的“射艺”一词通常有两种指涉：有时指狭义的“射箭技巧”，同“射技”或“射术”，例如“太宗射艺绝世，矢无虚发”（《贞观政要》卷一）；有时又泛指一切射箭活动，例如明代武术家程宗猷在《射史》中将射礼也统归到广义的“射艺”中（《射史》凡例）。

清末以来，由于冷兵器的退场，传统射箭技法与弓箭制作技艺面临传承危机，部分武术界的有识之士着意将传统射箭改造为现代竞技射箭运动，以期保留其形。[1]但对相关术语的厘定，武术界内部亦存在分歧。民国时期率先系统研究中国传统射箭技法、历史与文化的武术先驱张唯中就明确反对使用“射艺”一词，转而将其理论体系定名为“弓箭学”，理由是“弓箭二字是现今通用的名词……含义极为广阔”，“射艺”虽更为“古雅”，但偏重古代射箭活动，与他所倡导的“以科学的方法”研究和推广射箭运动之宗旨有别。[2]在张唯中的体系中，“弓箭”的指涉已超越了作为武备器物的“弓”和“箭”，而统括弓箭制造、射箭理论、射箭技法、射箭历史、射箭文献等，成为一项包揽了器物、制度、技术等文化因子的独立概念。张唯中是深受新文化运动洗礼的，故他具有相当鲜明的除旧布新意识，相较之下，如武术家卞人杰、川军军官曾崧生（鹏程）等为“国粹体育”张目的射箭研究者则倾向于使用“射艺”，卞人杰著有《射艺概述》，[3]用拳法经验解读射法；曾崧生著有《射艺研究》，配以照片演示射箭的动作分解步骤。[4]显然，二人文中的“射艺”仅仅代表其狭义用法，即指涉“射箭技巧”，而不涉其文化结构。

新中国成立后，为与国际体坛接轨，体育界在竞技层面废止了传统射法（蒙古式拇指射法）与传统弓箭，转而采用奥运会通用的竞技反曲弓与地中海式三指射法。在这一历史背景下，作为传统词语的“射艺”自然

[1] 陈雨石，贠琰：《略论民国时期射箭运动的发展及其启示》，《中国体育科技》2021 年第 5 期。

[2] 张唯中：《弓箭学大纲》（1934），台北：逸文出版，2016 年，第 3 页。

[3] 卞人杰：《射艺概述》，《康健杂志》1934 年第 6 期。

[4] 曾鹏程：《射艺研究》，《良友》1937 年第 130 期。

难以进入学术界的视野。由体育界主持的体育史书写中，“射艺”也被“射箭运动”替换，20世纪90年代起，国家体委编写“中国体育单项运动史丛书”46种，其中就有《中国射箭运动史》。该书从标题上即可看出，作者将“射箭”纯然定性为一项“体育运动”，故其内容着重于传统和现代射箭中的“运动性”和“竞技性”，并旨在证明该项“现代运动”在中国有悠久的历史渊源和广泛的群众基础。

然而，无论是张唯中笔下的“弓箭”还是当代体育界惯常指称的“射箭”，都无法在名实上完全达成对“传统射矢活动和射矢文化”的契洽，也不尽合于本书的主题。尽管张唯中赋予“弓箭”更丰富的文化属性，但一者其说流传不广，今天除了少数学者和射箭爱好者外，鲜有人阅读过他的《弓箭学大纲》；二者“弓箭”的原始义毕竟只指涉“弓”与“箭”两种器物，普通读者期待的“弓箭史”或“弓箭文化史”必然要更多涉及器物层面的考释。谢肃方先生虽亦精于弓箭文物的收藏和研究，但本书较少涉及器物类的微观问题。

“射箭”固然是标准的体育名词，但现代竞技射箭毕竟与传统射箭是性质迥异的两种社会文化现象，后者尽管存在一定的竞技形式，其文化语境与文化功能却无法用构建于现代性的“体育”概念去囊括之（无论“体育”一词指涉英美式的sport还是德意志式的physical education）。正因如此，无论是日本还是韩国皆对其传统射箭活动有一特殊称谓——“弓道”与“国弓”——以彰显其体育运动之外的文化意涵。谢肃方先生本人不主张将本书归入“体育史”范畴，若本书以“射箭史”或“射箭文化史”为名，读者或以为书中会介绍许多具有竞技性或娱乐性的古代射箭活动，但事实并非如此，作者旁及神话、小说、儒家典籍和射书文献等丰富的历史文本，其重心不在“射箭”本身，而在以“射”为媒管窥中国的历史与文化。恰如作者书中所言，本书没有“清楚地解释射箭的每一个步骤和技术要点”（见卷十四），如果有读者想通过这本书学习如何拉开一张传统中国弓，那恐怕要失望了。

综上，以“射艺”替代“弓箭”或“射箭”有如下理由：其一，既然本书处理的是中国历史上的与“射”有关的综合文本，用古籍中本有的术语或更能贴合历史语境，而不致因以今释古而造成歧义；其二，本书内容同时囊括与“射”有关的传说、人物、著作、思想，具有文化史的印记，而“射艺”概念恰恰具有丰富的文化内涵，且在阐释上更有弹性，不致造成书名与内容之间出现误差；其三，“射艺”并非只存在于过去的死名词，近十年来传统射艺复兴已渐有成效，一些国内高校开设了传统射艺课程，体育界更多次举行传统射艺比赛，使得“射艺”这一术语已具备一定的社会传播力和认可度。换言之，“射艺”还象征着一种古典文化的当代复归，具有沟通古今的意义。

另外一个更为微妙的概念是“中华”。能够承载我国传统射艺所属历史空间的词，“中国”“中华”乃至“华夏”均无不可，但本文认为“中华”的意蕴更为严谨，这是由指代“中华”的历史空间其动态嬗变过程决定的。自周时代诞生于河洛的中华概念起，其在东亚地理空间上分合演进，不断有新的文化和族群主动或被动加入其中，使中华的核心和秩序不断被移动和重组，最终形成了一个空前扩大化了的文化共同体。需明确：古代欧亚大陆并不存在“主权国家”与基于主权概念的“国界”。正因如此，文化方能畅行于其间。在没有确切国界的时代，“中华”与“异域”，“中心”与“边缘”不断地融合，并依托不断扩大的中华，产生无远弗届的文化繁荣。射艺的产生与发展，正是基于这个不断嬗变的空间进行的。射艺的研究须体现文化多元化的皴染，而以今释古，囿于“国家”“民族”“国别史”的射艺研究，未必是一个好图景。谢肃方先生一直主张以文明史维度研究射艺，在他创办的“亚洲射艺研究网络”（Asian Traditional Archery Research Network, ATARN）中，即以“区域”而非“国家”将亚洲射艺分门别类，且诸区域之间的文化联系也体现在谢肃方先生及其同道发表的学术文章中。[5]惜乎《中华射艺史话》限于篇幅和体裁，未便将这些文章一并收入，且本书因最初的受众是几乎不了解中国历史的英语世界读者，故仍基本按朝代顺序依次叙述，但即便如此，有心的读者仍能感受到其中蕴含的“比较文明史”意识。

由于“中华”具有超“国别”的“文明”性质，“中华射艺”同样兼具中华文化在东亚世界的辐射力。韩国“国弓”所用小弰弓型与射法沿袭自明代小弰弓体系，而《礼记·射义》均是日韩两国重视的核心文本。在《射书十四卷》中，谢肃方先生专门提到日本江户时代大儒荻生徂徕对明代多种射书的评介（见卷十二），而其中大受徂徕好评的《武经射学正宗》对日本弓道的射法体系影响颇大。如今体育界力图复兴中华射艺，日韩两国传统射艺的发展经验仍是十分重要的学习对象。如果读者可以通过本书了解中华射艺的文化魅力，之后触类旁通关注亚洲诸国的射艺文化，从而形成一种“比

[5] Adam Karpowicz, Stephen Selby, “Scythian bow from Xinjiang”, *Journal of the Soc. of Archer-Antiquaries*, Vol. 53, 2010, pp. 1-6. Stephen Selby, “Two late Han to Jin bows from Gansu and Khotan”, 2002-11-20, http://www.atarn.org/chinese/khotan_bow.htm.

较文化学”的视野，相信也能加深对中华文明自身特质的认识。

“中华”亦可代表作为多民族共同体的“中华民族”，所谓“中华射艺”，当然不单指“汉族传统射艺”，也不存在所谓“汉族传统射艺”。“中华射艺”的生成演进本身即多民族文化交融共生的文明史历程，从骑射技艺的传播[6]到角弓器型的流变[7]，无不受中华文明与中亚文明、西亚文明长期互动交流的影响。正因如此，“中华射艺”始终有着亚洲文明的多元性，从而内生出丰富的射艺实践。例如如今入选国家级非物质文化遗产名录的四种射艺类项目：聚元号弓箭制作技艺、蒙古族牛角弓制作技艺、锡伯族弓箭制作技艺与南山射箭，均是组成“中华射艺”这一整体的有机成分。其中前三项都为清代弓箭制作技艺的遗绪，亦与《周礼·考工记》一脉相承，[8]而南山射箭更是青海河湟地区汉、藏、回、土各族数百年来共同生活所留下的文化印记，可借此反观传统射艺在民俗、宗教、艺术中的文化功能。此外，彝族、朝鲜族、赫哲族、高山族等各拥有独具特色的射艺文化，值得将来的中华射艺研究者深入挖掘。《中华射艺史话》也反映出谢肃方先生对中华射艺多民族属性的认同（见卷十），此处不再赘述。

另外，“史话”一词亦为谢肃方先生本人提出，因本书的性质并非专题性通史，而是思想性史论，故不便彰之以“史”之名。

总之，借《中华射艺史话》出版之机，在术语上给出一个相对自洽的解释，也是我们译者应尽的学术责任。[9]子曰：“必也正名乎！”（《论语·子路》）中华射艺的复杂性，给了学界“横看成岭侧成峰，远近高低各不

[6] 贠琰，陈雨石：《骑射形成时间地域考：一项基于考古因素的射箭全球史试探》，《北京体育大学学报》2021年第5期。

[7] 贠琰，陈雨石，郝勤：《射箭全球史试探：丝绸之路考古所见两种角弓考释》，《武汉体育学院学报》2020年第4期。

[8] 本书中译本附录特收入谢肃方先生访问成都“长兴弓铺”传人武泳华女士的访谈录。“长兴弓”在清代是“南弓”的代表，与聚元号的“北弓”齐名，今已几近失传。

[9] 有关“中华射艺”概念的详细阐释，见贠琰、郝勤《有的放矢：建构有关“中华射艺”的动态认知与挈领概念》，《成都体育学院学报》2018年第2期。

同”的多维视角，但学术研究的前提须突破“不识庐山真面目，只缘身在此山中”的局限。我们希望通过统合性称谓“中华射艺”的提出，今后传统射箭领域的研究可以师出有名，学术研究与体育实践可以在术语上最终达成统一。

陈雨石

2022年7月

作者说明

为了行文方便，本书所有的引文都分段加注编号。如8A1段指代卷八的A1段引文。

译者说明

英文原书为便于读者理解，作者对所有引用的中文典籍均做了对应的英文翻译，如果将这些翻译全部再用中文白话译回，将显得较为累赘。故译者仅将较为重要和较难理解的文言字句译出，且尽量遵照作者的理解。须注意的是，作者对中文典籍的一些解释与中文学界的通行释义或有不符，应作为作者的一家之言看待。

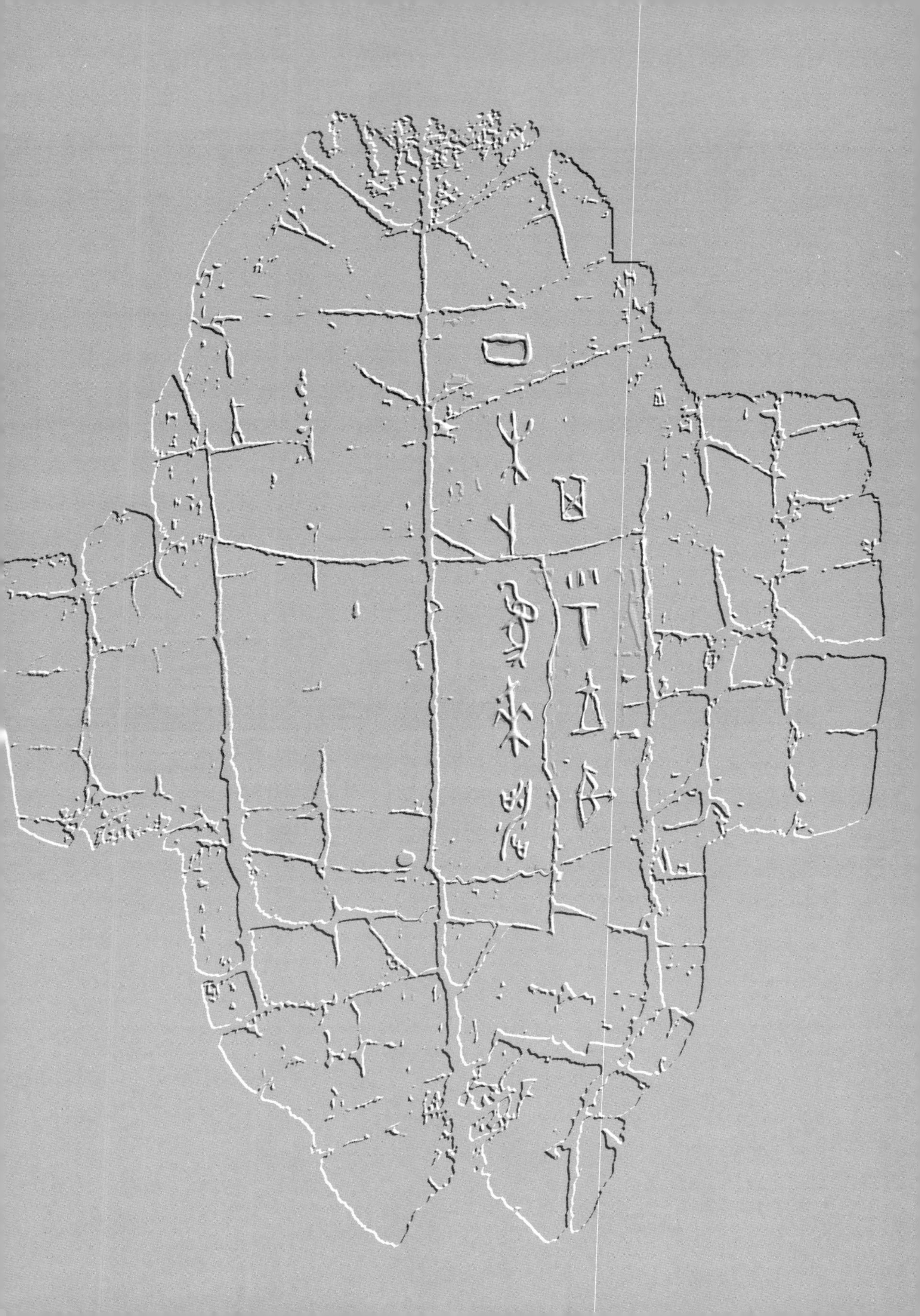

丁未卜：象来涉，其乎王射。

◀ 商代甲骨文复制品

卷一 绪论

从木条、石子到弓箭理念的诞生

几乎所有文明的考古资料都显示，人类在远古时代便发现了弯曲木条中所蕴藏的能量。这种能量本身并不神秘：在任何林地中散步，你都要注意躲开某根被压弯的树枝，以免它弹起来抽打到你的面颊。这暗示出这种能量产生的原理。

箭是一种射远兵器，弓则是它的发射装置。箭和标枪、投石等其他射远兵器一样，共有一些基本特点；它迥异于矛、剑或棒等手执兵器。

尝试运用射远兵器的人很快便会发现一些直接的基本问题：

1. 一旦兵器从使用者手中脱离，它便不再受人掌控（至少在无线遥控的火箭出现之前是这样）；
2. 这种兵器的杀伤力要视其重量、速度和尖锐度而定，并受制于无法进行反复多次杀伤；
3. 其能量随距离增加而递减；
4. 射远兵器与手执兵器相比更易遗失和损毁。

一旦认真思考这四个问题，你一定能轻易发现弓箭的优越性。当弓和重量较轻的投掷物，如箭或石子相结合时，它便能够产生独一无二的强大投射力。没有一种“原始”射远兵器能如简单的弓箭组合那样在任何地点都能发挥出强大的投射力，无论是依靠手、投石器或投矛器（atl-atl）[1]产生的离心力所实现的抛射，还是如吹管一般利用空气压力发射物体的兵器，其效能都比不上弓箭。只有枪（本质上是靠化学反应助推的吹管）能超越弓的投射力（火枪是大约14世纪才开始适于使用，在近百年前才臻于精准和可靠）。

[1] 译者注：美洲印第安人和因纽特人使用的一种辅助投矛的管状工具，可使投掷距离更远。

这样优越的投射力使得箭比其他兵器更容易克服上述第一条问题（失去掌控的问题），因为它在大多数情况下能提供一条相对平稳的弹道，因此箭能否直接击中目标就可以依赖于射手的瞄准技能。事实上，以几乎静止的姿势施射不仅增加了瞄准的精确度，也方便射手悄无声息地伏击敌人。

弓箭是所有“前现代”（现代火器出现之前的时代）兵器中重量、速度和锐度最为平衡的，在准度和穿透性上超越了其他兵器。因为轻巧，箭羽能在箭飞行之时提供额外的稳定性。因此从防御角度讲，箭具有“后发先至”之奇效；从进攻角度讲，箭又有“先发制人”之价值。

当然，箭无法实现多次打击。但射箭时手臂的使用效率又高过使用其他射远兵器，这意味着弓箭能更好地接近多次打击的效能。尽管箭的批量制造殊为不易，尤其是在大规模战争频发的年代，但对于一名猎手而言，装备三十支箭比装备三十支矛要容易多了。

考察活跃于20万年前至3万年前的尼安德特人时，你便能清楚地看到这种击杀猎物而不需要接近猎物的能力是多么重要、当时的考古遗迹中并没有发现弓的使用痕迹。对生活在5万年前的尼安德特人进行研究时，会发现他们经常遭受可能来自狩猎时的严重损伤。[2]谁首先掌握了用箭反复攻击（也许还会在箭上涂上强力麻药或毒药）那些移动迅速的猎物或猎食者的技术，谁就可以降低狩猎时遭受伤害的风险，并可能获得更长的寿命，或者享受到更轻松的生活方式，用更多的时间去酝酿新的发明和创造性的思维。

[2] Gore, Rick, "Neandertals". *National Geographic*, Vol. 189, No.1, January 1996, pp. 25-27.

非要说弓在人类进化的历史中扮演着举足轻重的角色可能有些夸张。原始弓箭的研究者曾指出，[3]原始人就算不使用弓也能成功猎捕鹿那样大的动物；当欧洲人抵达澳大利亚时，塔斯马尼亚人正使用投矛进行狩猎。但是在中国我们知道体型更大的猎物——象和犀牛——已经成为远古猎手的捕杀对象。[4]甚至从很早开始，在中国中原地区有限的可供居住和生产的地域中，人口压力已经出现。对这种现象合理的推测是：一种能有效使用弓的文化具有某种竞争优势。

[3] Comstock, Paul, "Ancient European bows". *The Traditional Bowyer's Bible*, Vol. 2, Bois d'Arc Press, 1993, p. 83.

[4] 相关甲骨文卜辞见郭沫若《甲骨文合集》, No. 37375, 10222。

即便缺乏展现中华文明开端的图像证据，我们也能合理推测出早期的中国人使用箭造成的反复伤害去减缓那些大型动物的行动，以期最终能用短兵器彻底杀死它们。其他射远兵器有不能造成多次杀伤的弱点，弓箭则是一种解决之道。另外，如果箭矢在早期历史中被用于猎杀象和犀牛这样的猎物，那么可以想象毒药和麻药是捕猎成功的重要辅助，颇似今天动物管理员使用的麻醉枪。

弓的威力会随着射程的加大而递减，这是中国弓匠面临的首要难题。其解决之法出现在亚洲（尽管无人知晓其确切源头），其改良之功则要归于中国弓匠数千年的积累，这就是复合反曲弓。

“复合”意味着弓体是由不同的材料聚合而成。在古代中国，这些材料主要是木、角和筋。现代则多用木、玻璃纤维和碳纤维代替。

“反曲”表示弓在下弦时的曲度与上弦时恰好相反，这意味着弓能比弯曲的木条储备更多的势能。3500年前，由早期图案构成的部分原始汉字便昭示出那时的弓已经具备了反曲的特点（参看卷六）。

由理念到技术

在西伯利亚冰冻的岩窟中出土的复合弓残骸，可以追溯到石器时代的末期。[5]现在我们应该去思考这样一个有价值的问题：制作这种复合弓到底需要何种技艺？

首先，所有尝试过练习射术的人都会告诉你，成功依靠着持续不断的重复练习，一箭接着一箭。正如我先前强调过的，射手放箭之后便失去掌控，所以只有当射手的弓箭能在任意时间表现出一贯的性能，射手的瞄准技术才会被转化成一次成功的施射。

现代材料和制作工艺能够保证弓箭性能的偏差达到最小。显然，提升造箭的工艺可以使得每一支箭的性能达到一致，这样便能发展出射程更远、精准度更高的弓箭。无论是中国还是其他地方，弓箭由一种仅仅比其他射远兵器稍具优势的兵器演进成为能让使用者真正把握其所处环境，又具备一定射程和精准度的兵器，必然要依靠能提供一致性能的成熟制作工艺。

另一重点在于不同材料的融合。

箭的极简形态无非就是末端被削尖的木棍，但世

[5] “中华天工”（The Genius of China），英国皇家学会主办的中华人民共和国出土文物展览展品目录，载1973年《泰晤士报》。文本参考威廉·华生（William Watson）教授对61号和62号展品的描述，他将“新石器时代”定义为“公元前7000年至公元前1600年”。

界上独立发展的几大文明都各自发明出了这种一端较为坚硬、锐利且稍重，而另一端用于保持平衡的兵器。

箭的前端需要当时最锐利的可塑材料，在远古这等同于石头和骨头。而末端的材料，几乎所有的文明都想到了用羽毛——不管是靠着“飞鸟可以为造箭提供些什么”这样的想法，还是基于更加科学性的设想，即认为最好的平衡材料要够轻巧，而且在箭尾通过弓弝（以及射手的手）时这样的材料可以在压弯后迅速恢复原样，以提供良好的平衡性能。

要把这些因素糅合为一件耐用的兵器，其难度以及对技术成熟性的要求都不能被低估。这样的箭要能承受一把威力适中的弓施与它的强大动力——更别提箭贯穿目标时所受的作用力了。至少，如下技艺是必需的：能造出大小重量一致的石制或骨制箭镞，能做出可以绑在弓弰上的弓弦，能熬制出适宜黏合各种材料及箭羽的胶（在亚洲早期的射艺中，胶尚不能满足制造羽箭的要求，在多数情况下，箭羽被置于箭杆的裂隙中或直接用线绑在箭杆上）。

诚然，远达不到如此技艺而制作出的箭矢在某种程度上也能使用，但在弓箭能最大限度发挥其作为进攻性和防御性兵器的潜能之前，造箭工艺的不断改进是必要的，从而可以实现批量生产制作精良、性能一致、稳定耐用的箭矢。西伯利亚岩窟中的发现以及最早的汉字都昭示出，早在3500年前，这样的制作工艺已臻于完备。

考古学上的证据

中国的气候没有西伯利亚那样冰冷，不利于保存弓箭的残骸。因此，最早使用弓的证据是靠残存的箭镞来推断的。

早期的考古遗址中都能发现箭镞，在某些地方它们很容易在土地里被找到。[6]然而，在人类文明发展的初期——尤其是旧石器时代，许多石器的制作太过粗糙，以至于考古学家不能确定它们是箭镞还是其他种类的锐器。因此在中国的那些有人类居住痕迹的遗址中，如周口店的北京人遗址和四川的龙骨坡遗址[7]（距今约200万年，可能是现存最早的遗址），[8]考古学家几乎不能从出土的石器中推断出它们可能的具体功用。

到了石器时代中期，距今约2万到1万年的时间段里，中国的考古学家发现了一些具有箭镞特点的石器，它们轻巧、锐利、狭窄，且附着于一种杆状物上。[9]这个时期中出土有箭镞的遗址在中国并不多见，典型如陕西大荔附近的沙苑遗址。

告别了上述时间段之后，便迎来了新石器时代。我们可以在这个时代的诸多遗址中看到箭镞发展的明确证据，证实此时的箭镞已日趋成熟。西伯利亚复合弓就属于新石器时代的末期。

在过去1万年里的某个时段，有关早期中国历史的记忆都可以从民间传说中寻回。我们的故事将从这些传说中正式展开。

[6] 如果你碰巧在野地里发现了古箭镞或其他古物，请不要将它们捡走。你应该通知当地博物馆或图书馆，并准确告知发现文物的位置。有些国家的法律规定个人发现的文物必须上交，用于妥善保护和研究。就算没有法律规定，让考古学家有机会看看你的发现也是有益的，他们可以确定这件古物是否有科学研究的价值。

[7] 译者注：今属重庆市巫山县。

[8]《中国古代兵器》编纂委员会编《中国古代兵器》，西安：陕西人民出版社，1995年，第2页。

[9] 不过，这种特点也可能属于渔叉。

𩣏車既工𩣏馬既同𩣏車既好

𩣏馬既阜君子員=邋=員斿麀鹿

速=君子之求特=角弓=兹以寺𩣏

敺其特其來趩=𩰫=炱=即遫即時

麀鹿趚=其來大次𩣏敺其樸其

來遭=射其豬蜀

吾车既工，吾马既同。吾马既好，吾马既駘。
君子员邋，员邋员斿。麀鹿速速，君子之求。
骍骍角弓，弓兹目寺。吾驱其特，其来趩趩。
趪趪㺇㺇，即遒即时。麀鹿趚趚，其来大次。
吾驱其朴。其来遺遺。射其豬蜀。*

——《石鼓诗·其一》

“石鼓”出土于唐代，上面刻有十首诗歌，字体优美，但作者不详，其年代可追溯至春秋时期的秦国（约前770）。现存文本为北宋时期的拓片，释文依据郭沫若的解读。

---

* 编辑注：辑封页图片中的文字与对页文字虽指向同一内容，但由于古人所书与现今通行版本可能有一些出入，故两边文字并非一一对应。

卷二 传说中的神射手

射手总是浪漫的，在中国这样的例子并不比西方少。中国最早的民间传说就记载了这些伟大射手及他们的丰功伟绩。如同希腊神话、圣经故事和非洲及美洲的口传历史一样，似乎中国的民间传说也能唤回一些关于史前信仰和民间文化的记忆。[1]

弓箭的发明者

中国文化有一种为一些具有重要文化意义的物品和行为赋予“发明者(inventor)”的传统。中国社会对特定物品的尊崇可归因于人们对其发明人——历史上的圣人的崇拜(或者某人因发明过一种重要物品而获得人们的尊崇)。弓箭的发明则被归于一个非常著名的谱系。

不过首先我们要看一看中国历史的传统叙事。

生活在前2世纪的伟大史学家司马迁首次尝试创作了一部有组织的中国通史，即《史记》。司马迁在《史记》中记录了一段“五帝”时期，继之以夏代，然后是商代。在过去的一百多年里，史学家尝试着用西历年表去估算这些朝代的存在时间，其结果如表2.1：

[1] 袁珂：《中国神话通论》，成都：巴蜀书社，1993年，第6页。

表2.1

时期	大致年代（公元前）
五帝	2800—2400
夏	2400—1900
商	1900—1100

对这组年代数据的准确性我们不抱太大希望，只用知道一点：史学家试图将司马迁笔下的年代嵌入一个新石器时代晚期结束之后的时期中。即使这位伟大的太史公将“五帝”的名字和夏商的帝王世系一一列出，在我们得到商代的考古证据之前，司马迁的口传历史和记录也无法得到证实。

然而，无论是口传历史还是那些记录着远古思想和人名的古汉字，都值得引起我们足够的重视，因为它们勾勒出一条了解古代思想、信仰、习俗和宗教的线索。我们若要了解弓箭和射手在中国文化和历史中所占据的地位，这条线索是极其重要的。

“五帝”时期和夏代都未曾出现文字记载，[2]但中国的书写系统在这段时期一定有过发展，因为到了商代，考古证据已显示出一种成熟的、直接记录商王国历史[3]的书写系统。

中国的“五帝”被一些人认为是带有半神话色彩的人物。[4]关于他们的故事可能都属早期的创世寓言：或者是他们发明各种日用品的传说，或者是他们惩恶扬善的传奇。“五帝”的故事包含着某种与宗教活动有关的线索，那些被历史记录保留下来的特定名字亦暗示出这种活动的存在。不过，这些线索仍然非常模糊。

《易・系辞》[5]里讲到木制弓箭是由黄帝、尧帝和舜帝发明的。这三位都属于“五帝”，他们的名字如下页所示：

[2] 商代之前的文字形式有一部分保留了下来，但这些文字并不连贯，也未能被释读，它们与后世汉字之间的关联性也没有最后确定。

[3] 李圃：《甲骨文文字学》，上海：学林出版社，1995年，第3页。

[4] 参看袁珂《中国神话通论》，第14页。

[5]《易・系辞》是对《易经》的注释，相传为周文王所作，不过确信其中有一部分是孔子后来添加的注解。参看 Shaughnessy, Edward L., *I Ching: The Classic of Changes*, New York: Ballantine Books, 1997, pp. 204-205。

黄帝
颛顼
帝喾
尧
舜

一些研究中国历史的著作（绝大部分是西方著作）罗列出详细的时间表去驳斥“五帝”的存在，但事实上之前提到的那种笼统的历史叙事无从让人知晓“五帝”究竟生活在什么年代，或者“五帝”是否为穿越了新石器时代迷雾而终进入传说的著名部落首领。[6]同样，我们也不可能声称就是“五帝”之一“发明”了弓箭。苏美尔人的文字早于汉字系统，他们的典籍中就有代表“弓”的词pana，pan，ban（“pa”代表“枝条”，“na”代表“石子”或“石块”），和代表“箭”的词ti...ra，意思是“射出一支箭”（“箭”+“刺击”）；ti-zú意思是“带倒钩的箭”（“箭”+“牙”或“硬物”）。[7]所以或许苏美尔人更早开始使用弓箭，但文字记载其实不足为证。

[6] 袁珂：《中国神话通论》，第14页。

[7] John A. Halloran, *Lexicon of Sumerian Logograms Version 2.1*, INTERNET publication, 1998, http://www.primenet.com/~sea-goat/sumerian/sumerlex.htm（此网页可能因某些原因无法打开）

不过，我在本书中所言及的故事是关于传统上中国人对弓箭有何信仰，而不是严谨的考据。所以我们大可不必介怀这些历史记录的真假，它们能增加我们对中国射箭文化的了解，使我们知道射箭在中国文化与思想中占据何等地位，如此就足够了。

《易·系辞》不仅讲到黄帝和尧、舜发明弓箭的事情，还说他们依靠弓箭打下了整片江山。只有那些认为弓箭尤强于其他古代兵器的人，才会创造出这样的论断。这事实上是一种认知方式，即弓箭是社会变迁的强有力代言，至少身处周代的《易·系辞》作者这么认为。确实，《易·系辞》里提到弓箭的所有篇章都与主要的发明创造有关——农业、狩猎、使用动物负重以及建造房屋——这些“现代”社会的特征与之前古代中国的“蒙昧”社会相比自不可同日而语。

伏羲是另一位被称为弓箭发明者的圣人。根据唐代的《太白阴经》记述，[8]伏羲据传是用弯曲的木条做成弓。伏羲还不仅仅是因为发明弓箭而受尊崇，在《易·系辞》里，他还是渔网和捕兽陷阱的发明者。

[8] (唐)李筌:《太白阴经》,《四库全书》本。该书可能作于713年至779年间。

伏羲的科学研究能力使他得以创造“卦”——《易经》(即“变化之书”)的基本组成部分,《易·系辞》就是对《易经》的注解。据说伏羲的卦象源于他对天下万物变化趋势之观察，他描绘出了天地之远，他思索着鸟兽何以能与自然相谐，他将自己的身体当作封闭的系统来观测，然后将所有的推断画出并提炼成“八卦”。“八卦”思想最终成了预言的工具，并被道家和儒家学说吸收采纳，至今仍用于人们的各种活动之中(不仅局限于中国)。

这些在传统上被认作伏羲所发明的工具或技术(包括弓和箭)并不属于武备这类范畴，兵器的始祖一般认为是一个远古的恶棍——蚩尤。中国传统习惯将蚩尤当作混乱和毁灭的化身(即使这种传统不够连贯如一)，而伏羲则被看成一位圣人，他的发明创造与知识阶层的工作有关——渔猎、礼射以及占卜——而非属于武士阶层。

这种模棱两可的线索仍显示出，在中国古代社会中，弓箭的地位与其他兵器并不相同。也许它从属于一个更能代表社会进化方向的谱系。

其他古籍也将弓箭的发明归功于另外的历史人物(表2.2)[9]：

[9] Werner, E. T. C., *Chinese Weapons*, Singapore: Graham Brash, 1989.

表2.2

著作	弓箭的发明者
《山海经》	少昊
《元和姓纂》	青阳
《荀子》	倕
《墨子》	羿

阐释传说

说到有关神射手的民间传奇，大多数中国人首先浮现在脑海中的一定是羿的故事。但事实上，羿的故事是由两个完全不同的故事糅合为一的，这就好像罗宾汉和威廉·退尔——两者都有一样的诨名，所以人们就把他们当成同一个历史人物。甚至早期的中国民间传说都含有一些混淆的因素，这些故事将两个羿混为一谈：一个是射下九个邪恶太阳的那个羿，另一个是夏代谋权篡位又被其臣下阴谋杀害的那个羿。

大部分中国学者早已意识到，“后羿射日”与“后羿代夏”指向的是两个不同的人物，以及两件不同的事情。第一个故事看上去完全属于神话世界，而第二个至少披上了历史的外衣。

《山海经》是一部重要的故事集，它提炼了许多中国的民间传说并加以整理。《山海经》可能代表着西周（前1046—前771）官方的记录残片，因为它的内容排列得颇像一部大致囊括了西周版图的地理志。它包含了一些关于魔法和巫术的记录，并且描述出某些近似于“周礼”的礼仪。这本书也囊括了殷商的传统与主要的楚神话，我们期望在西周王室的记录中获取与之一致的信息。[10]以下是三篇《山海经》的引文：

[10] 李丰楙：《〈山海经〉导读》，台北：金枫出版社，1986年，第3—4页。

2A1

《山海经·海内经》

帝俊赐羿彤弓素矰，以扶下国，[11]羿是始去恤下地之百艰。

[11] 在古代"彤弓素矰"就像是一种奖牌，作为酬谢的象征物授予那些为王侯服务的人。

2B1

《山海经·海外南经》

羿与凿齿战于寿华之野，羿射杀之。在昆仑虚东，羿持弓矢，凿齿持盾，一曰持戈。

2C1

《山海经·大荒南经》

大荒之中，有山名融天，海水南入焉。有人曰凿齿，羿杀之。

这些从《山海经》中选取的文字都关乎羿与凿齿之战。凿齿是一个半人生物，它长着像凿子一样的三寸门牙，只是羿所击败的仇敌之一。另外一本辑录了大量中国神话的书是编成于西汉初年的《淮南子》，这里节选的一段文字记录了羿这名射手的功业，并附上一段汉末学者高诱的注解。

2D1

《淮南子·泛论训》

羿除天下之害，死而为宗布。

（汉）高诱注《淮南子·俶真篇》："是尧时羿，善射，能一日落九乌，缴大风，杀窫窳，斩九婴，射河伯之智巧也；非有穷后羿也。"

《淮南子》里关于羿的记述中最有名的大概是后羿射日的传奇故事。

2E1

《淮南子·本经训》

尧时十日并出，草木焦枯，尧命羿射十日，中其九日，日中九乌，死堕其羽翼。

在另一版本的《淮南子》里，尧射下了九个太阳，只留下一个继续照耀大地。[12]

另一个含有丰富中国古代神话的著名文学作品是屈原的诗歌。屈原生活在前340年至前278年之间，作为楚怀王的大臣，屈原刚正不阿，直言批评那些只求一己之私的阿谀奉承之辈，并因此在楚国获得了极大声誉。但最终，屈原被楚怀王冷落，大概是因为怀王喜欢听那些谄媚之言。于是他将屈原流放至国家的最南端与越族接壤的边境地带。在那里屈原写出了著名的组诗，他将楚国神话故事、巫术信仰和历史典故串联在一起，谱写出一首首表达个人不幸、遣责佞臣误国的哀歌。

最后，传说屈原自沉江底而死。他的死被后人所纪念，并形成了中国的端午节文化。

屈原的诗歌情感强烈、用典繁复，他将自然、巫术与神话连成一片。这里引用一段有关羿的诗歌节选：

[12]《淮南书·说日》："又言，烛十日。尧时十日并出，万物焦枯，尧上射十日，以故不并一日见也。"（译者注：这段话出自王充的《论衡》，王充引用的《淮南书》今已不存。）

2F1

《天问》

帝降夷羿，革孽夏民。
胡射夫河伯，而妻彼雒嫔？
冯珧利决，封豨是射。
何献蒸肉之膏，而后帝不若？
浞娶纯狐（嫦娥），眩妻爰谋。
何羿之射革，而交吞揆之？

这段诗文很恰切地表示出，在屈原的时代，神话中的神射手羿已经拥有不止一重身份（屈原诗赋的校注者姜亮夫认为，这一段诗文中的羿至少是四重身份的混合体）。[13]

[13] 姜亮夫：《屈原赋校注》，香港：香港商务印书馆，1964年，第314—315页。

以上所引《天问》节选，和屈原的其他作品以及《淮南子》《山海经》一道，为神射手后羿的传说拼图提供了一些碎片。为了将整个故事连贯成一体，我将试着把羿的神话综合起来，[14]把那些不同的线索拧成一股，并结合其他中国古代神话的片段把故事叙述出来。这些线索的素材皆取自周代至汉代的文献，但其本身讲述的却是发生于中华文明黎明期的故事，那时文字记载的正史还未开始。

[14] 根据袁珂《中国神话通论》，第218—236页。

在我的叙述中，将有穷后羿排除在外，他是一个独立的人物，本卷将另节研究。

神射手羿的传说

中华文明的拂晓正是天帝尧的时代。当是时，凡间被无数凶兽侵略，它们所行之处皆满目疮痍，人们生活在水深火热之中。

第一场灾难由十日引起。十日不是别人，正是帝俊与其妻羲和的儿子。十日居住在一棵巨大的扶桑之上，扶桑生于极远东方的一处温泉谷(汤谷)中。扶桑有十条树枝，九条长于侧面，一条生在顶端，每枝居十日之一首。[15]每一天，十日的母亲羲和都乘着由六龙驾驭的战车跨越天庭来到扶桑，将十日之一带上天际，把阳光带给大地。[16]

[15]《山海经・海外东经》。

[16]《淮南子・天文训》。

但是有一天，这些太阳为筑巢于它们体内的九只乌鸦所蛊惑。十日遂一齐出动，一个挨着一个同时出现在天空中。它们发出的巨大热量使地上的草木全部枯死，整个世界受干旱之苦。

第二个灾星就是凿齿。它是长着巨大凿状牙齿的半人怪物，能像人一样手持兵器作战。[17]

[17] 高诱注《淮南子・本经训》。

第三个是九婴。九婴是火与水的精灵，长着九张嘴。它也给人类带来了灾难。

第四个是风伯，它摧毁了人们的家园。

第五个是窫窳，它是龙首蛇身的怪物。[18]

[18]《山海经・海内南经》。

第六个叫脩蛇，这种巨蟒可以吞下一头大象，并在三年之后将象骨吐出。[19]

[19]《山海经・海内南经》。

第七个唤作封豨，就是巨型野猪。这种暴食的巨畜可以吞噬路上碰到的所有东西。

天帝怜恤人类，于是遣下救世主——神射手羿，并赐给他“彤弓素矰”，以及可以战胜凶兽的力量。这是羿第一次涉入凡间诸事。

他降临世间与凶兽作战，打败了凿齿、砍掉了脩蛇的头、用系上绳的箭束缚了风伯、战斗中击杀九婴，又除掉了窫窳和封狶。

接着他戴上了最强力的扳指，将他顶端镶玉的神弓对准天空，将天帝之子——十日中的九个射了下来，失去黑色羽翼的乌鸦便也纷纷坠地。从那以后，这九个太阳再也没有出现过，只余下一个继续光耀大地。

这时羿的妻子是嫦娥。羿在四处作战之时曾遇见西王母，并劝说她赐给自己长生不死药。但贪婪的嫦娥发现了这件事，她偷走了不死药然后奔逃到了月亮上。她化身为一只蟾蜍，并永远居住在月宫之中，弃羿于不顾。

羿的斩妖除魔之旅还在继续，他冒险进入了河伯的领地。平日里，作为水神的河伯居住在黄河河底。然而，随着时间的推移，河伯化身为一条白龙飞出河中，用汹涌的洪水威胁陆上的居民。羿经过的时候此事正好发生，河伯化成白龙正肆虐着村庄。羿立即挽起神弓，一箭击中河伯的左眼。

河伯受了致命伤，他向天帝告状说："羿伤害了我！替我杀了他！"天帝问他："你怎么会被射伤呢？"河伯答道："我正巧变成白龙在游泳。"天帝说："我命令你巡视水底的神界，如果你真的履行了职责，羿怎么会伤害你呢？你却把自己变化成一头野兽，那么凡人都会联合起来射伤你——还有比这更自然合理的事情吗？我又怎么能真的责怪羿呢？"于是，羿找到了河伯的妻子，雒水（今作"洛水"）之神雒嫔，并据为己有。[20]

[20] 王逸注《楚辞》。

以上就是神射手羿的传说。在离开这个故事之前，我恐怕要把关于它的主要线索再勾勒一遍。

线索之一：这位装备了"彤弓素矰"的射手拥有与那些神兽作战的能力。"彤弓素矰"也出现在其他神话故事以及早期的诗歌中，它们似乎是具有超强魔力的兵器。

线索之二：羿与控制自然灾害之间有某种联系，首先是因十日同时在天空出现而引发的旱灾，其次是河伯引起的洪灾。其实肆虐的白龙也许暗指在汹涌的洪流中那泛起泡沫的巨浪。在汉字里，将一把弓卸弦被称作“弭”，它的部首是一个“弓”字。直至今日，人们仍用“弭旱”一词来表达消除旱灾之意。

线索之三：天帝的终极权威，他把某人被箭射中看作罪有应得，譬如那改变了体色又玩忽职守的河伯。天帝拒绝因射伤河伯而惩处羿。用弓去射那些不顺服的官员，这一文化现象我们在后文中将会提及。

线索之四：作为射手的羿并非一个易于掌控的个体。他的行为总是难以捉摸。他正履行着天帝的指令，却射杀了天帝那不安分的儿子；他离开了自己的正道去获取长生不死的草药，却在这个过程中失去了他图谋不轨的妻子；他接着又做了另一件越轨之事，即在失去妻子后射伤了河伯，然后携河伯之妻逍遥法外。如果这算是英雄的行为，那么确实有些扑朔迷离了。

最后一条线索乍一看像是在用现代的视角赋予这则故事以道德意义，但我不会单独去质疑羿的英雄形象。屈原的著名组诗，其主要内容还是来自神话的寓言故事，这些故事中的角色身份往往另有所指。屈原用这种间接的方式去斥责他的君主——楚怀王，怀王宠幸花言巧语的佞臣，却疏远屈原这样直言敢谏的忠臣。屈原问道：

2G1

羿焉彃日？乌焉解羽？

屈原将这句诘问放在了《天问》中某一节的结尾，强调了这件事的非常之处。在下一节里，他回答了自己的问题(我前文引用的诗节)，描绘出了羿行为中的阴暗面(有意无意地将两个独立的故事合而为一来引出诗歌的主旨)。屈原以其文学技巧表现了羿这一角色的多面性：他是一个明显值得信任的好仆从，然而却没有受到足够的约束能使之认真负责地完成任务。最终，羿“自作孽，不可活”：他没能好好控制他周围的人，结果被一个他误信的大臣所谋害，这个大臣最后携着羿的妻子逃走。

这些主题之后都将再次出现。

有穷后羿

第二个版本的羿的故事被放置在了历史的框架里。没有证据表明故事中的事情真实存在，但与我们刚才看过的神话故事不同，有穷后羿的故事并不含有超自然的元素，因此有属于历史事实的潜在可能性。

故事被设定在夏朝。这是一个神秘的时代：中国的学者们从很早开始就将它看作一个真实的朝代，然而显而易见的是这个时期出现在一脉相承的书写系统发明之前。因此没有当时的文字记录，有关那个时代的科学证据也是间接的。中国的考古学家无法确证，那些经过发掘的二里头和岳石文化遗址是否与夏代同处一个时期，或直接与之有关联。[21]其与传统史书记载的决定性联系还尚未建立。

[21]《中国古代兵器》编纂委员编《中国古代兵器》，第18—19页。

《左传》是简明扼要的鲁国史书《春秋》的注释，最早详细记述有穷后羿的文字便出自其中。

2H1

《左传·襄公四年》

“夏训有之，曰有穷后羿。”公曰：“后羿何如？”对曰：“昔有夏之方衰也，后羿自鉏，迁于穷石，因夏民以代夏政。恃其射也，不修民事，而淫于原兽。弃武罗、伯因、熊髡、尨圉而用寒浞。寒浞，伯明氏之谗子弟也，伯明后寒弃之。夷羿收之，信而使之，以为己相。浞行媚于内而施赂于外，愚弄其民，而虞羿于田。树之诈慝，以取其国家，外内咸服。羿犹不悛，将归自田，家众杀而亨之，以食其子。其子不忍食诸，死于穷门。靡奔有鬲氏，浞因羿室，生浇及豷，恃其谗慝诈伪而不德于民……”

这个羿的形象远不如先前神话中所述的神射手羿那样有英雄气概。很容易看出屈原在他的讽喻诗中采用了上述记录中的哪些部分。这则故事里的“英雄”除了箭术高超，实在没有什么其他值得称道的地方。他没有任何处理民政的能力，缺乏自律并很轻易地就被一个邪恶的大臣所欺骗。

这则故事在另一种语境下所呈现的一个特点值得注意：羿，这个伟大的猎手，却成了别人的猎物。他被他的仆从伏击并杀死，正和他自己捕获猎物的样子如出一辙，同样也如他那个时代的猎手，把捕获的猎物烹煮

[22] 有关这一主题，可参考Lewis, Mark Edward, *Sanctioned Violence in Early China*, Albany NY: University of New York Press, 1990, pp. 207-209。还有另外一种解释，即食用死去父亲的肉是为了吸收其权力，并建立起儿子的合法继承权，这是一种社会习俗。见Granet, Marcel, *Chinese Civilization*. English translation. London: Routledge & Kegan Paul, 1950, p.217。

并用作祭天的牺牲。杀死羿的人，用一种可怕又讽刺的方式模仿了猎手的祭祀方式：烹煮羿然后让羿的儿子吃。这样的命运切断了祖先给其后代的庇佑，并反复在中国历代文学中出现，意味着羿这名伟大射手的下场，不过是传统中国社会所创造的最糟糕结局中的一个。[22]

雪上加霜的是，羿的儿子因为拒绝吃其父的肉而惨遭杀害，从而彻底断绝了羿的血脉。屈原在诗中以这则悲剧故事混上神射手羿的英雄传说，来反映他自己的悲惨境遇。

[23] 宋代以前也写作"蠭蒙"。

[24] 我猜想是因为羿仅仅教了逄蒙射箭的技术，而没有教给他孔子要求的"无所争"的精神。

这则故事中还出现了另一位伟大的射手。宋代理学家朱熹（1130—1200）声称伏击并谋杀羿的人是羿最优秀的学生——逄蒙[23]。孟子对逄蒙有如下记录：[24]

2I1

《孟子·离娄下》

逄蒙学射于羿，尽羿之道。思天下惟羿为愈己，于是杀羿。孟子曰："是亦羿有罪焉。"

关于逄蒙几乎没有更多的记载了。作为一个谋害老师的人，"逄蒙"这一名字竟在中国文化史中流传了下来，且人们并不避讳用"逄蒙"来命名射箭类书籍，这类书籍直到汉代仍有出现。[25]经典著作《吕氏春秋》将羿和逄蒙引作两个射艺完美的典型，以证明绝佳的技艺在不当的环境中也无用武之地：[26]

[25] 译者注：如《汉书·艺文志》载《逄蒙射法》。

[26] 《吕氏春秋·具备》。

2J1

今有羿、逄蒙、繁弱于此，而无弦，则必不能中也。

射艺和民间传说

上文所引用的民间传说片段，皆出自那些写自汉代（前206－公元220），或是在汉代被严重删改过的文献中。在它们差不多被记录成为我引用的那种形式之前，再往前溯大概1500年，才是这些传说所代表的民间记忆源起之时。如此看来，我们可以说它们对于汉代作者的意义就如同希腊神话之于西方文明一样。

但话说回来，也无法证明这些传说不能如希腊神话之于当今作家一样，给前1世纪的中国人以强大的文化动力。

羿的神话在内容上很接近于蒙古的民间传说：神射手额日黑莫尔根（Erkhii Mergen）射日的故事。[27]相似的神话故事也广泛存在于中国西南省份贵州的少数民族中。在所有的这些故事中，都出现了鸟的形象（中国神话中鸟蛊惑了十日，蒙古神话中鸟挡住了一支射手射日的箭）。鸟和太阳的关系也能在"阳燧鸟"上得到体现，这是一种能把太阳上的火焰带向大地的鸟，当人使用凹面铜镜取火时便会注意到它的雕刻形象。三足乌亦被认为和西王母关系十分密切，这种鸟也经常出现在汉代的墓葬艺术中。

[27] Metternich, Hilary Roe, *Mongolian Folktales*. Boulder CO: Avery Press, 1996, p. 51.

一种对"鸟－日关系"的可能解释也许是太阳黑子。已有一些观察（大部分并非来自科学家）推测太阳黑子的活动与气候的冷暖之间有一定联系。1997年9月的《哥伦比亚大学新闻》报道说："经哥伦比亚大学研究人员的分析，卫星监测显示出太阳亮度在黑子活动的一个周期到下一个周期之间有所增加，这说明在这漫长的时段里地球会从太阳中吸收更多的能量。这个发现极可能意味着太阳也是全球变暖的原因之一。”

太阳上的这些斑点可能曾巧合地与严重的旱灾同时出现。在古人眼里，或许会将其想象成鸟飞过太阳与大地之间而引发的现象。摆脱这种飞鸟的唯一办法就是把它射下来，所以这样的想象很快便与一个神射手的形象联系起来，他很强大，并装备着圣王尧赐予的“素矰”。

在羿的传说里，另一条与射手相关的线索是“命运无常”与“不负责任”。无论在英雄后羿还是有穷后羿的故事中，射手都代表着一个不受束缚的形象。之后我们会看到，射艺开始与增强人的自律能力和自控力相联系。而且，有一种传统观念将射箭的“妖术”与放纵的行为联系到了一起。

在第一个千禧年之初，人们对这些射手的总体印象是略带危险气息的英雄。当然，我们要注意到这是儒家学者设下的思维陷阱，儒家哲学想传达给我们的信息是：只有那些不遵守道德约束的英雄才会置身危险之中。

我的观点是，这些不同版本的神话已暗示出其本身就包含着“缺乏自制”与“不负责任”这样的主题元素。它们能流传至今不仅仅是因为儒家在起作用，例如中国西南地区存在的少数民族神话，以及蒙古神话中那个自吹自擂的额日黑的形象，皆与儒家无涉。不过，这些元素反而给播种儒家哲学提供了肥沃的土壤，以至于产生出这样的主旨：握有强大的力量而不加以严格约束，将会是危险的征兆。

彼茁者葭，壹发五豝，于嗟乎驺虞！
彼茁者蓬，壹发五豵，于嗟乎驺虞！

——《诗经·驺虞》

卷三 射手的巫术

巫术和祈雨舞

在前卷所述之神话第一次被写下时，人们便已相信他们所描述的是千年以前的事件。从文学作品开始创造的年代直至西周末期（前771），然后紧接着到春秋（前770—前476，即孔子所处之时代）战国（前475—前221，即屈原所处之时代）时代，神射手羿以及有穷后羿的神话很可能就是两个毫无关联的片段了。或许一些连贯的文字记录亦曾存在过，可是在战国乱世及秦朝的"焚书坑儒"中亡佚了。

然而，这些神话故事的碎片，还有那些书写汉语所用的古文字仍能带给我们一些关于当时宗教仪式的可能线索，这些仪式基本上都围绕着射艺、射手以及弓箭。在本卷中，我们要考察潜藏在中国的古文献之中关于古代巫术的线索。为此，我们也要仔细考察汉字的书写方式。

在上一卷中，我们发现"羿"这一名字至少包含着两重身份。如上所述，有一位中国学者还指出"羿"这一多重形象有四种不同的身份，尽管经过了如此漫长的时间，我们已无法真正确定羿是由哪些神话形象混合而成的了。

无论在神话故事中我们把羿当作单一身份者还是两重身份者，他极有可能代表着一类人。在许慎《说文解字》中，“羿”有一种异体字“芎”，其注解是“帝喾射官也，夏少康灭之”。孔子的再传弟子孟子在一则有关教射的文本中提到过羿。[1]东汉（25—220）经学家贾逵写道：

[1]《孟子·告子上》：“羿之教人射，必志于彀。”

3A1

羿之先祖也，为先王射官。帝喾时有羿，尧时亦有羿，羿是善射之号……

因此，已有不少学者指出，早期所有出众的射手都被称为“羿”。[2]

[2] 臧克和：《说文解字的文化说解》，武汉：湖北人民出版社，1995年，第302页注。在蒙古历史中，伟大的神射手享有“莫尔根”的称号。

羿的传说很有可能是对一个群体的记录，这一群体则与神射手有关联。他们或许是史前时代的一群有组织的巫师，到了第一个王朝即夏代的时候，他们已被等级森严的朝廷吸收成为官吏阶层的成员。

如果是这样的话，那么这些巫官可能参与了何种活动呢？

你应该还记得，传说中的羿被上天遣下凡间，是为救世人于水深火热之中。让我们再看一看下表，在表3.1（见下页）里我补充了关于七大灾星和河伯对应象征的信息。

在此基础上，可以很清晰地看出羿的目标都是一些被妖魔化的自然灾害、敌人以及掠食的动物，它们给远古的中国人带去了深重的苦难。而作为部落的巫师，其天职便是让部落获得上天的庇佑以抵御这些灾难。再加卷二所引神话之记载，即天帝授予羿“彤弓素矰”

表3.1

名称	形象描述	象征[3]
十日	天空中的十个太阳	旱灾，焦枯的庄稼
凿齿	长着凿状牙齿的半人生物	肆虐的边疆部族
九婴	长着九张嘴的水与火之精灵	肆虐的边疆部族
大风（风伯）	飓风	家园的毁灭者
窫窳	龙首蛇身的怪物	造成旱灾的云神
脩蛇	巨蟒	能吞吃家畜的野兽
封豨	贪吃的巨型野猪	造成洪水的雨神
河伯	水之精灵	泛滥的河水

[3] 臧克和：《说文解字的文化说解》，第305—307页。

用于征服灾难，则证明了巫师的权柄——“彤弓素矰”来自上天。在后来的中国文学中，传说中的神弓不断出现、消失又再现，或许暗示着巫师祭祀所用的神弓已成为一种不断延续的集体记忆。

鲁威仪（Mark Edward Lewis）的著作《早期中国的合法暴力》（*Sanctioned Violence in Early China*）中引用了一段《周礼》的注疏，他这样译写道：“在部队即将开拔之际，将军要接受国王赐予的弓箭。将军引弓，三军呐喊，乐师通过定音的律管预言战争的结果。”[4]此处，弓又作为巫祝活动中的一项工具。

[4] Lewis, Mark Edward, *Sanctioned Violence in Early China*, p. 229.

到目前为止，我们有关后羿神话的线索都反复围绕着一个母题，即一位身怀天威、手持弓箭、击退了自然灾害的超级英雄般的神射手。我们也有线索表明羿并不是某一个人，而是古代中国宫廷里的一类射官。关于这些可能存在的巫师射手，我们能找到有关他们活动的更深入的线索吗？当然！但为此，我们不得不稍稍偏离一下主题，去审视汉字书写结构本身及其历史。

中文的书写方式

以卷二和卷三中引用过的中文为例，可以看出中文是以字符的形式书写而成的，每一个字符都可与一个大小相当的方块相匹配，如图所示：

射	以	观	盛	德

在当代汉语中，每一个汉字都带有特定的含义与发音，而且只有一个音节。在古汉语中，大多数的汉字都代表一个完整的词（尽管许多词语仍旧是由多个汉字构成的）。在遥远的古代，一些汉字的发音可能不止一个音节。

尽管汉字看起来像是一团带有少许弯折的杂乱直线，但当你熟悉之后，你会发现许多汉字都是由一个个小部件组合而成的，其中每一个部件本身恰恰也是独立的汉字。请仔细观察如下例子：

言	身	寸	射	谢

当中国人阅读这些字符的时候，他们将其作为一个整体理解。即便他们意识到有些汉字是由其他汉字组成的，他们也用不着在阅读时去细看每一个汉字的内部结构：他们只把一个完整的汉字当作一个词或词的一个部分去理解。只有在查字典的时候，中国读者才需要去考虑每个单字的内部元素，因为大部分字典会用它们来创建一个查字表。

当我们试着通过观察汉字来探索巫师射手们所从事的活动时，我们只需要考察古代汉语即可。所以我们先要假设每一个汉字都只是一个独立的词（尽管在严格意义上这不总是准确的——尤其对于人名、动物名称和地名而言）。

在本卷开始我提到过许慎的辞书。他的辞书《说文解字》，字面意思是“对文句的解释以及对汉字的分析”。它写于100年前后的东汉时期，是现存最早的尝试考察汉字内在构成，并解释汉字的历史及其文化背景的字典。对于现代学者而言，《说文解字》是十分重要的参考资料，因为它分析了消失已久的部首，并记录了许慎那个时代的文化背景及诸多细节，这些文化对于今天的我们来说已较为陌生了。他对部首的解释也依靠了一种双关语系统（“取譬”），即把特定的汉字与神话传说相互关联起来。[5]

然而在今天，我们有大量许慎无法企及的便利。许慎对中国汉字历史的研究主要基于一种古老的书写字体——篆体。这里以汉字“射”为例，列出它的现代写法、许慎在汉代常见的写法[6]，以及小篆体的写法如下（表3.2）：

表3.2

现代字体	汉代字体[7]	小篆[8]
射	[illegible]	[illegible]

现在我们知道，在许慎所处时代的一千年之前已经出现了高度发达的汉字书写系统——“甲骨文”。它用于记录骨头和龟甲上由于受热而产生的裂纹，即占卜的结果。由此向后，金文也出现了，而许慎应该知道其存在，但由于他不能收集到足够多的青铜铭文样本，所以无法以金文为基础开展他百科全书式的研究工作。

[5] 比如《说文解字・壶部》：“壶，昆吾圜器也。”

[6] 译者注：下表中间的字体按李圃《甲骨文文字学》记是六国文字，其形与金文相似，并非汉代通用字体。许慎生活的东汉已广泛使用隶书。疑作者误引，望读者注意。

[7] 李圃：《甲骨文文字学》，第326页。

[8] 陈邦彦书《康熙字典》，上海：中华图书馆，1919年，寅集上页15。

今天，通过一百多年的考古学和古文字的研究，我们已掌握了超过六万个古代甲骨文文字来帮助我们认识历史。

所以，许慎认为很“古老”的篆体字实则是经过了数千年的演变而形成的一种固定字体，它掩盖了那些更古老字体所显现出的大量重要元素。

许慎基于篆体解释“射”这个字是由“身”与“寸”两部分组成的。他将“寸”释义为“一种度量距离的单位”，将“身”解释为“靠近自己”，所以他解释“射”字的渊源为：

弓弩发于身而中于远。

但如果他能像今天的我们这样有途径去接触成千上万个甲骨文以及金文的话，他将能看到比他考察的篆体字还要早超过一千年的文字，这种字显示出与小篆迥异却依然清晰易懂的图像（表3.3）：

表3.3

现代字体	小篆	汉代字体	金文	甲骨文
射	[illegible]	[illegible]	[illegible]	[illegible]

现在若我们从右往左看这个序列——这大概也是“射”这个字演化的顺序——最早的字体显然就是一支“箭”正待从“弓”发射出去的样子。在金文字体中，有一只像“手”的符号扣住了“弓弦”（这样的形象在甲骨文中也有出现）。但在其发展成为固定形式的篆体过程中，左边部分与表示“身体”的字符相混淆，而右边的部分“手”则与一个表示“寸”（一个拇指的长度）的近似汉字混在了一起。

根据后来的认识，我们可能会指着汉代的“射”字，说它像一个“手持弓箭”的形象。对此观点许慎会持反对意见。他会非常合理地指出在他的时代，“弓”写作“[illegible]”而“身”写作“[illegible]”。显然，“古老”的篆体字“[illegible]”示意出左边的部分是“身”而不是“弓”。许慎也会补充说，右边的也不是“手”，而是一个伸展出的拇指，意思是“一寸长”。

你应该已从这个例子中猜到，在汉字早期演变的某个时段中，许多文字必定是源于简单的物体图形。这在很大程度上是正确的，但这并不说明甲骨文就是中国象形文字的萌芽。以前1700年到前1000年这个时段来看，甲骨文系统已高度发达并且系统化了。汉字书写系统的最早形制（还没有人找到实例）或许的的确确就是简单的图形，但到了早期甲骨文的时代，如下的几种形式已被用来表示口语中的词（表3.4）：

- 以简单图形直接表示词义
- 用一个或多个简单图形表示一个抽象的词语[9]

表3.4　早期汉字的组成方式

	简单图形（甲骨文）	弓、矢
	两个简单图形表示一个抽象词语（甲骨文）	射
	借用一个简单图形去表示一个意义完全不同却读音相似或相近的词语（甲骨文）	表“矢”的词古音近似于“tjien”，被借用来表示农历地支中的“寅”这个读音近似的字，其读音近似“jien”
言 + 射 → 谢	组合一个表意的单字与另一个表音的单字去表示一个词语（篆体）	表意的“言”与表音的“射”组合成“谢”字，“言”意思是“说话”，“射”的读音“shè”表“谢”的读音“xiè”。“谢”的意思是“向某人告辞”（“射”“谢”古音听起来更加相似）

[9] 一位阅读了本书手稿的读者劝我放弃这一条，因为它已经过时。他认为我该转而采用鲍则岳在《中国文字系统的起源和早期发展》(William G. Boltz, “The Origin and Early Development of the Chinese Writing System”, New Haven, CT: *American Oriental Series* Vol. 78, American Oriental Society, 1994.）一书中的分析框架。鲍则岳指出，“用一个或多个简单图形去表示一个抽象词语”的构字法不可能出现，也从未成为现实。他认为所有的复合结构都至少包括一些用于表音的部分。而我则认为形声字的实际数量应远多于许慎及其后的学者发现之数（因为一些表音声符随着时间流逝已晦涩难辨了）。他认为“表意符1+表意符2=表意符3”这样的构字法从未出现过，也不可能成立，但他的观点无法说服我。在我看来，如果表意符已足够抽象，以至于它们能够赋予表音符以语义上的意义，那么这就说明它们能充当其他表意符的语义修饰符。

- 借用一个简单图形去表示一个意义完全不同但读音相似或相近的词语
- 组合一个表意的单字与另一个表音的单字去表示一个词语

代表射手的文字

羿 "羿"在汉字里的写法既没有包含代表"弓"也没有包含代表"矢"的字符。知道了足够多阅读中文的知识，就能看出这个字的左上部和右上部包括了两个相同的构字符，底部的元素看上去像两根桌腿。有趣的是，这个文字除了表示那个伟大的射手或其从属的射手群体之外，再没有别的意思。

羽 "羿"的上半部分其实是这个单独的文字，其意思是"长羽毛"；下半部分是简化的汉字"开"（音"jiān"）。在《说文解字》中，许慎解释"羿"字说"羽"代指其意而"开"代指其音。与现代读音的差别可以追溯到古代汉语发音的流变。[10]

[10] 徐灏《说文笺》："开声古音在元部，转入脂部。"

⿱开弓 "羿"字在汉字里至少有两种可替换的写法。但这些替代文字后来渐渐弃置不用了。在左边这个大字中，你能辨认出底下是代表"弓"的汉字，其上半部分则是同样的"开"。

⿱羽弓 现在你可以自己分析"羿"的另一种写法（如左示）。所以在汉字标准化以前，古汉语中"羿"这一个字至少有三种写法。但是不同的书吏已设法达成了这样的共识："羿"这个字可以同"羽""弓"还有可以用来代指其发音"yì"（那时听上去像"jiān"）的某个字符相关联起来。所有的书面语言都会经历一段拼写上的变化期（就像不同拼法的英文单词在大西洋两岸已被普遍使用一样），对此我们应该不会感到困惑。

中国学者臧克和教授分析过组成"羿"的不同构字符的内在意义。[11]我们已看到"羽毛"这一意象出现在《淮南子》所载的羿的神话中："日中九乌，死堕其羽翼。"从太阳中被射下的乌鸦，其羽毛会被猎手当作装饰佩戴起来，有这样的联想在某种程度上看也是相当正常的。同样的逻辑也适用于之后讲述这段传说的巫师，他们借用这标志性的羽毛将这则神话娓娓道出。

[11] 臧克和：《说文解字的文化说解》，第299页及其后页。

雩根据许慎的注解，每到夏日，人们都会用歌舞盛典来祭祀干旱的象征——"赤帝"，[12]以期达到求雨之目的。左边这个字便代表"祈雨的舞蹈"。上半部分是表意的"雨"字，下半部分则是一个表音的字。许慎也记录了该字的一种古老的异体，写作"翌"。这个异体字的上部是"羽"。恰如前文对"羿"的异体字的分析，我们可以总结出，古时候祈雨舞的核心元素既可能包括"雨"也可能包括"羽毛"。这种猜想也是合理的，羿射下了太阳中的鸟，鸟的羽毛坠向了大地，然后由十日引发的旱灾就消弭了。

[12] 许慎《说文解字》："雩：夏祭乐于赤帝以祈甘雨也。"

事实上，另一本中国古代韵书——宋代的《集韵》清楚地记载道："翌，缉羽也。雩祭所执。"[13]另一段证据则出现在更早的文献《周礼》中：[14]

[13]《集韵·禹韵》。

[14]《周礼·春官·女巫》："旱暵则舞雩。"

3B1

《周礼·地官·舞师》

（舞师）教羽舞，帅而舞四方之祭祀：教𦏲舞，帅而舞旱暵之事。

臧克和教授已指出，“羿”的表声部“开”也出现在其他一些表“干旱”或“祈雨舞”之意的古汉字里[15]（像我之前提到过的，有一类汉字是由表意和表音的两种符号构成的。其中表音的声符在古代也有表意的倾向。这意味着通过研究古汉字的结构，我们有时可以发现相关字义的两个层面）。

[15] 臧克和：《说文解字的文化说解》，第302—303页。

臧教授还讨论过一个古老的汉字，它今天写作“晋”，同时含有“进”和“箭”的意思。[16]其甲骨文写法是“[illegible]”，清晰展现出一对“箭”瞄着一个类似太阳（“日”）的东西。只要这个甲骨文下面的部分确定是“日”，那么这个字就很好地说明了，早在3500年前书吏便在脑海中将箭和太阳联想到了一起（然而，要理解为何这样的联想会产生出“进”这一意义就很不容易了）。另一种可能是，如果这个字的下部实际上是一种容器（有些版本的甲骨文把“日”中间这一横或一点省去了，将其变成一个“容器”），那么这个字就有另一番释义：简言之，“晋”（或者写作“搢”）这个字，仅仅表示“将箭插入箭囊中”。[17]

[16] 臧克和：《说文解字的文化说解》，第298—299页。

[17]《周礼·乡射礼》中相关例子很多。

習 如果“箭”和“日”的组合可以构成汉字，那么若出现一个“鸟”或“羽”与“日”组合在一起的汉字，将会十分有趣。不过先别抱太大期望。左边这个“習”字，其上部是“羽”，但下部是表示“白色”的“白”字。许慎《说文解字》中说，这个字就是源于“羽”和“白”，意思是“鸟在黎明起飞”。[18]但甲骨文又一次讲出了完全不同的故事：“习”字被写作“”——羽毛和太阳，或者“”——下半部的“日”中间缺了一横，这种写法通常用来与代表“日”的字符相区别，但也有例外。而且，这个字在甲骨文中的意义是“使加倍（reduplicate）”。[19]回溯神话，当乌鸦与十日联合时，天空中的太阳就增多了。所以看上去这一汉字可能支撑了这样一种观点：羽毛和太阳关联起来可表示“多个的（multiple）”或“加倍的（reduplicated）”意思，箭和太阳联系起来则多半表示了“解决多日凌空问题的方法”。

[18] 译者注：此说不确。《说文解字》“習”解作“数飞也”，没有“鸟在黎明起飞”的意思。

[19] 许进雄：《古文谐声字根》，台北：台湾商务印书馆，1995年，第794页。

《周礼》罗列了在一个乌托邦式的国家里各级官员应有的职责。它描述了许多工匠的活动，其中一些工匠的工作内容与射箭有关，我会在卷六里详细说明。《周礼》还描述了一种奇妙的官职，其职责是吓走一种“夭鸟”。

3C1

《周礼·秋官司寇第五·庭氏》

庭氏掌射国中之夭鸟。若不见其鸟兽，则以救日之弓与救月之矢夜射之，若神也，则以大阴之弓与枉矢射之。

这说明在战国末年，人们还是相信有种夭鸟会危害国家。更关键的是，根据以上引文推测，弓箭实际是用来祛除人们以为是夭鸟对日月造成的不良影响（日食或月食）。汉代经学家郑玄将“夭鸟”解释成会在夜里发出恐怖叫声的怪鸟，人们往往将这种鸟的出现视为凶兆。

我也无法确证，在遥远的古代以上这些元素究竟是如何组合到一起的，但它们看起来恰好就在那里。很少有别的中国神话、文学与历史的主题与古汉语书写系统纠缠得如此紧密。这种现象只暗示出一点：当书写系统在前1700年至前300年（即秦始皇试着统一文字的时候）逐渐成形之时，羽毛、箭与太阳的形象看起来已在早期王室书吏的脑海中相互联系了。神射手羿的传说在那时的贵族阶层中已是一个颇具影响的文化主题。于是，以这一传说为背景出现了一种用于召回羿之功绩的仪式，这种定期表演的仪式由佩戴羽冠的巫师参与，他们向天帝祈祷以期能抵御旱灾的威胁。

话说回来，要驳斥神话与书写系统相互关联这一论点仍有强有力的证据。研究书写系统演化的、富有科学素养的学者们正确地看到，书写系统会发展成为传递信息的工具。用汉字的内在图形结构去表现神话传说的尝试既十分无效，又会引发各种猜测，无法满足对一种合适书写系统的迫切需求，尤其考虑到商代甲骨文系统已高度有效且发展成熟。

这是十分中肯的论点。但假设书写系统用来表现巫术和礼仪也是其中一个目的呢？如果书写系统充分发展为向上天或祖先传递信息的方式（如同作者向读者传递信息那样）又会如何呢？

如我们现在所知，商代的书写系统存在于一种完全与神秘主义相联系的文化场域之中。完整的甲骨文目录也许存在过，但我们从未见过。我们已知的文本都载于甲骨及青铜礼器之上，这些礼器本身便富含可见的譬喻与暗示。与这些早期历史相关联的文字（频繁地被铭刻在礼器之上）就不可能也蕴含着譬喻与暗示吗？要注意“凶”这个构字符是如何顽固地游离于商代文字的表音系统之外，而与其对立的“吉”字却广泛地用于表音。如果一个文化中止了对其文字中“象形/表意”之内在结构重要意义的关注，我们能期望上述刻意规避不吉利元素的现象出现在这样的文化中吗？

妖术与渎神者

在夏商时期，迷信的礼仪俯拾皆是。甲骨文在殷商时期发展成熟，人们通过甲骨上的裂纹对行动结果进行预测。可以证明的是，把这些文字刻在甲骨上并非为了“寻求”神的回应，而是常常用来“公布”预言的结果。

如果“巫术（white magic）”与射艺有某种联系，那么“妖术（black magic）”也有。“射天”尤其与渎神者和暴君有关，他们都想表现对天命的漠视。我将这种行为称为“妖术”，是因为在那些有关的故事中，主人公都自诩为“神灵的主宰”。这些渎神者无视他人的劝说，拒绝听从那些守旧的训诫，不去行使祭天的礼仪，更不能建立起一个好政府。与之相对，他们公开与“邪魔”（the devil）为友。

第一个记录完成于伟大的史学家司马迁之手，这个故事是关于商朝君王武乙的（武乙的名字反复出现在商代甲骨文中，毫无疑问他是一个真实的历史人物）。

3D1

《史记·殷本纪》

帝武乙无道，为偶人，谓之天神。与之博，令人为行。天神不胜，乃僇辱之。为革囊，盛血，卬而射之，命曰“射天”。武乙猎于河渭之间，暴雷，武乙震死。

在上面的记载中，武乙似乎做了一个人偶去讽刺上天的无能。神灵由雕像或图腾代表。通过制作一个代表“天神”却无法与自己匹敌的塑像，武乙将自己凌驾于上天的权威炫耀了一番。

下一个故事也出自司马迁笔下，关注的是另一位渎神者的怪异行为，他是宋康王。

3E1

《史记·宋微子世家》

君偃十一年，自立为王。东败齐，取五城，南败楚，取地三百里；西败魏，乃与齐、魏为敌国。盛血以韦囊，县而射之，命曰：“射天。”淫于酒妇人。群臣谏者辄射之。于是诸侯皆曰“桀宋”。“宋其复为纣所为，不可不诛”。告齐伐宋。

宋康王因荒淫无道和不理朝政而被谴责，就像所有中国史书记载的末代君主那样。这段记录也清晰表现了他的暴虐性格和失常行为。诸侯们将其比作专制的暴君“桀”——夏朝的末代君主，他射盛血革囊的逆天之行比之另一位末代暴君纣（商朝最后一代君主）的所作所为也不遑多让。

《史记》中的另一段记载则更清楚地呈现了这样的故事。这段文本被怀疑并非司马迁的作品，而是同时代的其他人所著。该记载的绝大部分文本都采用了韵文的形式，这或许暗示着它出自一则古老的口述史诗，其内容为：一位国君与一位贤臣就该不该在朝廷中使用暴力这一问题进行讨论。在如下的引文中，我用了一种较为自作主张的排版格式，并将一些文字放入中括号中，以重现原文的诗节和格律。

3F1

《史记·龟策列传》

王不自称汤武，而自比桀纣。桀纣为暴强也，故以为常。

桀为瓦室
纣为象郎
征丝灼之
务以费氓
赋敛无度
杀戮无方
杀人六畜
以韦为囊
囊盛其血【与人县而射之】[20]
与天【帝】争强
逆乱四时
先百鬼尝
谏者辄死
谀者在旁……

[20] 译者注：作者对部分文字加上中括号，是因为他认为此段本来应该是《诗经》体的四言诗，括号内的文字可能是司马迁或其他人后来加上去的。

还有一段文献从另一侧面展现出这种妖术，让我们看到更多关于那个混乱年代的细节，以及这一时期的迷信行为。刘向在他“半史书”性质的著作《战国策》[21]里记录了下面一段著名的故事：

[21]《战国策》(*Warring States Papers*)并非真的是用“纸”(papers)书写的，当时人们将字写在竹片上，然后用麻绳捆扎成书。

3G1

《战国策·宋康王》

宋康王之时，有雀生䱐于城之陬，使史占之，曰："小而生巨，必霸天下。"康王大喜，于是灭滕代薛，取淮北之地。乃愈自信，欲霸之亟成，故射天笞地，斩社稷而焚灭之，曰："威服天下鬼神。"骂国老谏，曰："为无颜之冠以示勇。"剖伛之背，锲朝涉之胫；而国人大骇。齐闻而伐之，民散，城不守，王乃逃倪侯之馆，遂得而死。见祥而不为祥，反为祸。

在这则故事里康王的行为已不仅仅是传统意义上的误国：他砍断一个驼背者的脊椎，还削去另一人的双足（显然他是想查看这个人的骨髓有没有在冷水中被冻住）。这则故事生动地叙述了一个渎神者的行为——并不仅仅是那种史书常用来批判末代君王的不道德行为。

这种有关射箭的妖术将中国文化和渎神的暴君相连。他们都决定让自己凌驾于传统的神灵之上，或许还通过膜拜邪神来达成此目的。他们与那种"听见神明之声响彻脑海"的疯子类似。

中国的射手又一次出现在昏暗的灯光下，他们的人格被分裂成两个部分：英勇与阴暗。

《易经》

无论古汉字的结构能不能如我们相信的那样，给出了一些关于古代社会生活的线索，在文献中它们的确暗示出了射艺的功用。射箭是巫术的表现形式之一，通过巫术，人们不单歌颂了男性在世俗世界里的绝对权威，同时更要与创造并掌管着飓风、旱灾与洪水的超自然力量达成和谐。

在卷二里，我们看到《易·系辞》把弓箭的首次使用归功于传说中的圣君。《易经》是古时巫师用蓍草占卜时用于观察结果的说明书，《易·系辞》是其注解。《易·系辞》的结论是，用弓箭去征服世界的行为，其性质用卦象描述即“睽卦”。[22]其意思是“不恰当地偏离”，即稍作“微调”就能复其正位，并非完全失控的事物（例如，走失后会自己及时回家的马；或路遇长者时失礼的尴尬；或在姊妹的婚礼之前与男性亲属相见的妇女，因这样的行为稍损贞操）[23]。

所有的卦象都由上下两部分组成，睽卦上“离”下“兑”，分别代表“火”和“泽”，或者“干旱”和“泽润”。这个卦指出，射箭是一种可让旱雨互转的“微调”行为。

《易·系辞》里提到的“弧”与“葫芦”的“葫”及“壶”均属一个韵部。“葫/壶”[24]在许慎的《说文解字》中与一类巫术道具相关，即一种盛装吉凶之气的细颈壶，[25]它代表了各种组成中国创世神话的相对元素，包括天地、轻重，等等。事实上，在《易经》中“弧矢”这个词也许与“壶矢”成双关，即投壶礼：参与者将箭投入一个细颈壶中，看投中与否以定输赢，这种游戏可能也被用于占卜。[26]我相信《易经》中的这一系列譬喻也暗示出弓箭象征着改变万物混沌状态的原动力，它导致了善恶之分、雨旱之别。同样地，投壶礼则象征着人类向造物卜问吉凶的行为，而“葫/壶”即造物的象征。

卜者或巫祝也许表达出希望人与万物相谐的意愿，

[22] 译者注：《易·系辞》：“弦木为弧，剡木为矢，弧矢之利，以威天下，盖取诸睽。”

[23] 译者注：这三个例子分别对应睽卦初九、九二和九四的三段爻辞，即“丧马，勿逐自复”“遇主于巷”“遇元夫”，当然作者对爻辞的理解也仅代表他的一家之言。

[24] 译者注：事实上《说文解字》没有收入“葫”字，与之同义的字是“瓠”，段玉裁认为“壶”与“瓠”可互相通假。

[25] 译者注：《说文解字》“壹”：“壹也，从凶从壶。不得泄，凶也。《易》曰：天地壹壹。”

[26] 看《左传·昭公十二年》。

例如，当幼童步入青春期之时，巫师们要朝四方及空中分别射出一箭以示祝福。[27]但另一方面，朝盛血革囊射箭的行为又表示出与自然的不和：事实上是一种妄图僭越天帝的臆想。因此，弓箭被赋予了两种完全相反的特质，而射手的形象则是这两个极端趋向平衡的产物。

[27] 译者注：原文如此。但典籍所载均为"男子生，桑弧蓬矢六，以射天地四方"(《礼记·射义》)，即男子出生时用射箭祈福。男子进入青春期所行之礼应属成人礼，即"冠礼"，而冠礼并没有射箭的仪式。

脩身以為弓
正心以為矢
立義以為的
奠而後發之
發射必中矣

修身以为弓，矫思以为矢，立义以为的。奠而后发，发必中矣。*

——扬雄（前53—公元18）《扬子法言·修身》

* 译者注：本卷前所用书法作品是对《扬子法言》原句的化用，不完全一致。

◀《扬子法言·修身》

卷四 射礼

在头两卷里我们着眼于在中国历史中没有留下文字记载的朝代，我并无意于写出有关这个时代的完全客观的历史记录。我游走在民间传说、历史文献、汉字与占卜那充满暗示意味的关系之中，去提炼出巫术和早期射手的形象。

夏商之后的朝代是周。传统的观点是，周代（前1046—前256）的创立者将中国恢复到了远古由圣王执政时的辉煌年代。无所不在的礼仪文化则是周人文雅生活的一项重要记录，其中包括了大量的射礼。

要研究周代射礼非常艰难，这并非因为有关记载语焉不详，事实上，我们即将看到它有多么精细翔实的记录。真正的困难在于很难弄清这些记载中的射礼属于哪一时期。关于中国早期历史的文献，其真实性是很薄弱的。有人声称数量庞大的历史文献在秦始皇治下被封禁了。连伟大的史学家司马迁都承认，他所用的唯一历史文献只有一些秦国的官方编年史，而剩下的部分则完全依靠于口述和其他的间接材料。

自汉代司马迁以降，大多数历史学家都希望其著作能建立一个连贯一致的叙事体系，以完全符合历史学家对其所处时代的理解。野史被认为是毫无价值的，历史研究和文献分析则主要以当代的眼光去重新表现或诠释历史。

所以，若我们今天拿到了关于周代射礼的详细记录，有两点是务必要理解的：

- 它们是后人重构的。
- 它们已依据后人的标准而被理想化了。

这肯定不是件好事吧？但也别失望，汉朝（这些礼仪文化在这时被研究和恢复）最初的几个皇帝极其热衷于重建周代君王创造的古礼，以使他们的政权在上天和黎民眼里拥有合法性。所以，他们所做出的每一分努力都是为了让这些礼仪的内容看上去正当合法。这并非易事：不同的学派互相竞争，标榜自己为礼制之正统，以获得天子的青睐。

孔子声称自己了解夏商两代的礼制：

4A1

《论语·八佾》

子曰："夏礼，吾能言之，杞不足征也。殷礼，吾能言之，宋不足征也。文献不足故也。足，则吾能征之矣。"

当代中国的学者认同现存的礼制文献并非原始的周礼文本。然而，他们也认为有关周礼的部分记载存在于汉初的文献之中，汉代恢复的古礼或许正是基于此。[1]

[1] 杨天宇撰《仪礼译注》，上海：上海古籍出版社，1994年，第4—5页。

何为“礼”?

古代中国（直到约前1000年）社会鲜明地分化为在国君或其他领袖的带领下参与统治的贵族阶层，和耕种土地、服侍贵族的农民阶层。这段论述不过是中国社会的极简形态，我们对这个社会的认知尚极浅陋。但众所周知的是，在中国农业社会的早期，当商人阶层尚未发展起来之时，中国的农民为一群今天难以想象的统治阶级所管理。

然而，他们之间的互利关系是很明显的。当农民为统治者提供劳役时，他们也从统治者的管理、基础设施建设以及有组织的国防中获得好处。中国有大片不适合人类居住的荒地，而那些不友善的野兽（虎、狼、犀、象、野熊，可能还有其他一些业已灭绝的大型动物）则在此安家。农民们毫无疑问从统治者那里获得了有组织的庇护，他们不必在凶兽环伺的野外艰难求生，也不用独自面对那些靠窃掠土地为生的敌对部族。统治者拥有一些专长，如用可控的洪水冲刷低地农田，除去无法在水田里生活的杂草，并栽种适宜生长的稻谷。农民们为这样的工程贡献劳力，他们的生活水平也因耕地质量的提升而获得一定提高。

在这一社会制度中，礼在一定程度上是贵族们共同遵守的宗教规则，也是被统治者的一般性社会礼仪。礼构成了中国人社会行为的一大系统，它被认为是中国文化中最独特的属性。[2]农民阶层也有他们自己的宗教仪式，但很少被记载下来。

生于前313年前后的中国哲学家荀况对“礼”的本质做了如下定义：

[2] 陈剩勇：《中国第一王朝的崛起：中华文明和国家起源之谜破译》，长沙：湖南人民出版社，1994年，第409页。

4B1

《荀子·礼论》

礼起于何也？曰：人生而有欲。欲而不得，则不能无求。求而无度量分界，则不能不争。争则乱，乱则穷。先王恶其乱也，故制礼义以分之，以养人之欲，给人之求；使欲必不穷乎物，物必不屈于欲，两者相持而长。是礼之所起也。

这段文本囊括了（虽说是前3世纪战国时代的智慧）中国古代社会制度的深层意义。在一个如我前文所描述的社会里，人们生活在荒野的边缘，试图在孤苦无依中求生，礼则恰好是把中国人绑在一起的那根丝线。根据传统，礼在周代仅仅是贵族间的行为。对于农民而言，我们只知道他们居住在封闭的村落中，日复一日地劳作或休息，间或有一些简单的年度庆典，无拘无束，毫无节制。

射礼

历史上被实践过的射礼主要有四种。第一种是“大射”，由国君或其他诸侯主持；第二种是“宾射”，是为欢迎贵宾而准备的；第三种是“燕射”，在贵族宴饮之时举行；最后一种为“乡射”，在各诸侯国举行，其目的是为周王室遴选优秀的官吏。

射礼无疑包含着军事因素。从西周开始，军队皆由生活在王畿或邦国都城周边的农民供养。土地按照“井”字形（像一字棋的棋盘）被分成九份加以管理。依据不同的井田制理论，农民或者是被分成八户共同耕作九块土地，把中间那块土地的产出上交给王侯，然后各自取走其他八份田地的产粮；或者是把九块田地都用作公田，产出上交然后仅留下一点口粮。无论采用哪一种方式，井田制都构成了周代军队给养的基础。[3]

如果国家处于太平年代，周王室会将一年分成几个部分，分别用于教化人民、进行准军事化活动和操练军队。“准军事化活动”指狩猎，其目的还是为了训练军队的作战技巧，以备保卫国土或扩张领土之需。捕获的猎物不会立即烹食，而往往会用于祭祀祖先。在古代，“祖先”构成了中国人宗教信仰的基本主体。无论是在战场或是狩猎中，出众的射艺最能表现出一个人的能力。

宋朝人郑锷说：“射之为艺，用于朝觐宾燕之时，其事为文。用于田猎攻守之时，其事为武。”薛平仲说：“射者，男子之事。弧矢之利，其为威天下也久矣。先王于大祭祀则有射，于宾客则有射，于燕饮则有射。当君臣相事于礼文之交，而不忘武事于弓矢之用。”[4]

这些文字表现出的是一种观念：弓和箭是男性权威的象征（我猜测在周之前这种观念已被贵族和农民普遍接受）。中国从新石器时代开始经历了漫长的历史，已转变成为一个由男性掌权的父系社会。这种转变是基于氏族社会的权力嬗替还是人类社会的自然演化我们不得而知。父权的交替通过一种仪式完成：父亲将一把弓和六支箭赠给儿子，儿子则把箭射向天、地与四方，以完成成人礼。[5]

“六艺”是所有中国读书人特别熟悉的一个概念，它是周朝人最重视的六项基本技能：礼、乐、射、御、书、数。它们是“小学”的必修课程，其中一门课是“五

[3] 陈群：《中国兵制简史》，北京：军事科学出版社，1989 年，第 7 页。

[4] 译者注：以上两句皆引自南宋学者王与之的著作《周礼订义》。

[5]（宋）王昭禹：“古者，男子生，以桑弧蓬矢六，射天、地、四方，示其有四方之志。先王之为射礼，因以习武事焉。因以绎志而观德行焉。”译者注：原文如此，恐为作者的不当理解，见卷三注 27。

射”。“五射”分别是：井义（仪）、襄尺、白矢、剡注、参联（连）。

在之后的章节中，我会尝试用一些文献去解释这些谜一般的名词，无论其是否有效。

射艺在古代能掌控自然界的平衡，它与巫术相关，在战场扬威。它更是男性的象征，甚至有可能象征着男性的生殖能力。它还和不受约束的行为有关（如卷二所述）。“六艺”所呈现的意义如下所述。

- “礼”：为阶级化的中国封建社会建立等级制。
- “乐”：建立行为和思想的规范。
- “射”：让封建臣民在统治者面前彰显才能或表示顺从。
- “御”：训练驾驭战车和团队作战的能力。
- “书”：管理民众和军队所需的基本书写技能。
- “数”：吏政与军事参谋所需的基本计算技能。

明朝的周孔教写道：

4C1

射者，武事之尤大，而威天下守国家之具也。故古者教士，以射御为急……人之生有疾则已，苟无疾，未有去射而不学者也。有宾客之事则以射，有祭祀之事则以射，别士之行同能偶则以射。于礼乐之事未尝不寓以射，而射亦未尝不在于礼乐祭祀之间也。居则以是习礼乐，出则以是从战伐。士既朝夕从事于此而能者众。则边疆宿卫之任，皆可择而取也。[6]

[6] 译者注：本段引文出自周孔教《重刻乡射约序》，而这段序文大部分内容抄自王安石《上仁宗皇帝言事书》。

这段论述说明“六艺”之间并非一个重要性递减的关系，而是皆以“礼”为其发展之基础。

关于这些礼仪的主要描述都被辑录在儒家的一部经典——《仪礼》之中，我们现在看到的版本大概成书于汉朝，但其中反映的礼仪可以上溯到周代，并在战国时期得到发展。与《仪礼》中记载的其他礼仪一样，射礼的实施可以分为三个环节：开始环节与其他礼仪基本相同，包括了礼仪的准备工作，参礼人员需进行斋戒；最后以献祭仪式和食用酒水食物为结束；而核心环节的内容则与别的礼仪不一样。

乡射礼每三年在各乡举行一次，或者一年在各州举行两次。三年一射的礼仪是乡校的毕业礼，由乡行政长官主持，并邀请乡绅作为嘉宾；一年两射的礼仪在春秋两季的宴会中举行，由州官主持。

乡射礼全文非常冗长，我只阐述其核心环节中的一部分内容，也足以让读者对其有一定了解。在这一部分内容中，射礼的主持将为我们讲述射礼竞赛的基本要求，接着就是竞赛的第一个步骤——类似于热身运动，选手可以试射，但不计分。

下面的射礼程序请读者展开想象。乡射礼被安排成三对射手之间的比赛，射手的选拔以年龄、资历和射艺为标准。选拔过程也许在另一个与之相关的礼仪——乡饮酒礼中完成，其间贵族将论资排辈。乡射礼在一个庄严的大堂内举行，堂外带有宽敞的庭院，四面环有围墙。这种大堂事实上是一所被称为“庠”或“序”的学校（名称随时而变）。朝北的尽头是一间带屋檐的亭台，人可拾级而上，颇有一种戏院舞台的感觉。射礼的主持和嘉宾坐在亭柱之间，那里有为他们特别备置的座位。

有两条位于南面的石阶可供人们登上亭台。庭院的最南端放有一个单独的靶位，靶面用布蒙上。靶的一侧有一块屏风，用于遮挡计分员。

这种射礼被描述得极其繁复，但事实上可能并没有超过西点军校的阅兵式或者英国贵族的板球运动。

《仪礼·乡射礼》[7]

[7] 杨天宇撰《仪礼译注》，第158—167页。

4D1

三耦俟于堂西，南面，东上。司射适堂西，袒、决、遂，取弓于阶西，兼挟乘矢，升自西阶，阶上北面告于宾曰："弓矢既具，有司请射。"宾对曰："某不能，为二三子许诺。"司射适阼阶上东北面告于主人，曰："请射于宾，宾许。"

4D2

司射降自西阶，阶前西面命弟子纳射器。乃纳射器，皆在堂西。宾与大夫之弓倚于西序，矢在弓下，北括。众弓倚于堂西，矢在其上。主人之弓矢在东序东。

4D3

司射不释弓矢，遂以比三耦于堂西。三耦之南，北面命上射曰："某御于子。"命下射曰："子与某子射。"

4D4

司正为司马。司马命张侯。弟子说束，遂系左下纲。司马又命获者倚旌于侯中。获者由西方坐取旌倚于侯中，乃退。

4D5

乐正适西方，命弟子赞工迁乐于下。[8]弟子相工如初入，降自西阶，阼阶下之东南，堂前三笴，西面，北上，坐。乐正北面立于其南。

[8] 一般来说宫廷的乐师都是盲人。

4D6

司射犹挟乘矢以命三耦："各与其耦让取弓矢，拾。"三耦皆袒、决、遂。有司左执弣，右执弦而授弓，遂授矢。三耦皆执弓，搢三而挟一个。司射先立于所设中之西南，东面。三耦皆进，由司射之西，立于其西南，东面北上而俟。

4D7

司射东面立于三耦之北，搢三而挟一个，揖进。当阶北面揖。及阶揖。升堂揖。豫则钩楹内，堂则由楹外。当左物北面揖。及物揖。左足履物，不方足，还，视侯中，俯正足。不去旌，诱射，将乘矢。执弓，不挟，右执弦，南面揖。揖如升射，降出于其位南，适堂西，改取一个挟之，遂适阶西，取扑搢之[9]以反位（图1）[10]。

[9] 用于警示参与比试的射手。

[10] 译者注：该图为四川省博物院藏战国嵌错宴乐攻战纹铜壶白描图，原壶在成都百花潭出土。

4D8

司马命获者执旌以负侯。获者适侯，执旌负

图1　射礼及祭祀的准备（战国青铜器纹样）
（由罗伊·科林斯［Roy Collins］绘制）

侯而俟。司射还，当上耦西面，作上耦射，司射反位。上耦揖进，上射在左，并行。当阶，北面揖。及阶，揖。上射先升三等，下射从之中等。上射升堂少左，下射升。上射揖，并行。皆当其物，北面揖。及物，揖。皆左足履物，还，视侯中，合足而俟。司马适堂西，不决、遂，袒，执弓，出于司射之南，升自西阶，钩楹，由上射之后，西南面立于物间。右执箫[11]，南扬弓，命去侯。获者执旌许诺，声不绝，以至于乏，坐，东面，偃旌，兴而俟。司马出于下射之南，还其后，降自西阶，反，由司射之南。适堂西释弓，袭，反位，立于司射之南。司射进，与司马交于阶前相左，由堂下西阶之东北面视上射，命曰："无射获，无猎获。"上射揖。司射退，反位。乃射。上射既发，挟弓矢，而后下射射，拾发以将乘矢。获者坐而获，举旌以宫，偃旌以商。获而未释获。卒射，皆执弓，不挟，南面揖，揖如升射。上射降三等，下射少右从之中等。并行，上

[11] 同"弰"。

射于左。与升射者相左，交于阶前，相揖。由司马之南适堂西，释弓，说决、拾，袭而俟于堂西，南面，东上。三耦卒射亦如之。司射去扑，倚于西阶之西，升堂，北面告于宾曰："三耦卒射。"宾揖。

以上便是这种古射礼的记录，我们从中得以一瞥彼时射手的具体施礼动作。为了更进一步了解它，我们需要先仔细考察那些与射艺有关的术语，而非射礼的全貌。

首先，我们可以从4D1段中找到一些线索。"司射适堂西，袒、决、遂，取弓于阶西，兼挟乘矢，升自西阶。"我们先考察其中的"袒""决""遂"三字。

袒这个字在此处的意思是"裸露出持弓的左臂"。射手要把礼服宽松的袖子脱去，使之不触碰弓弦（尽管一些资料[12]显示射手仅用除去外衣的衣袖，而内衣则保持原样）。然而不仅如此，袒露左臂还有礼仪上的意义。[13]它表示了射手的坦诚，也许还说明射手对礼仪毫无保留地尊重。

决意思是"戴上扳指"。我们是如何得知周人使用的是扳指（用于蒙古式射法）而非护指（用于地中海射法）呢？简牍中"决（夬）"写作 [14]。这两个汉字的年代可追溯到西汉初年（约前2世纪），它看起来就像一枚扳指。另外，周代甚至更早期的扳指已经出土。

遂意思是"戴上护臂"。汉代经学家郑玄（127—200）认为其与"韝"一样，都指代一种皮质护臂。但并没有考古证据能证明这种护臂是皮质的。

[12]（清）吴廷华《仪礼章句》。

[13]《仪礼·乡射礼》贾公彦疏："凡事无问吉凶，皆袒左……唯有受刑袒右。"

[14] 楚简《大汉字典》。

乘 接下来的一个步骤是“挟乘矢”：手持四支箭。“乘”在此处的意思是“一组四支的箭”。这个词也被用于描述“一车驾四马”。清代经学家易贞言写道：“凡射之仪，天子与诸侯、卿、大夫尊卑虽异，而皆发乘矢。乘矢，四矢也。”

挟 把箭分成一组四支的原因可能和另一个名词“挟”有关。郑玄说：“方持弦矢曰挟。”清代学者盛世佐解释道：“案挟矢之法，盖以左手执弣，右手大指钩弦而并夹四矢于第二、第三指间，于弓外见镞于弣。”这个过程部分是为了炫技，部分与武射有关。把箭夹在手中而非置于腰带间或箭囊内，可使上箭拉弓更加迅捷。迅速而连续地发射四支箭的技艺便是靠以手夹箭扣弦完成的。

耦 射礼的开场有一个明显特点，即射手被分成了三对（“三耦”）。这表明射礼有竞技性质：它并非只是一场表演。参赛者以大致相称的标准被分组。地位和年龄也是区分的标准。

在4D2段中可以看到，还没有使用的箭被箭尾朝北放置（北括）。如此放置的原因并不明了，也许这与整个射堂的布局有关。射堂的大门朝南，在北面的尽头是司射、嘉宾及射手就座的亭台。箭靶置于亭台与大门之间，位于亭台之南。

箭矢可能被认为含有巨大的魔力，所以有必要让它们对准南方，以免妨碍到亭台上的宾客。箭靶上蒙布的原因大概也如此。在4D4段中我们可以看到这样的描述：“弟子说束，遂系左下纲。”在卷六里，我们会看到这种箭靶的细节。靶面由麻布或兽皮制成，绘有同心的几个方形图案，有时正中心会画上野兽的纹样。无论在这种靶面的设计方式背后有什么样的意涵（比如用来表示猎物被捕获，或者敌人被征服），箭靶本身都被认为带有强大的魔力，如果不蒙上一层布面，它可能会突然消失无踪，或可能伤害到面对它的司射及嘉宾。

在4D4段中还能看到“获者”（计分员）和他的装备。计分员用一把被称作“旌”的令旗来表示射手射中与否。旌旗是由牛尾或五色鸟羽制成的。

获 古代这个字的写法有两种：，像手抓住鸟的形象。这也许意味着“获者”的原始职责可能是猎人的助手，收捡被打中的猎物。“获者”是很重要的一个官职，不会因身份低微而受到轻视或嘲弄。这就是为什么在4D8段中司射要特别命令道：“无射获，无猎获。”（不要朝着获者射箭，也不要让获者有危险。）

在4D6段中，真正的射箭过程开始了。三对射手从司射处取箭，“三耦皆执弓，搢三而挟一个”。所以正确施射过程是：持一箭在手，其余的插入腰带。

表示“把箭插入腰带”这个动作的词是“搢”，它让人产生了诸多联想。左边的部首代表执行动作的“手”，右边部分这个汉字“晋”的发音是“jìn”。

晋 在甲骨文中这个字写作。[15]看上去像两根箭正要射入太阳。许多古文字学家认为这种字形暗指后羿射日的神话。[16]但考虑到这个字实际上是射箭的术语，意为“将箭插入箭囊或腰带”，该甲骨文更像是代表了箭插入箭囊或某种容器的形象。

[15] 中国社科院考古研究所编《甲骨文编》，北京：中华书局，1965年，第284页。

[16] 臧克和：《说文解字的文化说解》，第298—299页。

在中国的古射礼中，有一个古老且至关重要的部分值得我们研究，见4D7段：“左足履物，不方足，还，视侯中，俯正足。”

这是第一个关于中国传统射艺站姿问题的文献记录，相关的记录晚至明代才重新出现。在此处双足必须站成一个“T”形，而不允许呈平行（如今天西方的现代射箭姿势），也不允许呈“八”字形站姿（用于固定靶射或郊射）或明清两代常用的“不丁不八”形站姿。[17]

[17] 译者注：即站立时两脚角度在“丁”和“八”之间。

礼射站姿的规则是强制和不容更改的。为确保这一点，射手被安排站在一个用于校准站姿的十字标志上，即上述文句中的“物”。十字中的一条指向箭靶，另外一条则呈直角与之相交。“物”字由两部分组成，左边是“牛”，右边是“勿”（有“不”的含义）。与很多甲骨文一样（如前文所述的“揺”字），“物”这个字在古代只有右半部分，左边是后来为方便区分而添加的偏旁（两部分结合起来之后“物”这个字表示“带斑点的公牛”）。

勿 如上图所示，这个字有五种甲骨文写法。一些古文字学家对这个字中的“弓”状成分感到好奇，这五种字形都含有“弓”的甲骨文形式，并附带一些其他符号。考虑到这个字在传统射艺中的应用，关于此种构造的最合理解释是：它代表了射箭时校准站姿的记号。

明清两代关于射箭站姿的重要性及“物”之意义的解释，可见于18世纪中期盛世佐的著作：

4E1

《仪礼集编·乡射礼》

射之立法与他时异。他时并足而立可也，而射者之足则不可并，并则不可射。圣人于此恐人或有未娴也，故先于射位画一横一纵之物，而使之取正焉。司射于诱射之时，既视侯中，即俯而视足，以察其合法与否，皆所以教也。方足者，并足而立也，此常法也。正足者，正其足于物也。物一纵一横，履之者亦左足纵而右足横，如其所画也。至今射者之立，取象于丁，犹古人画物之遗意。

正 从甲骨文和金文中观察“正”这个字的古代形态十分有趣（如上图所示有六种写法）。它表示“使……成一线”，上图无一例外显示出了“双脚依靠一个物体保持整齐”的形象。若一个象形文字的创造是专为了指示一种动作，那么这种动作无疑具有十分重要的象征意义。

发 “射”本身也可以称作“发”。在甲骨文中，这个字表示“手放开弓弦”的形象，如下图所示：[18]

楅 射礼中要使用的箭矢被保存在一个离射手不远的架子上，它叫作“楅”。《仪礼·乡射礼》载：“楅长

[18] 徐中舒主编《甲骨文字典》，成都：四川辞书出版社，1989年，第1399页。

如笥，博三寸，厚寸有半，龙首，其中蛇交，韦当，楅髹。”

“楅”字的甲骨文形象不甚明晰，但“楅（bī）”在古代的发音类似于另一个字“备（bèi）”，这个字有如下七种甲骨文写法：

由此基本可以确定，这个表示“放箭的架子”的文字后来演化成了读音相似的“楅”，[19]然后写进了《仪礼》。

[19] 另参考“[illegible]”字，徐中舒主编《甲骨文字典》，第1115页。

《仪礼》是什么时候被删订成今天我们所见的版本呢？这个问题尚有争论，我们姑且不去管它。那些远早于前1000年的甲骨文时代里表示礼仪动作的核心词语的的确确被这部文献记载。

但是，射礼作为一个整体又代表着什么样的意义呢？乡射礼是十分重要的活动，每年在各州举行两次，由州官主持，其目的是为周王室选拔高素质的官吏——至少在理想的制度下如此。管子曾指出，当国君开明时，臣属都不遗余力地向君主推荐最好的人才为国效力；而当国君无道时，臣属都将最好的人才留在自己身边。[20]

[20]《管子·明法解》：“明主在上位，则竟内之众尽力以奉其主，百官分职致治以安国家。乱主则不然，虽有勇力之士，大臣私之，而非以奉其主也；虽有圣智之士，大臣私之，非以治其国也。故属数虽众，不得进也；百官虽具，不得制也。”

如前卷所述，射箭在军事训练中扮演了重要的角色，其意义明显远超过一般的军事技能。事实上，在周代及周代以前，神话中射器的创造者就与其他兵器的创造者不同。[21]在周代射器也属于单独的礼器门类。[22]由此可见，将射箭简单解释成为一项军事技能的确有失公允。[23]

[21] 参看卷二相关论述。

[22]《周礼》：“闾共祭器，族共丧器，党共射器，州共宾器……”

[23] 采用这种解释的著作，如毛礼锐、沈灌群主编《中国教育通史》，济南：山东教育出版社，1985年。

在卷五中我们将引述其他射礼文献，从中亦可看出，“大射”是由君王主持的官吏选拔考试。另外，一年三次的"乡射"也是一种重要的官吏选拔方式。

射礼事实上也是周朝贵族子弟们的毕业礼，标志着他们青年时代学业的结束。贵族子弟们在"序"接受教育，这是一种类似学校的教育机构，春秋两季州长要在此处举行射礼。[24]"序"也被认为是一个非常古老的机构，可追溯到夏朝，但在不同的时代（或方言？）里它的名称也有所变化。[25]

设立这种教育机构的真实目的已无从知晓，但习射明显是其中重要的一环。"序"与"榭"亦可互训，在古汉语中这两个字与"射"字的读音几乎是一样的（"djiaγ"或"rjiaγ"）。[26]孟子认为"序"与"射"是一回事。[27]

在金文里，[28]"序"这个字还有上图中的写法（廍）[29]，看上去是指代"用于习射的大堂"。

可是，这些与射箭有关的文字并不能说明射箭本身就是夏商周教育的中心内容。古代教育一定还包含了与射箭同样重要的其他技艺，那么关于这些技艺的记载在何处？为何又不用"礼""乐""御""书""数"中的任意一项作为遴选官吏的正式测验呢？

答案或许是：射艺被赋予了特别崇高的地位。因为：

- 它是比周代还早两千年的文化遗产，巫射之角色在古代占统治地位的民族中尤为重要；
- 同样，射箭代表了男性征服自然的武力，例如男孩的出生礼——把箭射向天、地、四方；
- 为区分在其他领域成绩相近的竞争者，射箭不失

[24]《周礼·地官·州长》："春秋以礼会民，而射于州序。"

[25]《孟子》："夏曰校，殷曰序，周曰庠。学则三代共之，皆所以明人伦也。"

[26] Karlgren, Bernhard, "Compendium of Phonetics in Ancient and Archaic Chinese", *the Bulletin of the Museum of Far Eastern Antiquities*, No. 26, 1954.

[27]《孟子·滕文公上》："序者，射也。"

[28]《虢季子白盘铭文》第六列第一字。

[29] 这一现代写法乃重构的字形，在中国的古文献中并没有出现过。

为一种遴选方式，以替代一些难以实施的评判标准。它代表一种公开公平的方式得以实践。事实上，射箭就像古代考试制度里的“加时赛”。

在此背景之下，我们将在下一卷看看汉儒对射礼的解释。

軒室聊可寓仙山的示南樓梯箭
初辭箸欞手先視棚鶩心一
雁齒連臂兩猿膝直知至後
巧誰見魏舒纔一心不死對無棄未
昔藤擇賢方去此休處欲得閒

轩台聊可习，仙的不难登。转箭初调筈，横弓先望堋。
惊心一雁落，连臂两猿腾。直知王济巧，谁觉魏舒能。
空心不死树，无叶未枯藤。择贤方至此，传卮欣得朋。

——庾信（513—581）《北园射堂新成》

更羸只用弓弦的声音就射下一只孤飞的大雁。这只处于痛苦中的大雁飞得疲惫了，它的鸣叫充满着哀伤，因为它是一只离群的孤鸟。弓弦的声音就像是压死骆驼的最后一根稻草，光是这个声音就足以令大雁心惊胆战，以至于坠落地上。

楚王射猎一对猿猴。其中一只被射伤了，它的同伴过来舔舐其伤口。楚王觉得自己的行为有违上天意志，于是感到后悔。

王济和魏舒是晋代名臣，也以射艺知名。

◀《北园射堂新成》 李鑫宝 书

卷五 儒家的理想

射手在中国传统中总是令人自豪，虽然偶尔也以令人迷惑的形象出现，但在古代的民间传说中射手仍然富于魅力。儒家把射艺染上理想化的色彩，以至孔子之后的每一位射手都必须了解射箭背后的哲学。

孔子生于前551年，逝于前479年。他是鲁国人，这个诸侯国在西周灭亡前就已被分封。孔子对中国的影响是巨大的，但在他逝世后很长一段时期里，他的思想并不被当作治国良策。

孔子生活在周王室衰微的战乱年代，诸侯国为了权力彼此争斗不休。在孔子的时代，外交条约和社会规范依然有序，战争的惯例、礼仪乃至联盟间的制裁都严格按规定执行。贵族靠完备的荣誉体系为生，他们汲汲于高度形式化的战争，签订一个又一个和约，而本人不大可能有性命之虞——贵族更可能因礼仪性的殉葬或荣誉性的自裁而丢掉性命。在真正抛头颅洒热血的战场上（往往限于华夏和蛮夷的战争），由农民阶层征召而成的军队却被当作炮灰。[1]在两败俱伤的战场上，农民组成的士兵队伍一成不变，而他们的贵族主子却退居幕后。

[1] 这种血战之军有时也由死囚组成，没人知道他们是否会在战场上存活。

在没有雄主一统江山的情况下，中国的老百姓便会深受分裂之苦——这是春秋战国时代给后世留下的惨痛印象。然而这个时期的文学艺术却十分繁荣，令前人的成就黯然失色。从出土的墓葬文物来看，该时期的科技、音乐、陶艺和纺织水平皆高度发达。而且，从墓主人的随葬品亦可推断出，这个时期的贵族拥有精致的生活习惯，具有很高的美学修养。

这些考古证据似乎与这一时期无休止的刀光剑影不相契合。因此不免有人要怀疑，历史可能因意识形态需要而被改写或重新诠释。

孔子在当时扮演的政治角色相当于智囊，他向一个又一个诸侯建言献策，力图让他们放弃尚武的理念，防止争霸成为主流。他在寻求一种可以替代“弱肉强食”的政治哲学，一种建立在尊学重道、和平共处之上的等级观念，在这种划分明晰的等级制下，在家庭层面、人民和国家之间、国家和上天之间都存在上下级的顺服关系。孔子一次又一次地希望统治者能给他实权，甚至赐予他一块领土让他实践自己的政治理论。但他从未成功过。

孔子并非革命者。他试图在他的“乌托邦”内建立起一个以现存社会结构与宗教信仰为蓝本的政治制度，同时也反对奢侈浪费之风，以及残忍的人殉制度。诚然，孔子的理念顺应了传统的祖先崇拜和父权信仰。如前卷所述，弓箭的魔力体现出了这种父权信仰的部分特点。

弓——我们暂且不谈它的魔力——是用于战争和狩猎的工具。弓的本质是充满竞争意味的，孔子却赋予了它和平主义的哲学内涵，冲淡了它的竞争性，他是如何做到的？我们且看他的言论：

5A1

《论语·八佾》

子曰："君子无所争。必也：射乎！揖让而升，下而饮，其争也君子。"

事实上，在儒家典籍中孔子本人就是一位优秀的射手和射艺教师。因此，他对射艺价值的赞许可能带有一点个人因素。在孔子的时代，弓箭已经不仅仅是兵器了，有组织的射箭活动也变得非常仪式化。然而，射箭本身的竞争意味是不容置疑的，否则孔子也用不着为它粉饰。

《礼记·射义》

与孔子关系最密切的礼仪书籍是《礼记》，它的其中一章名叫"射义"（有时人们也称之为"射经"，它是第一部被冠以此名的射学著作）。

5B1

古者，诸侯之射也，必先行燕礼。卿、大夫、士之射也，必先行乡饮酒之礼。故燕礼者，所以明君臣之义也。乡饮酒之礼者，所以明长幼之序也。故射者，进退周还必中礼。内志正，外体直，然后持弓矢审固。持弓矢审固，然后可以言中。此可以观德行矣。

5B2

其节，天子以《驺虞》为节。诸侯以《狸首》为节。卿、大夫以《采蘋》为节。士以《采蘩》为节。《驺虞》者，乐官备也。《狸首》者，乐会时也。《采蘋》者，乐循法也。《采蘩》者，乐不失职也。

5B3

是故，天子以备官为节。诸侯以时会天子为节。卿、大夫以循法为节。士以不失职为节。故明乎其节之志，以不失其事，则功成而德行立。德行立则无暴乱之祸矣。功成则国安。故曰：射者，所以观盛德也。是故，古者天子以射选诸侯、卿、大夫、士。

5B4

射者，男子之事也，因而饰之以礼乐也。故事之尽礼乐，而可数为以立德行者，莫若射，故圣王务焉。是故，古者，天子之制，诸侯岁献贡士于天子，天子试之于射宫。其容体比于礼，其节比于乐，而中多者得与于祭。其容体不比于礼，其节不比于乐，而中少者不得与于祭。数与于祭而君有庆。数不与于祭而君有让。数有庆而益地，数有让而削地。

5B5

故曰，射者，射为诸侯也。是以诸侯君臣尽志于射以习礼乐。夫君臣习礼乐而以流亡者未之有也。故诗曰："曾孙侯氏，四正具举。大夫君子，凡以庶士，小大莫处，御于君所，以燕以射，则燕则誉。”言君臣相与尽志于射，以习礼乐，则安则誉也。是以天子制之，而诸侯务焉。此天子之所以养诸侯而兵不用，诸侯自为正之具也。

5B6

孔子射于矍相之圃，盖观者如堵墙。射至于司马，使子路执弓矢出延射，曰：“贲军之将，亡国之大夫，与为人后者不入，其余皆入。”盖去者半，入者半。又使公罔之裘、序点扬觯而语。公罔之裘扬觯而语曰：“幼壮孝弟，耆耋好礼，不从流俗，修身以俟死者不？在此位也。”盖去者半，处者半。序点又扬觯而语曰：“好学不倦，好礼不变，旄期称道不乱者不？在此位也。”盖仅有存者。

5B7

“射”之为言者“绎”也，或曰“舍”也。“绎”者：各绎己志也，故心平体正，持弓矢审固。持弓矢审固，则射中矣。故曰：为人父者，以为父鹄；为人子者，以为子鹄。为人君，以为君鹄；为人臣者，以为臣鹄。故射者，各射己之鹄。故天子之大射谓之射侯。射侯者，射为诸侯也。射中则得为诸侯；射不中则不得为诸侯。

5B8

天子将祭，必先习射于泽。泽者：所以择士也。已射于泽，而后射于射宫。射中者得与于祭，不中者不得与于祭。不得与于祭者有让，削以地。得与于祭者有庆，益以地。进爵绌地是也。故男子生，桑弧蓬矢六，以射天地四方。“天地四方”者，男子之所有事也；故必先有志于其所有事，然后敢用谷也，饭食之谓也。射者仁之道也。射求正诸己。己正而后发，发而不中则不怨胜己者，反求诸己而已矣。

5B9

孔子曰：“君子无所争。必也：射乎！揖让而升，下而饮，其争也君子。”孔子曰：“射者何以射，何以听？循声而发，发而不失正鹄者，其唯贤者乎，若夫不肖之人，则彼将安能以中？”《诗》云：“发彼有的，以祈而爵。”“祈”，求也。求中以辞爵（酒）也。“酒”者，所以养老也，所以养病也。“求中以辞爵”者，辞养也。

这部分文本体现了儒家眼中射礼（仅仅是儒家认为合适的射礼）所蕴藏的精义。很多习射的现代读者会发现，《礼记》中的这些思想与现代西方竞技射箭的理念不谋而合。

引文5B1开门见山地阐述了贵族在宫廷里参加燕礼的情状。燕礼是一项主要的宫廷礼仪，用于表现诸侯对君主的忠诚。乡饮酒礼与燕礼有类似之处，参礼者因年龄和辈分的不同而被加以区分。“辈分”在中国社会里不仅仅是代表年龄，更是划分出了家族内部的等级。[2]

[2] 例如，哥哥的儿子在辈分上就比弟弟的儿子高，即便弟弟的儿子更年长。

后面的引文则说明在射礼中参礼者的仪态和动作节奏与中靶与否同样重要。参看孔子的另外一则著名格言：

5C1

《论语·八佾》

射不主皮，为力不同科。

“主皮”的意思等同于“中靶”，因为古代射礼中箭靶是用兽皮制作的。“为力不同科”该如何理解？事实上，射手在射箭之前已按照年龄和辈分被分组。一个可拉开30公斤弓的年轻射手当然能胜过一个眼力和臂力都略逊一筹的老人，但若这位老者恰恰是一位公卿甚至是君主本人，这样的比赛安排显然就不太合适。不过，年长的参礼者也可能在举止上胜过年轻人，他们更加熟稔射礼的音乐和与之相应的节奏。

如我们在卷四摘抄的《仪礼·乡射礼》所表述的那样，在任何场合中射术的竞争都是按组（耦）进行的。引文5A1引述孔子的话也暗示出即使在一组选手之间，晚辈也须尊敬长辈，在比试结束之后晚辈要通过敬酒的方式表达对长辈的敬意。因此，礼仪化的射艺明显不是为了竞技，而是一种表示效忠的仪式。

引文5B2讨论了射礼中的音乐。射礼可以被分为三个部分：其一，精准射技的演示（参看卷四的相关论述）；其二，参礼者之间不计分的射艺演练；其三，伴着音乐正式开始的射礼。

那么音乐在射礼中扮演什么角色呢？在卷四中我们看到，礼、乐、射、御、书、数结合在一起是周代和周以前中国贵族学校的基本课程。引文4B1讨论了礼的起源和目的。

《礼记·乐记》中记载了传统观点中礼乐的起源和意义：

5D1

《礼记·乐记》

凡音之起，由人心生也。人心之动，物使之然也。感于物而动，故形于声。声相应，故生变；变成方，谓之音。比音而乐之，及干戚羽旄，谓之乐。乐者，音之所由生也，其本在人心之感于物也。是故，其哀心感者，其声噍以杀；其乐心感者，其声啴以缓；其喜心感者，其声发以散；其怒心感者，其声粗以厉；其敬心感者，其声直以廉；其爱心感者，其声和以柔。六者非性也，感于物而后动。是故，先王慎所以感之者。故礼以道其志，乐以和其声，政以一其行，刑以防其奸。礼、乐、刑、政，其极一也，所以同民心而出治道也。

这段畅然无碍的论述阐明了礼教的实际功能，接受教育的年轻贵族们主观上要逐渐认同这样一个观点，即礼乐之意义在于管束和训诫。其实，中国传统文化认为刑律不足以维持社会秩序（即使中国一直拥有完善的法律体系），唯有在深刻认识礼制内涵的基础上发扬自律精神方能保证社会和谐。这种观点在今天的西方人心中根深蒂固，所以在他们眼里中国社会是一个重权威而不重法制的社会。

通过阅读刚才所引的《乐记》，我们也应知道“舞蹈”与“音乐”是不可分割的整体。“干戚羽旄”即指“小舞”中所用道具，这同样是年轻贵族们需要学习的内容。[3]

[3] 王克芬：《中国舞蹈发展史》，台北：南天书局，1991年，第50页。

引文5B2中提到的四首颂歌出自中国著名的典籍《诗经》，它收录了众多民歌和宫廷颂歌，其中一些诗歌可追溯到中国社会集体记忆最初形成的远古部落时代。《诗经》的诗句艰深难懂，引文5B2赋予那四首颂歌的意义也并非所有诗歌都能直接表现。

第一首颂歌名曰《驺虞》，它可能是某个部落首领的姓名，也可能是某位封疆大吏的封号。比孔子时代稍晚的思想家墨子（前450年左右）认为《驺虞》是周成王（约前11世纪）所作，[4]这首颂歌更像是要祈祷一次成功的围猎。[5]

第二首颂歌《狸首》现已亡佚。[6]根据《周礼·考工记·梓人》的相关文字记载，王安国（Jeffrey K. Riegel）在他的论文《中国早期有关箭靶的巫术》（*Early Chinese Target Magic*）[7]里重构了这首诗歌最原始也可能是最重要的面貌：《狸首》可能是一种咒语，用于威胁那些未能按时向君王进贡的贵族，诅咒他们变成一个个箭垛！为了给一场庆典编排歌舞，宋代学者司马光根据汉儒整理出的《狸首》片段重编了这首诗歌。[8]

剩下的两首颂歌《采蘋》和《采蘩》在内容上很相近，两首歌一般由女乐工在准备祭典时合唱。

引文5B3阐释了这四首颂歌背后的内涵。我们并不容易推断出这样的释义是如何产生的，其大致过程可能与汉代今文经学家有关，他们将这些佶屈聱牙的颂歌或古代咒文按与其自身的政治诉求相契的方式解释。

在中国古代的贵族教育中，礼乐相结合的模式起到了社会教化的作用。从射礼采用的颂歌中你可以发现，其教化功能大体是：备官（培训官员）、时会（按时朝觐君主）、循法（遵循法律）以及不失职。这样的教育实质是为了鼓励贵族获取事功，并让他们具备德行。“功”（其中应该也包括战功）维护着国土安全，而“德

[4]《墨子·三辩》：“周成王因先王之乐，又自作乐，命曰‘驺虞’。”

[5] 叶舒宪：《诗经的文化阐释：中国诗歌的发生研究》，武汉：湖北人民出版社，1994年，第68—69页。

[6]《仪礼》郑玄注。

[7] Jeffrey K. Riegel, “Early Chinese Target Magic”, *Journal of Chinese Religion*, No.10, 1982.

[8] 司马光《投壶仪节》：“狸首之班然，执女手之卷然。曾孙侯氏，四正具举。大夫君子，凡以庶士。小大莫处，御于君所。以燕以射，则燕则誉。”

行”保证了社会和谐。射艺让这些不可捉摸的品质变得触手可及(射者，所以观盛德也)，所以我们也可以认为它是贵族教育系统里的品格考核机制。

引文5B4和5B5强调了射礼在品格考核机制中的重要意义。与当时的社会权力尽归男子一样，射礼是一个纯粹由男性参与的活动，所有的贵族学校也只对男性开放。在中国古代社会里，贵族妇女的“学校”就是家庭，她们在家学习如何纺织及如何准备祭祀。尽管女性在社会中不占主导地位，她们的手工劳动仍是十分重要的。至少在周代，妇女虽为男性之附庸，其地位却也从未低于中华帝国的其他时期。只有氏族中的男性有权参与祭祀，并表演歌舞(不过很多诗歌看起来是描写女性的，或者是以女性的视角创作的)。但是，这两段文字清晰地反映出，即使是男性也要通过品格考核(即射艺考试)后才有资格参加祭礼。

引文5B6是一则关于孔子的著名射箭故事，它或许记录了孔子原本是射艺教师的身份。

引文5B7讨论了一个核心问题：为何射艺不仅仅关乎射箭的技术？为何射箭不仅仅是一项军事或者狩猎技能？这段文字说得很明白，射礼将思想教化、乐感表达和身体运动结合为一的目的是让人的思维愈加合乎规范(“绎”)。父子君臣均需把“绎”或者“鹄”当作追求的目标，“鹄”即箭靶。引文的最后解释说古代的天子用射箭的方式来遴选诸侯。

在前文所引王安国的论文里，作者论证了射礼所用的箭靶其实影射了不守规矩的诸侯，这些诸侯被降格成百兽的模样纹饰在箭靶的中央。他相信举行射礼的一大目的是运用巫术来惩处那些没能按时朝觐君王的诸侯。然而5B7段是说箭靶（鹄）代表的是一些正面的社会价值，这显然与王安国的论述旨趣相异。这种正面的阐释可能出现时间较晚（即周代晚期），《狸首》的诗文含蓄地表露出对不听话的“侯”示以威胁，这对于早期的封建诸侯而言可能更有意义。

双关语的运用是《礼记·射义》的一个显著特征。其中最为引人注目的一组双关是代表“箭靶”的“侯”与代表“诸侯”的“侯”。[9]甲骨文中涉及的“侯”字原是一根箭钉在靶子上的形象，“侯”与“箭靶”的关联几乎无疑。[10]另外还有两个字在读音和字义上也有密切的关联：代表“君王”一词的“后”与“斥候”的“候”。

为何表示“箭靶”的“侯”会与“诸侯”的“侯”是同一汉字？至今无人能针对此问题给出一个圆满的回答。事实上，这个费解的问题也并不需要什么答案：在中国汉字书写系统的演化历程中，有一些字词不那么适合用图形去直接示意，这时它们往往需要假借其他象形文字的字形。早期的字典告诉我们“诸侯”的“侯”与“斥候”的“候”实际上是一个同源的汉字，尽管现在两者有一笔之差。假借一般会出现在一组词义相关的同音异义词中。“侯”（箭靶）与“斥候”都属于和军事有关的词语，互相假借是自然而然的。针对这些同形异义的词，后来的儒家学者又发展出了一套详尽的解释方法，好让后人在阅读古文献时不会对两个“侯”（诸侯与箭靶）之间的关系产生疑问。

5B7段中的另外两个字也构成了一组双关词：“射”（古音为“zd’jiag”）和“舍”（古音为“st’jiag”）。从这两个词的古音可以看出，它们可能是双关词或者同韵词。

后文中的另一组双关词亦以一种很精微的方式

[9] 陈槃：《“侯”与“射侯”》；劳干：《“侯”与“射侯”后记》，《“中央研究院”历史语言研究所集刊》，1950年第22刊。

[10] 许进雄：《古文谐声字根》，第421页，[illegible]。

呈现在我们面前，首先是5B7段中的“绎”(古音为“d’iak”)。而后在5B8段我们看到这样的文句：“天子将祭，必先习射于泽。泽者：所以择士也。”“绎”“择”“泽”这三个形近字在古音上也被关联了起来，它们的读音分别是“d’iak”“d’ak”和“d’ak”。

在5B7和5B8两段中出现的这三组双关词，现罗列如表5.1：

表5.1

文字	古音[11]	字义
侯	gew	箭靶
(诸)侯	gew	诸侯

文字	古音	字义
射	zd’jiag	发射
舍	st’jiag	情绪之释放

文字	古音	字义
绎	d’iak	表现
择	d’ak	遴选
泽	d’ak	灌溉

[11] 周法高：《汉字古今音汇》，香港：香港中文大学出版社，1974年。

通过这些双关词，《礼记·射义》昭示了礼之本义，并对如下三组关系做出了阐释：

1. 古代封建社会的等级制与这种制度所蕴藏的社会理想之间的关系；
2. 射箭技术与情绪把控在射礼考核中的关系；
3. 内在修养的表现与遴选诸侯之间的关系。

贵族在祭祀活动前练习射箭的场所叫“泽宫”，它与“灌溉”(“泽”的字义)之间会产生关联是自然而然的。因为贵族同时也会在泽宫里为他们的封地祈求风调雨顺。在前文中我们已经分析过射礼与祈雨之间的关系。

5B9段引述了孔子的名言，射箭是被认可的一种君子之争，因为其已去除了暴力的元素。真正的“鹄”对于射手而言是一种杳远的抽象概念。射礼（参看卷四）即是射手恭敬态度的呈现，这种呈现是复杂且程序化的。在本段的结尾处提到射礼中一个不可或缺的环节，即胜者要令败者罚酒。对这道仪式的意义，传统的解释认为，如果竞争者无法获胜，就要为了生存而依附于胜者。这或许是古老部族时代遗留下来的规矩，当狩猎是唯一的生存方式时，那些技术不好的猎手只能依附于射艺精熟的猎人，否则就会饿死。

“礼”是什么模样？

燕礼、射礼、向祖先祭祀和祈祷等礼仪流程中蕴含的“理论”（theory），如果确实如我们之前研究的文本所呈现，那么其具体实践（practice）是什么样的？在著名的《诗经》中有一首讽刺诗，其内容暗示出礼仪的实践也许有非常不同的一面。

《诗经·宾之初筵》

宾之初筵，左右秩秩。笾豆有楚，殽核维旅。

酒既和旨，饮酒孔偕。钟鼓既设，举酬逸逸。

大侯既抗，弓矢斯张。射夫既同，献尔发功。

发彼有的，以祈尔爵。籥舞笙鼓，乐既和奏。

烝衎烈祖，以洽百礼。百礼既至，有壬有林。

锡尔纯嘏，子孙其湛。其湛曰乐，各奏尔能。
宾载手仇，室人入又。酌彼康爵，以奏尔时。
宾之初筵，温温其恭。其未醉止，威仪反反。
曰既醉止，威仪幡幡。舍其坐迁，屡舞仙仙。
其未醉止，威仪抑抑。曰既醉止，威仪怭怭。
是曰既醉，不知其秩。宾既醉止，载号载呶。
乱我笾豆，屡舞僛僛。是曰既醉，不知其邮。
侧弁之俄，屡舞傞傞。既醉而出，并受其福。
醉而不出，是谓伐德。饮酒孔嘉，维其令仪。
凡此饮酒，或醉或否。既立之监，或佐之史。
彼醉不臧，不醉反耻。式勿从谓，无俾大怠。
匪言勿言，匪由勿语。由醉之言，俾出童羖。
三爵不识，矧敢多又。

[12] 译者注：根据作者对该诗的英文翻译回译。作者的译文与一些相对权威的中文白话译本不尽相同，现译出作为参考，仅代表作者对该诗的理解。

客人刚入席就座[12]

客人刚入席就座，按照礼仪的要求向左右鞠躬行礼。

器具设置整齐有序，下酒的小菜果食也摆放得很精致。

酒已调兑到最佳口味，每一口都令人非常满意。

钟和鼓都安放妥当，酒杯举了起来，祝酒词在宴会厅里回响。

大型的箭靶被立了起来，弓和箭已各就各位。

射手已聚集起来，他们说要把自己的绝技亮出来。

所有人都要射中箭靶，为的是祈求荣耀。

射箭之后随着笙鼓鸣响，籥舞开始，音乐的齐奏十分和谐。

让音符飘荡起来吧，好让我们伟大的先祖也得到欢乐！这就是我们遵循礼仪的方式！

所有的礼仪都齐备了，盛况空前，没有任何细节被遗漏。

我们祈求最纯粹的快乐，希望我们的子孙后代也能沾光！

用音乐为他们的远大前程祝福，用音符歌颂他们的才能！

现在嘉宾举起手向祖先敬酒，其他来宾也以同样的方式向“代表逝者的人”献酒。[13]

现在我们来说最后的祝酒词，向各位及时参与宴会的来宾祈福！

客人入席就座，恭敬有礼。

当他们还清醒时，他们每个人的举止也是其他人的映照。

现在他们都烂醉如泥，举止也有些轻浮。

他们开始离开座位，四处晃荡。步态不稳，东摇西摆。

当他们还清醒时，他们的举止是谨慎而庄重的。

现在他们都烂醉如泥，举止早已不合礼仪。

当你喝醉时，已不知体统为何物。

客人入席就座，大呼小叫。

哎呀，他们把摆好的器皿都弄乱了，冒冒失失地把器具撞翻在地！

当你喝醉时，你无法控制自己的不当行为。

有一个人的帽子都歪到了耳朵旁，这样冒失不当的行为还在继续。

如果喝得太多你就该及时离席，满堂宾客都会因为你的行为给你双倍嘉奖。

但如果你喝多了还赖着不走，你的德行就染上了污点。

[13] 在祭礼中会让一位家族的年轻男人坐着代替逝去的祖先接受众人的献酒。

饮酒是一项高贵的事情，行为必须庄重有礼。

饮酒的人，有的痛饮至醉，有的节制。

你可以立下规矩和条令，并指派官员来监督执行。

但那些醉鬼都是愚蠢滑稽之辈，有些人反而以没喝醉为耻。

不要去与醉鬼争辩，试着约束他们的放纵行为也是徒费口舌。

不要浪费时间让他们知道自己在胡言乱语，不要让他们知道自己的行为毫无意义。

从任何一个醉鬼口中说出的话，其内容都是矛盾的（就像不可能存在长着大角的羊羔一样）。

三杯酒下肚他们就不再记得任何事，再多喝一点，他们就更认不清自己了！

夢人搖不進
繁武多弥工
已悲軒主跡
復憑楚王風

虞人招不进，繁氏久弥工。
已悲轩主迹，复挹楚王风。

——梁宣帝（555—562在位）《咏弓诗》

管理草木的虞人只有当国君以合适的礼仪召见时才能应承（见《孟子·滕文公下》*）。繁氏的故事见7B1段《列女传·晋弓工妻》。轩辕氏（黄帝）发明了弓箭，楚王是支持射艺发展的最重要人物。

* 孟子曰："昔齐景公田，招虞人以旌，不至，将杀之。志士不忘在沟壑，勇士不忘丧其元。"按古礼君主用旃旗招呼大夫，用弓招呼士人，用皮帽招呼虞人，故齐景公用旃旗招呼虞人是违礼，虞人不敢应。

卷六 弓、箭和靶

不同的古代文明或多或少都会留下关于日常用品的完整记录，存有记录的日用品一般都是对这一文明十分重要的器物。但是要期望看到一份关于弓、箭和靶是如何在两三千年的时间里制造流传的详细记录几乎是不可能的。令人惊讶的是，中华文明保留了这样的记录。

中国的弓一般都是用易腐坏的材料制成，除非保存条件特殊，否则我们不会在考古发现中看到一张完整的弓。现存最早的中国弓大约属于战国时代。[1]

中国最早的书写文字甲骨文可上溯至前1500年至前1100年间，它保留了很多可能指向“弓”的原始象形符号。其字形并不能可靠地说明当时使用的弓就是这种形状，毕竟即便是象形文字也已经某种程度上抽象化了。不过，甲骨文和金文中那些表示“弓”的文字基本清晰显示出中国弓的反曲弓形，即带有一个折向内侧的弓弝。

有趣的是，超过一半表示“弓”的象形文字，顶端都有一个特殊记号，如上图所示。[2]而且这个记号总是

[1] 关于这些弓的图样可参看杨泓《中国古兵器论丛(增订本)》，北京：文物出版社，1985年，图版31。

[2] 表示“弓”的长条形甲骨文都有一条竖直的轴线，这个标记有意地标示出了弓的上端。

指向箭发射的那个方向。我们很难猜出这个记号究竟表示什么，但不管它出现的原因是为了表示弓上端的某个延伸配件，还是表示一种传统的挂弦方式，都可能说明了当时的弓并不是对称的。

我们也可以间接了解到，古代的中国弓要用到一些耐用的材料来强化弓的性能，并用作装饰。弓弰和一部分弓弝会用到青铜，有一些弓甚至用玉来制作弓弰或给弓身作装饰。其中一件商代的实物在20世纪40年代出土于安阳小屯的殷墟，石璋如在1950年的一篇文章中对此有所描述。[3]

[3] 石璋如：《小屯殷代的成套兵器》，《"中央研究院"历史语言研究所集刊》，1950年第22刊。

石璋如的研究基于他对20世纪40年代出土的中国弓制造技术的观察，所以他把商代的弓定位为硬弰反曲弓。但是，硬弰的设计在现存明代以前的图像里并没有明确的记录，如果这种弓确系反曲，那么多半都采用了弹性软弰。

石璋如被一个物件困惑——在他之后还有很多人对此感到困惑，这个物件出土于很多随葬有弓的商代至汉代的墓葬。其外形如图2所示。[4]

[4] 2001年，作者在一项进一步研究中得出结论，图上所示的这个物件是战车缰绳的一部分，当驾驭战车的士兵要射箭时，这个物件可以起到固定缰绳的作用。

石璋如的发现十分有趣，因为这个物件直接与一把弓的可辨认部件相连。这类物件多与残弓一起出土

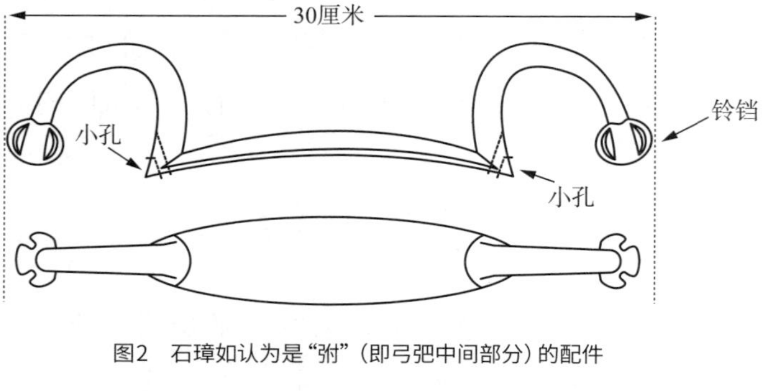

图2 石璋如认为是"弣"（即弓弝中间部分）的配件

于车马坑中，所以我们不能判断它们到底是弓还是车的配件。在石璋如发现这些物件的墓葬里，还有许多马的遗骸，不过它们与那些弓的配件相距甚远。

根据这种神秘物件在墓葬中摆放的位置，石璋如复原了它们与弓之间的关系。当弓张弦之后，其造型如图3所示：

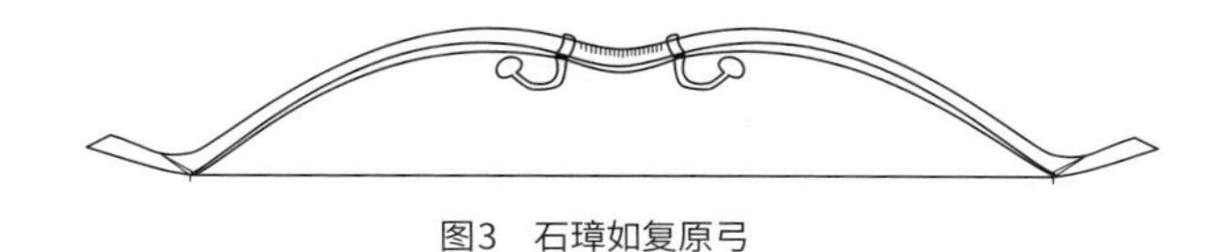

图3　石璋如复原弓

这些出土部件各安其位，似乎合理地还原出了一张弓。但如果这种物件的位置真如上图所示，它可能会在弓拉满的过程中对弓臂产生阻碍。假定这种还原是正确的（比如说物件上的两个角确实安装在弓臂的背侧），那么它的作用是什么？有如下几种可能：

- 中国弓是用相对较轻的材料制成的，但又要求有足够大的拉力，这就导致了其稳定性欠佳，撒放时会给射手造成很大的手部震动。该物件是铜制的，而且非常重。在弓弝上安装这个配件，或许可以增强弓的稳定性以减少手震。当撒放之后，配件上的铃铛会随着弓臂的振动发出令人愉悦的声音。
- 古代的弓是用筋、角、木制作的，这三种材料通过天然的水溶性鱼胶或骨胶黏合在一起，再用丝线缠绕弓身加以固定，最后给弓身上漆。弓弝是弓身上受压最大的地方，黏合弓弝的胶最容易受到潮湿环境的影响，甚至（至少在近代）有的射手会用一张丝帕包裹弓弝，以使握弓时手上出的汗不会给弓弝造成损害。如果卷四里那幅战国时代青铜器上的图样（图1）足够清晰准确，那么我们可以看出射手有意地用握住弓弦的方式持弓，而不是握住弓身。所以，这个铜制配件也可能是为了防止手汗浸湿弓弝，同时也有加固弓弝的作用（图4）。

图4　嵌错宴乐攻战纹铜壶白描图（局部，成都百花潭十号墓出土）

- 该铜制配件也可能用于给弓上弦，它给弓弝提供了一个额外的保护。中国弓在弛弓状态时弓身会反曲成“C”形，要给一张拉力超过30公斤的弓上弦是非常不容易的，有的时候可能还需要加热弓臂。通常来讲，给这种重弓上弦需要两人合作，或用辅助器械。在野外给弓上弦时可能就会用到这种铜制配件，来给弓弝做支撑，避免让弓弝这一相对脆弱的部分直接暴露在高热或其他可能对其造成损坏的环境中。
- 最后，我们可能还得考虑这个配件是不是拿来辅助用脚蹬住弓弝射箭这种姿势的。这种观点看上去荒诞不经，但至少有一些证据证明这种射箭方式的确在某些时空中被采用过。[5]

[5] Moseley, Walter Michael, *An Essay on Archery Describing the Practice of the Art in All Ages and Nations*, London: Gale ECCO, 2010, p. 35ff.

传统认为《周礼》是周公所作，但实际上可能成书于汉代。《周礼》的其中一章是《考工记》，这一章的“发现”比前五章都要晚，其成书年代大概可追溯到西汉末年（约两千年前）。

《考工记》列举了许多制作王室生活及礼仪器物的工艺，[6]其中详细记录了制作弓、箭与靶的基本工艺。尽管我们无法证明《考工记》所载确属真正的“古代”弓箭制作工艺，但值得注意的是，其中的一些工艺（包括很多细节）在20世纪30年代的中国仍被采用。[7]所以，既然这些工艺可以在汉代之后的两千年里长期流传，为什么就不能存在于汉代之前的漫长岁月中呢？

《考工记》所记载的技艺在后代成为中国弓箭制作的基本准则。

[6] 译者注：《考工记》多被认为是春秋末期战国初期齐国政府制定的指导、监督和考核官府手工业及工匠劳动制度的书籍，并非周王室的记录。下文中作者也几次提及制作弓箭的是“齐国工匠”。

[7] 谭旦冏：《成都弓箭制作调查报告》，《“中央研究院”历史语言研究所集刊》，1951年第23刊。

弓人为弓（《周礼·冬官·考工记第六》）

6A1

取六材必以其时。六材既聚，巧者和之。

- 干也者，以为远也。
- 角也者，以为疾也。
- 筋也者，以为深也。
- 胶也者，以为和也。
- 丝也者，以为固也。
- 漆也者，以为受霜露也。[8]

[8]《周礼·冬官·考工记第六》：“燕之角，荆之干，妢胡之笴……此材之美者也。”

6A2

凡取干之道七：柘为上，檍次之，檿桑次之，橘次之，木瓜次之，荆次之，竹为下。

6A3

凡相干，欲赤黑而阳声，赤黑则乡心，阳声则远根。凡析干，射远者用埶[9]，射深者用直。居干之道，菑栗不迆，则弓不发。[10]

[9] 埶，木材弹性好。

[10] 处理弓胎时，木材的纹理不能弯折，这样弓才不会变形。

6A4

凡相角，秋閷[11]者厚，春閷者薄；稚牛之角直而泽，老牛之角紾而昔；[12]疢疾险中；[13]瘠牛之角无泽。角欲青白而丰末。

[11] 閷，同“杀”。

[12] “稚牛之角直而泽，老牛之角紾而昔。”注：“郑司农（众）云……昔读为交错之错。谓牛角觕理错也。玄谓昔读履错然之错。”

[13] “疢疾险中”注：“牛有久病，则角里伤。”疏：“以疢疾为久病，故云牛有久病，险伤也。”

6A5

夫角之本，蹙于脑而休于气[14]。是故柔；柔故欲其埶也。白也者，埶之征也。夫角之中，恒当弓之畏。畏也者，必桡。桡故欲其坚也。[15]青也者，坚之征也。夫角之末，远于脑而不休于气，是故脆。脆故欲其柔也；丰末也者，柔之征也。角长二尺有五寸，三色不失理，谓之牛戴牛。

[14] “气”指“生命的本质”（living essence）或“生命力”（life-force），这一术语在中国典籍里被广泛使用。

[15] 牛角的柔韧性使之具备弹性，牛角色白即是具备弹性的标志。牛角的中段要贴在弓身的正面（外侧），弓身正面必须向内弯曲，所以牛角必须有足够的韧性。

6A6

凡相胶，欲朱色而昔，昔也者，深瑕而泽，紾而抟廉。鹿胶青白，马胶赤白，牛胶火赤，鼠胶黑，鱼胶饵，犀胶黄。凡昵之类不能方。[16]

[16] 凡昵之类不能方：除了以上这些胶，就没有什么可用的替代品了。蒙古弓匠蒙德巴雅尔（Mendbayar）告诉我，他在鱼鳔胶耗尽之后曾尝试用现代的化学胶水，但通通失败了。

6A7

凡相筋，欲小简而长，大结而泽，小简而长。大结而泽，则其为兽必剽，[17]以为弓，则岂异于其兽？筋欲敝之敝，漆欲测，丝欲沈。[18]

[17] 动物有了长而窄且强劲的韧带，其动作势必非常灵敏。

[18] 这些筋需要被处理成一根根细丝，胶水不能浑浊，筋丝要有光泽。

6A8

得此六材之全，然后可以为良。

6A9

凡为弓，冬析干而春液角，夏治筋，秋合三材，寒奠体，冰析瀳。[19]冬析干则易，春液角则合，夏治筋则不烦，秋合三材则合，寒奠体则张不流，冰析瀳则审环，[20]春被弦则一年之事。

6A10

析干必伦，析角无邪，斫目必荼。斫目不荼，则及其大修也，筋代之受病。夫目也者必强，强者在内而摩其筋，夫筋之所由幨，恒由此作。[21]故角三液而干再液。

6A11

厚其帤[22]则木坚；薄其帤则需[23]，是故厚其液而节其帤，约之，不皆约。[24]疏数必侔，斫挚必中，胶之必均。斫挚不中，胶之不均，则及其大修也，角代之受病，夫怀胶于内而摩其角，夫角之所由挫，恒由此作。

6A12

凡居角，长者以次需，恒角而短，是谓逆桡，引之则纵，释之则不校。恒角而达，譬如终绁[25]，非弓之利也。[26]今夫茭解中有变焉，故校；[27]于挺臂中有柎焉，故剽。[28]恒角而达，引如终绁，非弓之利也。

[19] 寒奠体，冰析瀳：冬天刚开始的时候用器具固定弓胎，霜雪刚降临的时候给弓身上漆。

[20] 张不流：弓身固定住不变形。审环：检查漆的纹路。

[21] 要做弓胎必须顺着木纹进行处理，处理牛角时不能让它发生弯折，处理木材上的节疤时要轻缓，直到木材光滑。若未能将木材上节疤处理好，时间一长就可能损坏弓身上贴的牛筋。所有的节疤都是坚硬的，硬的节疤会在弓胎内接触牛筋。出现牛筋脱离弓胎的问题，多半是这个原因造成的。

[22] 帤：弓胎里的一层衬木。

[23] 需：当作“耎”，弱。

[24] 约之，不皆约：弓胎上缠上丝线固定，但不用从上到下都缠上。

[25] 终绁：把弓系在固定弓体的用具上。

[26] 作者想要在此感谢两位意大利博洛尼亚的传统弓匠：维托里奥·布里吉(Vittorio Brizzi)和阿利西奥·切尼(Alessio Cenni)，他们提出了宝贵的建议：“如果贴上的牛角片覆盖了弓臂上比较坚硬的部分，那么拉弓之时就会有多余的重量附加在弓身上。在制弓时有一个小窍门可以解决这种问题，就是减小弓弰的体积。”

[27] 牛角片的长度与弓臂的长度必须一致，且弯曲贴合得当，这样射箭时才比较干脆。

[28] 如果弓弝附着有辅助物可让执弓手臂伸直，则射出的箭就迅疾。

[29] 矫正弓胎要用火烤，但不能过热；矫正牛角要用火烤，但不能烤焦；拉伸牛筋要将其尽量延展，但不能拉过以致造成损伤；熬煮胶水时温度要适宜。

[30] 峻：弓弰上的弦扣。

[31] 敝：附着在弓弝内的角片夹层。

[32] 无论弓怎么拉弓弦都能保持协调。

[33] 此处意思是，如果弓的弦距过窄，弓弰在撒放时会受到振动影响。关于这句话的含义，同样来自里吉和切尼两位弓匠的启发。

[34] 党：同"撑"，支撑。

[35] 译者注：这是一把典型的清代角弓。

[36] 郑玄提出了一种更复杂的计算公式，可能更好地反映出当时工匠们的观念："若杆胜一石，加角而胜二石，被筋而胜三石，引之中三尺。假令弓力胜三石，引之中三尺，弛其弦，以绳缓擐之，每加物一石，则张一尺。"对弓力"参均"最简单的解释可能是"矢量其弓，弓量其力"。

6A13

挢干欲孰于火而无赢，挢角欲孰于火而无燂，引筋欲尽绝无伤其力，鬻胶欲孰而水火相得，[29]然则居旱亦不动，居湿亦不动。苟有贱工，必因角干之湿以为之柔，善者在外，动者在内。虽善于外，必动于内，虽善亦弗可以为良矣。

6A14

凡为弓，方其峻[30]而高其柎，长其畏而薄其敝[31]；宛之无已，应。[32]下柎之弓，末应将兴。[33]为柎而发，必动于𫄧。弓而羽𫄧，末应将发。

6A15

弓有六材焉。维干强之，张如流水。维体防之，引之中参。维角党[34]之，欲宛而无负弦。引之如环，释之无失体，如环（图5）[35]。

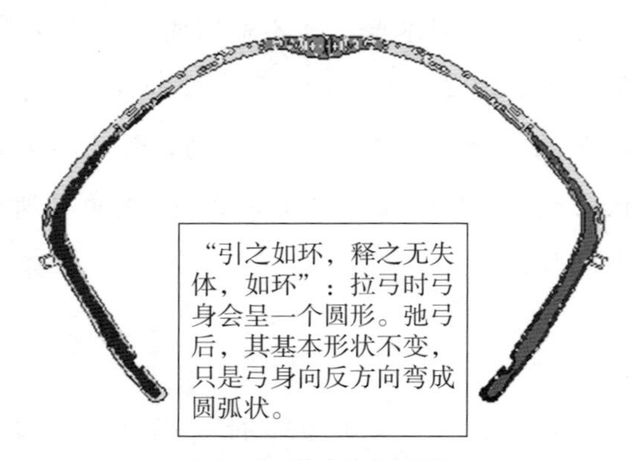

图5 弛弓状态的中国传统弓

6A16

材美，工巧，为之时，谓之参均。角不胜干，干不胜筋，谓之参均。[36]量其力，有三均，均者三，谓之九和。九和之弓，角与干权，筋三侔，胶三锊，丝三邸，漆三斞。[37]上工以有余，下工以不足。

[37] 这些很明显都是计量单位，但不知道如何换算。

6A17

为天子之弓，合九而成规。[38]为诸侯之弓，合七而成规。大夫之弓，合五而成规。士之弓，合三而成规。弓长六尺有六寸，谓之上制，[39]上士服之。弓长六尺有三寸，谓之中制，中士服之。弓长六尺，谓之下制，下士服之。

[38] 这里很明显是在规范拉距。

[39] 此处是“尺寸”，中国传统的长度单位，一尺大约相当于20厘米，这里的“上制”弓约长122厘米。

6A18

凡为弓，各因其君之躬，志虑血气。丰肉而短，宽缓以荼。若是者为之危弓，危弓为之安矢。骨直以立，忿埶以奔，若是者为之安弓，安弓为之危矢。其人安，其弓安，其矢安，则莫能以速中，且不深。其人危，其弓危，其矢危，则莫能以愿中。

6A19

往体多，来体寡，[40]谓之夹臾之属，利射侯与弋。往体寡，来体多，谓之王弓之属，利射革与质。往体、来体若一，谓之唐弓之属，利射深。

[40] 往体：上弦时弓身向外弯曲的部分，即弓臂。来体：上弦时弓身向内弯曲的部分，即弓弝。

6A20

大和[41]无灂，其次筋角皆有灂而深，其次有灂而疏，其次角无灂。合灂若背手文。角环灂，牛筋蕡灂，麋筋斥蠖灂。

[41] 大和：即前文“天子之弓”。

6A21

和弓毄摩，覆之而角至，谓之句弓。覆之而干至，谓之侯弓。覆之而筋至，谓之深弓。[42]

[42] 有时“大和”弓可能会磨损，那么就需要对角片进行修理，使之能恢复到最佳状态，这一过程叫作“句弓”；对弓身上的木材进行修理，使之能恢复到最佳状态，这一过程叫作“侯弓”；对贴在弓臂上的牛筋进行修补，使之能恢复到最佳状态，这一过程叫作“深弓”。

我将以上文本翻译后给一些仍使用传统技法和材料制弓的当代弓匠阅览，他们对写出这些文字的中国作者表示了敬意，即便在两千年以后，这些文字依然清晰而实用。

6A1段泛论了几种制弓的常用材料。干、角、筋三者结合，让弓的拉力达到最佳的平衡，并让弓身轻盈。尽管很难说明这三种材料究竟哪一个赋予了弓射速（“疾”），哪一个赋予了弓射距（“远”），哪一个赋予了弓贯穿力（“深”），但三者的结合赋予弓的却远不止这三种性能。

射手拉弓时弓身面朝他的那部分被称作“弓腹”，弓腹上用的材料是可以承受较大压力的牛角。背朝射手面朝箭靶的那一部分则称作“弓背”，弓背上铺的牛筋具有韧性，使得弓不那么容易被拉开，并增加了一点弓的“自重”（weight-in-hand，手持弓时弓实际的重量）。[43]

[43] 这些技术上的洞见多数来自一位美国的弓匠奈德·希勒伦（Ned Hilleren），我对他慷慨的帮助深表感激。

胶把弓各部分连成一体，把胶涂抹在各零件的衔接处，再将弓用丝线绑紧，这样可使胶发挥更强的黏合性。最后给弓身上漆，形成一个保护层，可使弓身少受天气的影响。因为胶本身是水溶性的，还要承受巨大的张力，因此对潮湿环境很敏感，上漆保护就显得尤为必要。

6A2段按等次高低列举了几种制弓用的木材。其中的两种木材柘和檿桑均属桑科植物，可以用来养蚕。柘也被称作“蚕橡”（Silkworm Oak）。[44]美洲的弓匠对桑木很熟悉，这种树木还会用来与美洲弓匠最爱的另

[44] Cowles, Roy T. *The Cantonese Speaker's Dictionary*. Hong Kong: Hong Kong University Press, 1965, p. 26.

一种木材——桑橙（Osage Orange）杂交。关于“檍”这种木材我没有更多的资料，仅仅知道它可以用来制作箭杆。木瓜[45]是东南亚的常见树种，它的树干笔直，树枝不多，也比较容易被砍削制作成弓体。竹子主要用来制作简易的练习用弓，但也用于日本和韩国的传统弓制作中。

[45] 译者注：作者疑将原产美洲的番木瓜（papaya）与中国土产的木瓜混淆，前者17世纪始传入中国，与中国古书上的“木瓜”非同科植物（番木瓜属番木瓜科，中国木瓜属蔷薇科）。

6A3段描述了选择木材的方法。原木中心的木材称为“心材”（heartwood），仍然在生长的原木外层称为边材（sapwood），心材要优于边材。

6A4段关注牛角的质地，做弓的角必须足够柔软，不至于在使用中碎裂；角又需足够强韧，可以承受拉弓时产生的巨大压力。牛筋（6A7段）则用来增加弓的强度。韩国、蒙古和美洲的传统弓匠都会用到牛筋。最长的牛筋会给弓带来最大的张力，赋予弓最大的弹性和射速。在冬天砍伐木材（6A9段），因为此时树木已暂停生长，而新的年轮还没有形成。[46]

[46] 译者注：此时的木材质地更加紧密。

6A10段和6A11段讨论了如何处理木材和平衡弓臂。这个步骤被称为“训弓”（tillering）。训弓决定了弓的平衡性（即弓在拉开和撒放时上下弓臂是否保持均匀一致的位移）。如果训弓不准确，弓臂上就会出现弱点，而最终整个弓臂会因为这些弱点而毁坏。

6A12段强调牛角需与弓体紧密贴合，使弓臂能够正常活动。整个弓腹部分都需要牛角来承受压力，但添加在弓臂其他不反曲部分（如弓弰）上的牛角则仅仅给弓增加了重量，而不会给弓臂提供能量，额外添加这类牛角无非就是给弓套上一个口袋罢了。

6A13段指出了当弓材处于相当潮湿的环境中时应该如何处理。潮湿会减弱弓的弹性，而且会使得弓在弛弓状态下弯向拉弓的方向，而不是朝相反的方向反曲。

6A18段的内容在今天看来会略感稀奇。现代弓的制作会考虑到射手的身高、拉距与其最适合的拉力。今天不会有人去考虑射手自身的性情。

一张“危弓”（射速较快的弓）通常较小，所以其拉距也较短。这种性质的弓适合矮小粗壮的射手。“安矢”推测是较重的箭，用这种箭可以更有效地发挥“危弓”的性能，减轻弓的震动，从而提高准度。

个高且精力旺盛的射手更适合用“安弓”（射速较慢的弓），这种弓尺寸和拉距都更大。为了要达到一定的射速和射程，这种弓需要配备更轻更快的“危矢”。“安弓安矢”的搭配没什么作用，因为箭射出去缺乏速度与力量。而“危弓危矢”的搭配会令准度大打折扣。

矢人为矢（《周礼·冬官·考工记第六》）[47]

[47] 译者注：此节文段排版遵照原书。作者认为6B2—6B7段有韵文特点，故以诗歌形式排版。

6B1

鍭矢参分，茀矢参分：一在前，二在后。兵矢，田矢五分：二在前，三在后。杀矢七分：三在前，四在后。

6B2

参分其长而杀其一。
五分其长而羽其一。
以其笴厚为之羽深。

6B3

水之以辨其阴阳；
夹其阴阳以设其比；
夹其比以设其羽；
参分其羽以设其刃，则虽有疾风，亦弗之能惮矣。

6B4

刃长寸，围寸，铤十之，重三垸。

6B5

前弱则俛，
后弱则翔；
中弱则纡，
中强则扬；
羽丰则迟，
羽杀则趮。[48]

6B6

是故夹而
摇之，以眂其丰杀之节也。
桡之，以眂其鸿杀之称也。[49]

6B7

凡相笴，
欲生而抟，
同抟而重，
同重节欲疏，
同疏欲栗。[50]

[48] 如果箭的前端不够坚固，那么箭会飞低；如果箭的后端不够坚固，那么箭会飞高；如果箭的中部不够坚固，那么箭会像海豚一样跃起落下（porpoise）；如果箭的中部太强韧，那么箭会蛇行；如果羽毛太宽那么箭就飞得慢；如果羽毛太窄那么箭的飞行轨迹就难以控制了。

[49] 所以需要夹住箭杆快速摇动，以确定箭羽是否均匀；并弯曲箭杆，以确定箭杆各部分是否重量均匀。

[50] 挑选箭杆材料时，首先看杆材是否自然呈圆柱形，然后要选择轻重适宜的杆材，接着要挑选出木节稀疏的，最后要选出呈栗色的杆材（比较坚固）。

上引段落提供了宝贵的技术细节，值得我们去一探箭矢制作的基本方法。

6B1段关注了在各类箭矢上都存在的重心。《周礼》的另外一章“司弓矢”也提到了箭矢的分类。[51]但是，6B1段的箭矢分类与“司弓矢”章有所不同，注疏者已经注意到在这段文本中“茀矢”与“杀矢”互相错置了。[52]因此，确切的箭矢分类及其重心位置应如表6.1所示：

[51] 《周礼·夏官·司弓矢》：“凡矢：枉矢，絜矢，利火射，用诸守城、车战。杀矢，鍭矢，用诸近射，田猎。矰矢，茀矢，用诸弋射。恒矢，庳矢，用诸散射。”

[52] 郑玄注云：“司弓矢职，茀当为杀。”

表6.1

箭矢类别	重心到箭镞长度占总长比	重心到箭尾长度占总长比
鍭矢，杀矢	1/3	2/3
兵矢，田矢	2/5	3/5
茀矢	3/7	4/7

6B2段列举了箭矢各部分的尺寸比例，如图6所示：

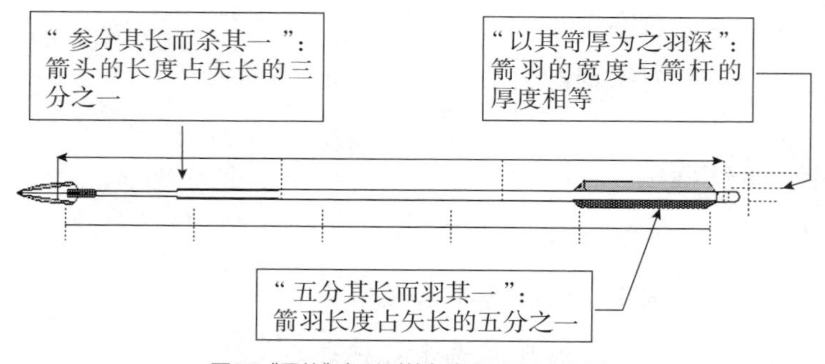

图6 《周礼》中所列箭矢各部分尺寸比例

6B3段描述了箭尾和箭羽的制作方法。第一步是让箭矢浮在水面上测定其准确重量，但这一步的目的并不仅仅是为了测重。[53]齐国的工匠认为制箭用的枝条在生长的时候总是有一面向阳，这一面会更加紧实。所以当箭杆浮在水面上时，向阳的一面——更紧实的那面——就会沉向水下，而阴面则会浮向水面（图7）。

[53] 《中国古代兵器》编纂委员会编《中国古代兵器》，第152—153页。

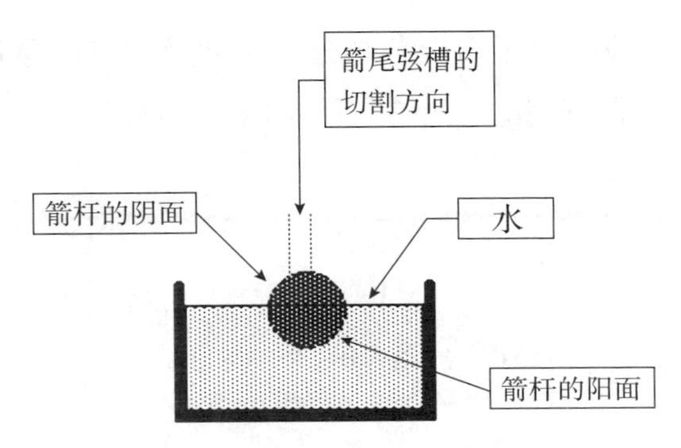

图7　用一缸水来确定箭尾弦槽的位置

这项测试最重要的目的是确保弦槽——箭尾用来卡住弓弦的凹槽——与区分箭矢阴阳两面（密度较大与较小的两面）的水平线呈直角。箭射出后，箭杆会在其飞行轨迹中呈曲线状扭曲，而非保持硬直（图8）。

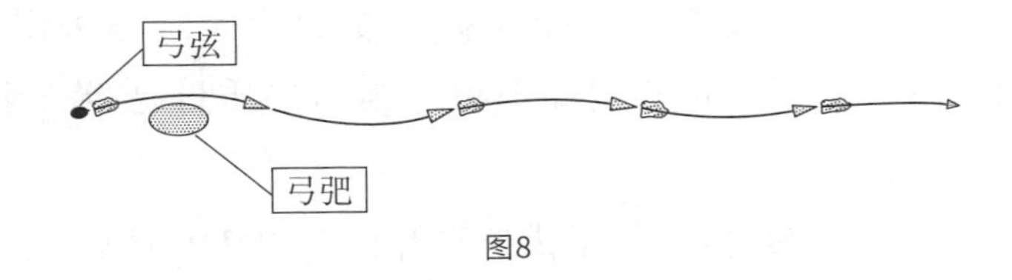

图8

上图模拟了俯视视角下箭矢的蛇形飞行轨迹，箭矢吸收了弓弦产生的推动力之后箭杆会停止扭曲，空气穿过箭羽让箭的飞行趋于稳定，同时箭矢的飞行轨迹趋向平直。如果箭杆各面的弹性不均，箭羽承受的空气阻力会把箭弯向弹性较小的那一面，从而阻碍箭正常飞行。齐国的宫廷工匠注意到的这一现象，最近几十年才通过高速摄像机被人们观察到。

我认为汉字“刃”表示了一种有三角形横截面的物体。箭镞和箭羽都是有这样特征的物体，但“刃”特指有三棱锋刃的箭镞。

6B4段列出了箭镞各部分的尺寸及箭镞的重量，箭镞通常是青铜制的，偶尔有铁制的（图9）。

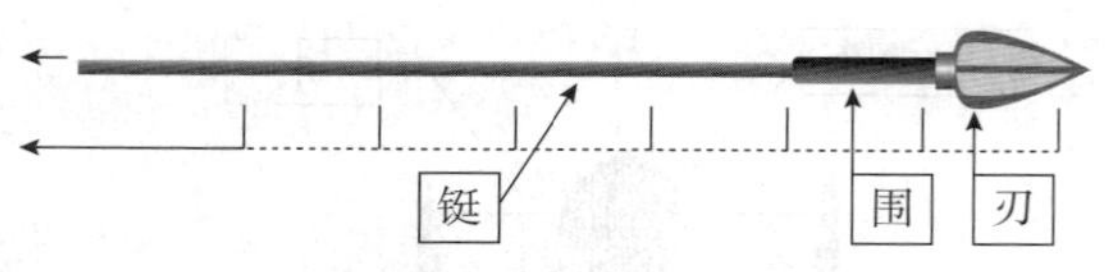

图9　箭镞各部分名称及尺寸比例

6B5段列举了箭矢制作不当可能产生的后果。有趣的是齐国工匠已经得出了这样一项结论，即箭羽的宽度最好与箭杆的直径相等，当射手拉力过大而稳定性不足时，这种设计可让箭保持平衡。今天西方已很少沿用这一设计（但韩国箭的制作中仍采用这一尺寸比例）。

根据6B5段所罗列的几种可能的箭矢制作失误，6B6段给出了一种测定箭羽尺寸与箭矢质量是否合格的方法。

最后，6B7段解释了挑选箭杆材料的基本原则。

上述文本并没有说明箭镞是如何安装到箭杆上的，但根据出土文物，我们可以认识到箭镞上长长的铤可直接插进中空的箭杆里，直到箭镞上的“围”（刃与铤之间的部分，比铤更宽）卡在箭杆外。箭杆前端几寸的部分会被削窄，并绑上麻线。最后，要给整个箭杆上一层漆（图10）。

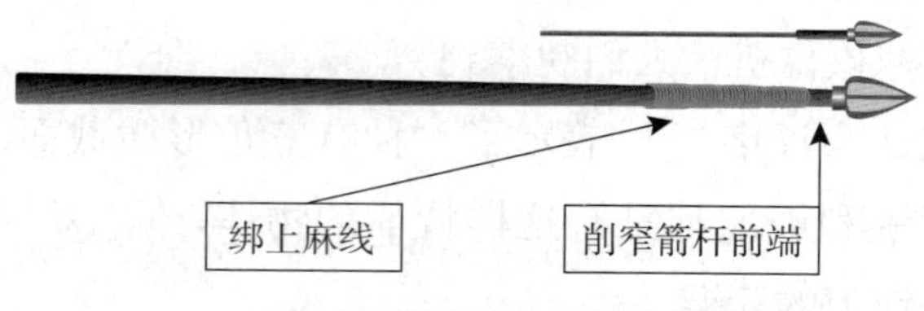

图10　箭镞的安装和上过漆的箭杆

梓人为侯(《周礼·冬官·考工记》)

6C1

梓人为侯，广与崇方，参分其广而鹄居一焉。

6C2

上两个，与其身三，下两个半之。

6C3

上纲与下纲出舌寻，縜寸焉。

6C4

张皮侯而栖鹄，则春以功。

张五采之侯，则远国属。

张兽侯，则王以息燕。

6C5

祭侯之礼，以酒脯醢。其辞曰：“惟若宁侯(毋或)，若女不宁(侯不属于王所)，(故)抗而射女，强饮强食，诒女曾孙，诸侯百福。”[54]

[54] 译者注：这段祭辞在《考工记》的原文中包括了括号中的文字，现在通行的断句为：“惟若宁侯。毋或若女不宁侯，不属于王所，故抗而射女。强饮强食，诒女曾孙诸侯百福。”作者在下文援引学者王安国的观点，认为这些文字可能是《考工记》编纂者对这首祭辞添加的注释，并非祭辞原文，故加以括号，并在下段中用四字韵文的格式试图还原这首祭辞的本来面貌。

6C6

(祭辞的可能原貌)

惟若宁侯，

□□□□。(此处可能缺漏，也可能是下文的“诒女曾孙”)

若女不宁，

抗而射女。

强饮强食，

诒女曾孙，(此句可能应置于上文第二句缺漏处)

诸侯百福。

根据《周礼》，梓人有三项职能。其一是制作悬挂钟磬的木制支架，其二是制作典礼用的饮酒器具，其三就是制作箭靶（“侯”）。根据文献记载，这三项工作均包括利用自然材料雕刻或组装出典礼需要的各类道具，也许还需要通过祈祷为这些道具增添神力。悬挂钟磬的支架上要雕刻兽纹装饰，箭靶要绘上动物图案，一些酒器也许要做成动物的形状（虽然文中没有明确记载）。

6C1段展示了箭靶的第一个部分：鹄。鹄是位于箭靶中央的一块布（图11），其上会附着各种用作标的的元素（兽皮、五色靶或动物图案）。

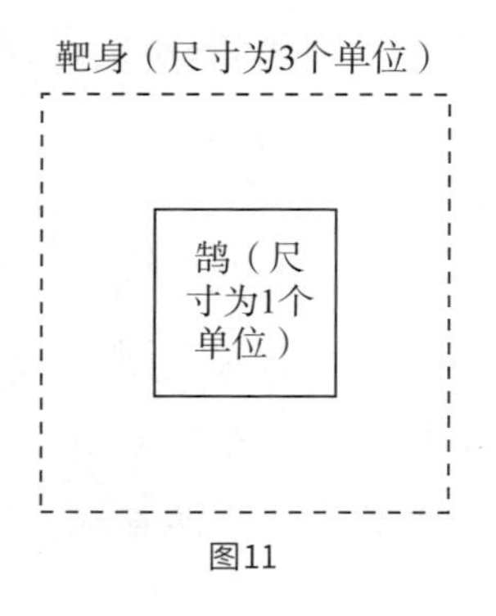

图11

天子的典礼活动则要用尺寸为九个单位的箭靶。

6C2段给出了“个”（用于支撑和张开箭靶的布）的尺寸（图12）。

6C3段给出了“纲”（将靶身固定在靶架上的绳索）的尺寸，并为我们了解整个箭靶的大小提供了一条线索。纲的长度是一“寻”。“寻”是普通人双臂展开，两手指尖之间的长度。对于笔者而言，这个距离是160厘

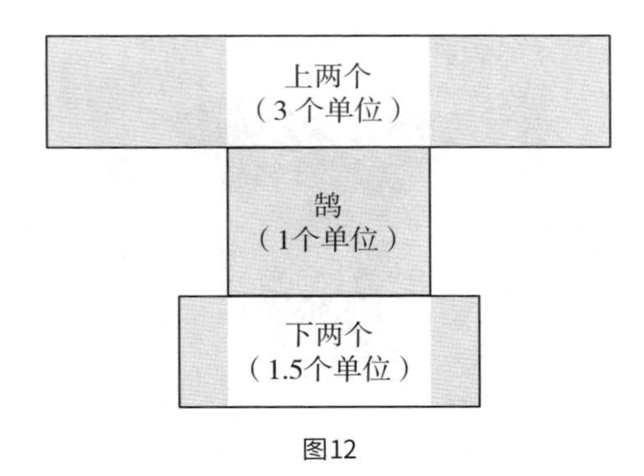

图12

米。八尺为一寻，六尺为一“弓”，十尺为一丈。而十寸为一尺。其长度如表6.2：

表6.2

中国古代长度单位	当代公制（约合）
寸	2厘米
尺	20厘米
弓（或“步”）	120厘米
寻	160厘米
丈	200厘米

靶身上下各有两“个”，分别由内外两部分构成，内侧的个称为“躬”，外侧的称为“舌”。图13把这四个部分以及鹄和纲一起展示了出来。[55]这种箭靶没有固定的大小，其尺寸由射箭的距离决定，而射程又得依据不同的场合而定。《仪礼·乡射礼》中有载：

[55] （明）王圻、王思义编《三才图会》，1614年。

6D1

侯道五十弓，弓二寸以为侯中。倍中以为躬；倍躬以为左、右舌。下舌半上舌。

根据上述记载，正方形的鹄（侯中）的边长是射程（侯道的长度）的三十分之一。射程为五十弓的话，换

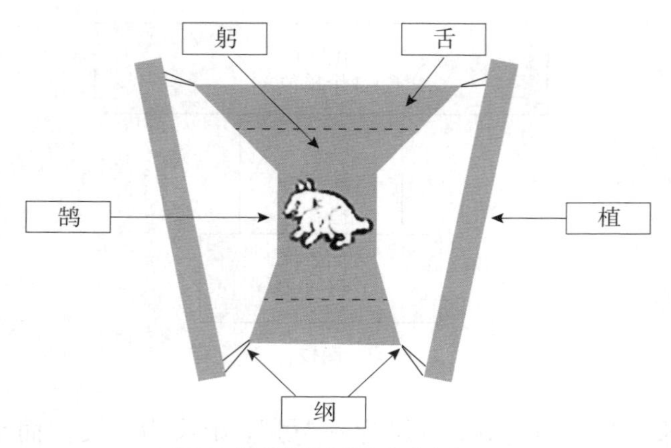

图13 “侯”的结构及各部分名称

算成公制就是60米，鹄的边长则为2米（十尺）。靶面高度大概有6—7米，靶的上边缘大概有8米宽，而下边缘也有4米。这真是一种巨大的箭靶。[56]

[56] 也许这个箭靶被设计成在有箭射中的时候会发出令人印象深刻的响声。

文献中没有描述这种箭靶从侧面看是什么样。但我们在上一卷里提及的一幅战国时期的青铜纹饰却提供了这样一个侧面图样（图14）。这幅青铜纹饰中有一个场景展示了王室行射礼的过程。

图14 嵌错宴乐攻战纹铜壶白描图（局部）

在这幅生动的图像里，我们能很清楚地看到亭台楼阁的横截面。图像里也有箭矢的侧面，但箭靶似乎还是一个正面或稍带倾斜的视图。不过，我们注意到图像中的箭矢并未穿过箭靶，事实上如果箭靶只是一块张开的布或普通的兽皮，箭矢应该呈贯穿状。如果这里展示的是箭靶的正面，那么其各部分的比例也是失调的。

如果这是箭靶的侧面，那么我们可以得出这样的结论：该箭靶的两侧边各有一块木制的支撑板，支撑板上呈“X”形状的木梁被绳子或木条固定于箭靶顶端的横梁上。如果这个猜想是正确的，那么战国时期射礼用箭靶的形状应如图15所示。

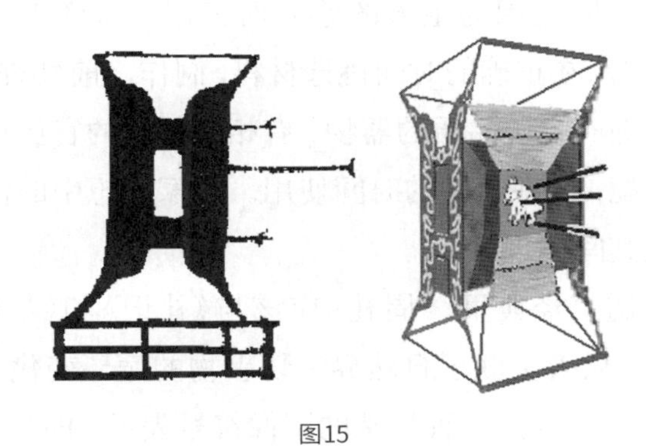

图15

关于6C5段中的内容，传统的解读认为它是一段祭辞，在这里箭靶（“侯”）指代“诸侯”，是一个双关语用法。在上一卷里，我们看到王安国对“侯”的阐述。[57]他认为这段文辞有明显的韵律，且掺杂了后代编纂者的注释。我们几乎没有理由怀疑他的观点。

[57] Jeffrey K. Riegel, “Early Chinese Target Magic”.

正统的观念认为，射手演礼是一种象征，表现了他们渴望参加每年一次的天子朝会，如果没能参加，就会有一种象征性的惩罚。在《太公六韬》中也记载了类似的观念（见《太平御览》卷七百三十七）：

6E1

《太平御览·太公六韬》

武王伐殷，丁侯不朝。太公乃画丁侯于策，三箭射之，丁侯病。困：[58]卜者占云："崇在周恐怛，乃请举国为臣。"太公使人甲乙日拔丁侯着头箭，丙丁日拔着口箭，戊己日拔着腹箭，丁侯病稍愈。四夷闻，各以来贡。

[58] 译者注：作者在此处把"困"解读成《易经》里的"困卦"，意思是占卜的人占出了"困"的卦象。

整个《周礼》的文本，包括我先前征引过的那些，都展现出了儒家心目中的理想国。在这个国度里，万物和谐。工匠是因为主人的慈爱而工作。每样工具都体现了和谐：在正确的时间挑选材料，制作之前焚香祈祷，加工成拥有完美品质的器物，有相应部门的官员负责保存和分配，并在合适的时间使用。儒家理想中的治国之道也在其间体现。

在儒家经典里，《周礼》应该与《礼记》和《易经》一起合读，后者关联了自然界一切事物的循环变化，这些变化（"易"）通过一种特殊的图像符号表示，即"六爻"。

射礼的全盛期毫无疑问是在周代的末期，或战国时代的初期（约前700—前300）。现存文献表明，在该时期行将结束的时候，射礼已经越来越罕见。宫廷礼仪的高光时刻同时也是旧贵族制最繁荣昌盛之时。汉代则终结了那些曾经实际统治着周代疆土的诸侯的规则。

射礼中的各项仪式究竟包含了哪些意义？诚然，它们代表着贵族的地位。礼仪所需的各项技能都需在贵族学校里学习，而礼仪的实践则多在贵族的宫廷中进行（《考工记》中弓箭制作的记录因其所采用的语言，往往被认为是源自齐国的宫廷)。礼仪也可让人认识到其参与者的相对地位，在乡饮酒礼中这种观念就深入人心。而且，它们也象征着下对上的臣服。

射礼中有一项令人好奇的元素，即饮酒。射箭比试的胜者要让败者饮酒。如果《诗经》中的记载是真实场景，那么这项饮酒的活动最终会沦为无节制的纵饮。

饮酒的环节中出现了另外一种有仪式感的游戏，即“投壶礼”。在《礼记》中对它有详细记载(图16)。投壶礼一开始仅是一项把箭投进空酒壶里的小游戏，后来作为一项娱乐活动，当天气原因或宾主身体抱恙导致无法开展完整的射礼时，投壶礼仍可用来招待重要的宾客。

如卷三所述，投壶礼也包含了神秘元素。“壶”代表了善恶之间的平衡。如《易·系辞》所言，射箭也在《周易》卦象的影响下，能很好地给善与恶、雨与旱带去平衡。

图16 投壶礼纹样与投壶用壶(战国时期)

最后，儒家的学者认为万物皆应有适当的秩序，而实践这一理念是他们的最高理想。礼仪的参与者也许可以意识到仪式中间包含了古代的神秘主义、表示臣服的诸侯礼制与儒家的治国之道。他们就像是现代庆祝圣诞节的人，意识到节日里夹杂着异教徒、罗马人和基督徒的符号。

林暗草驚風
將軍夜引弓
平明尋白羽
沒在石稜中

林暗草惊风，将军夜引弓。
平明寻白羽，没在石棱中。

——卢纶（748—800）

《和张仆射塞下曲·其二》

◀《和张仆射塞下曲·其二》 李鑫宝 书

卷七 事实、小说或奇闻？

早期

从西周灭亡（前771）到汉代终结（220），大量的文献留存了下来。对于统治中国政治生态直迄清末（1911）的儒家传统来说，这一时期的文献被视作中国文学的成熟期：后世文人深受这些文献影响，这一时期的文风也被后代竞相模仿。

这一时期横跨千年，在这本书的断代里我武断地将其定为“早期”（the early period）。中国的历史是按照朝代来记录的，如前所述，每一个朝代都被模式化地描述成有辉煌的开端和黯淡的结尾。尽管王朝历史叙事的内部连贯性并不那么牢靠，特定的传统却的的确确约束着创造历史的主角们。

事实上，从西周灭亡到秦始皇一统江山（前771—前221），中国经历了一段有许多积极因素的封建时期，尽管这一时期也被后来的一些历史学家诟病。就本书的写作而言，这段时期最关键的是拥有丰富的传世文献。这些文献包括诗歌（如卷五里提及的《诗经》）、正史、哲学著作（包括儒家和道家的著作）以及稗官野史。

虽然这一时期也的确存在音乐和戏剧，但其形式都未能流传下来。[1]

早期读书人对射箭都很熟悉。在这一时期之初，射箭还是贵族学校的课程之一；尔后，射箭作为重要的军事技艺，成为贵族进行田猎和游戏的基本技能，因此也被人们广泛练习。

如果今天有人写了一本错漏百出地讲解开车技术的书，他一定会被耻笑。同样，为了不成为笑柄，古人也不可能错误地描述射箭的细节。

这一时期关于射箭的故事有很多，下面我们将阅读其中的一部分。下文是一则出自《列子》[2]的故事，我们可以看到对射箭技术夸大和不实的说法是如何成为笑柄的（让人联想到《吹牛大王历险记》[3]）。

7A1

《列子·仲尼篇》

子舆曰："吾笑龙之诒孔穿，言：'善射者能令后镞中前括，发发相及，矢矢相属。前矢造准而无绝落，后矢之括犹衔弦，视之若一焉。'孔穿骇之。龙曰：'此未其妙者，逢蒙之弟子曰鸿超，怒其妻而怖之，引乌号之弓，綦卫之箭，射其目。矢来注眸子而眶不睫，矢隧地而尘不扬。'是岂智者之言与？"

在这一时期，作家并非为了赚钱而写作，而是为了影响世人。有时为了提高影响力，也要写一些可以娱乐读者的内容。关于射箭的记载如果与一般常识不符，作者也得不到任何回报。所以我们有必要相信所有有关

[1] 不过，关于音乐理论的文本、乐器乃至定音管的实物都保存了下来，让我们能够串联出中国历史早期音乐的状况。

[2] 关于《列子》及其成书年代的问题将在下文讨论，见本书第137页。

[3] 译者注：《吹牛大王历险记》（*The Adventures of Baron Munchausen*）原为德国民间故事，后来由埃·拉斯伯和戈·毕尔格两位德国作家再创作而成。这是一部介于童话和幻想故事之间的作品。它是根据18世纪德国男爵明希豪森（Baron Münchhausen）讲的故事而编写的。

射箭技术的文字片段都是严肃的，除非是如上文那样有意要显得荒诞不经。在这一基础之上我们可以认为，任何关乎射箭技术，或关乎射箭中的道德或精神向度的记载，都能准确反映文献写作时代射艺的状况（不过，《列子》成书的年代是有争议的）。

作者可能从两种来源获取射箭的知识。第一，正如我之前所述，他本人可能直接参与过射箭的训练。这些训练可能是礼仪性的，也可能是为了打猎或作战（民用和军用的射艺在早期已开始分途）。

如果作者没有直接的射箭经验，他也可能看过那个时代流传的有关射箭技术的书籍。《汉书・艺文志》及其他类似历史文献中记载了不少当时流通的射书（表7.1）：[4]

[4] 表格引自张山、裴锡荣主编《中华武术大辞典》，南京：江苏科学技术出版社，1994 年；刘申宁：《中国兵书总目》，北京：国防大学出版社，1990 年。

表7.1

书名	作者
《逢蒙射法》	
《魏氏射法》	
《强弩将军王围射法》	王　围
《弩射秘法》	陈愍、王宠
《望远连弩射法》	
《护军射师王贺射书》	王　贺
《李将军射法》	李　广

这些令人敬畏的射艺文献在两千多年前可能很容易读到，但其原文在很久之前就亡佚了。[5]我们也可以猜测，一些现存的关于射箭技术的描述可能直接征引了这些散佚的文本。一个有力的旁证来自赵晔（约40—80）撰写的《吴越春秋》，[6]其中陈音向越王阐述弩的制作方法及射箭技巧时，他所用的文辞与该书其余文字的

[5] 尽管有时会出现特例，比如在出土文物中发现一些“散佚”古书。所以我们并没有失去全部的希望。

[6] 不过我们现在看到的文本也可能是晋代另一位学者杨方写的同名著作。

风格迥异（这段文本将在下一卷里出现，这种文风上的差异在汉语原文中是十分明显的）。

继续我们的文学之旅。这段题为《晋弓工妻》的文本出自刘向的《列女传》，其中记载的射箭方法直到明代还在被人引用。

[7] 古代周部族的首领。

[8] 秦穆公的一群爱马有一天走失，他派奴仆去把马找回来。但就在同时，三百多名秦国的饥民发现了这群马，并将它们宰杀吃掉了。秦穆公的奴仆把这些人捉住，准备施以惩罚。但穆公说，一个开明的人是不会因为自己的财物而让他人受苦的，他赐给饥民酒水，因为食马肉而不饮酒会让身体不适。后来有一次秦穆公遭到袭击，这些杀马者听说后急忙赶去救援，几乎送掉了性命。事见《史记·秦本纪》。

[9] 楚庄王给他的大臣赐了一些酒，他们欢饮到夜里，最后都醉了。这时宫灯熄灭，一位大臣在走的时候不慎踩到了王后的长袍，于是王后设法将这个人冠帽上的缨带扯了下来。她找到庄王，说："刚刚宫灯熄灭时，有人踩到了我的长袍，我把他帽子上的缨带扯下来了。我得拿一个火把去看看到底是谁踩到了我的袍子。"但是庄王说："你不能这么做！"然后他走出去招呼大臣们："你们都来跟寡人高高兴兴地喝酒！不过首先你们得把帽子上的缨带扯下来！"后来，大臣们为了报答庄王的仁慈，纷纷在战场上英勇杀敌，将敌人的头颅作为礼物献给庄王。见《韩诗外传·卷七》。

7B1

《列女传·晋弓工妻》

弓工妻者，晋繁人之女也。当平公之时，使其夫为弓，三年乃成。平公引弓而射，不穿一札。平公怒，将杀弓人。

7B2

弓人之妻请见曰："繁人之子，弓人之妻也。愿有谒于君。"平公见之。妻曰："君闻昔者公刘[7]之行乎？羊牛践葭苇，恻然为民痛之。恩及草木，岂欲杀不辜者乎？秦穆公有盗食其骏马之肉，反饮之以酒。[8]楚庄王臣援其夫人之衣而绝缨，与饮大乐。[9]此三君者，仁著于天下，卒享其报，名垂至今。昔帝尧茅茨不翦，采椽不斲，土阶三等，犹以为为之者劳，居之者逸也。

7B3

"今妾之夫治造此弓，其为之亦劳矣。其干生于太山之阿，一日三睹阴三睹阳；傅以燕牛之角，缠以荆麋之筋，糊以河鱼之胶。此四者，皆天下之妙选也，而君不能以穿一札，是君之不能射也，而反欲杀妾之夫，不亦谬乎？

7B4

“妾闻射之道：‘“**左手如拒石，右手如附枝**[10]，**右手发之，左手不知**”，此盖射之道也。’”平公以其言为仪而射，穿七札。繁人之夫立得出，而赐金三镒。

君子谓：“弓工妻可与处难。”

诗曰：“敦弓既坚，舍矢既钧。”[11]言射有法也。

[10] 参看卷八我对“附枝”的解释。

[11]《诗经·大雅·行苇》。

7B3段所列举的制弓材料，我们在上一卷里已经熟悉了。7B4段中的加粗字是一段韵文。在古代军事教科书里，这种风格的文句非常典型。教科书里采用这类歌诀是为了让学生可以轻易将其内容背熟。[12]我可以据此猜测，刘向正是从一本军事教材中引用了这句话。

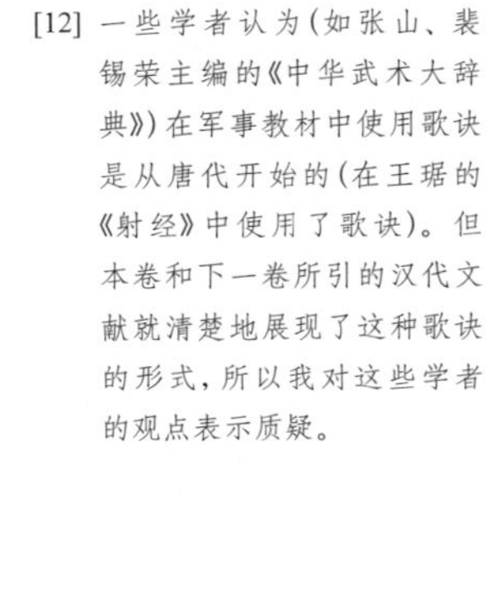
[12] 一些学者认为（如张山、裴锡荣主编的《中华武术大辞典》）在军事教材中使用歌诀是从唐代开始的（在王琚的《射经》中使用了歌诀）。但本卷和下一卷所引的汉代文献就清楚地展现了这种歌诀的形式，所以我对这些学者的观点表示质疑。

图17 《晋弓工妻》的故事（明代版画）

7B4段中主要谈的射箭技术是：射手需要确保他的执弓手在控弦手撒放时不做出任何形式的刻意反应。当身体紧绷时，一只手臂的有意识动作自然会连带另一只手臂做出下意识的反应。这就意味着当射手的控弦手撒放时，执弓手可能会下意识地抽动，使箭偏离飞行轨道。所以，射手的身体需要逐渐适应让左右肢体分开独立动作。

[13] 译者注：作者这里指的是“八段锦”。

有一套著名的气功动作[13]（至少可以追溯到晋朝[265—420]）中有一式叫“左右弯弓似射雕”，这套动作可让左右肢体在紧张和放松之间切换，练习的是左右脑各自独立的机能。考古学证据证明汉代已经出现了气功（那时叫“导引”）。从下文中我们还可以看出，气功练习与中华射艺之间有紧密的关联。

明代一部影响很大的著作《纪效新书》中，作者戚继光引用了“怒气开弓，息气放箭”这句话，然后声称这出自《列女传·晋弓工妻》。但实际上现存版本的《列女传》中并没有这样一句话。[14]这句被误引的话又出现在另一部明代的大著——高颖的《武经射学正宗》中。直到明代晚期，这句出处不明的话很可能都还用在射箭的教学中。它要表达的是这样一个动作要领：让身体动作在松紧之间切换。这也是气功练习中所强调的。

[14] 李呈芬著，〔日〕滨口富士雄译《射经》，东京：明德出版社，1980年，第96页。

弓工妻的故事在汉代学者韩婴的著作《韩诗外传》中又一次出现了。同样的故事被用不同的文字讲述，并且发生在另一个国家。最有趣的是，弓工妻所建议的射箭技巧在两个文本中也稍有不同。

7C1

《韩诗外传》卷八

齐景公使人为弓，三年乃成。景公得弓而射，不穿三札。景公怒，将杀弓人。弓人之妻往见景公，曰：“蔡人之子，弓人之妻也。此弓者，太山之南乌号之柘，骍牛之角，荆麋之筋，河鱼之胶也。

四物者，天下之练材也，不宜穿札之少如此。且妾闻，奚公之车不能独走，莫耶虽利不能独断，必有以动之。夫射之道在：手若附枝，掌若握卵，四指如断短杖，右手发之，左手不知。此盖射之道。”景公以其言为仪而射之，穿七札。蔡人之夫立出矣。

虽然这一篇故事的情节与上篇相同，但在具体文字和对射箭技术的描述上仍有差别。

7C1段并未明言究竟是哪一只手“附枝”，但若与7B4段一致的话，此处应为右手。该段对握弓方法的建议是“掌若握卵”（握得稳但又不太紧），这种方法也反映在许多后世的射书中，也与现代西方射箭运动员对正确握弓姿势的理解相契合。

该引文中谈到，四指（应该是执弓手的四指）的动作要像折断一根短树枝那样，这句话颇令人费解，似乎是说握在弓弝外侧（离射手身体较远的那一侧）的执弓手的四个手指[15]要对弓弝施加一个内向的压力，好让撒放之后上弓臂可以朝外侧转动，而下弓臂则转向内侧。[16]这种动作就如同人用双手握住一段树枝，拇指在下四指在上，然后将其折断。这种折力（“㨃”）在李呈芬的《射经》中也有提及（见卷十一）。

[15] 译者注：这里指除去拇指的另外四指。

[16] 译者注：即中国传统射艺中“倒弓”的动作。

师徒

中国的射手需要找一名老师学习射箭技艺。对于贵族而言，学校里就有正规的射艺老师。而其他人则需另寻名师指点，请求老师收自己为徒。从中国文化中的诸多方面可以看出，从古至今，师徒关系就是另外一种形式的父子关系或主仆关系。徒弟要完全服从师父。

与现代社会中的师生关系不同，在中国传统武术的师徒关系中，师父往往不会提供连续性的正规教学，只是偶尔来看看徒弟练习，并对他们的动作提出少许建议。直到今天中国的武术才用规范的课程进行教学。而在不远的过去，练习者往往要自己去寻访高人，然后看这位高人是否要收自己为徒。即便成功拜师，也不意味着徒弟就能开始学习。事实上，他需要在相当长的一段时间里义务充任师父的仆从，其间只能获取一些零星的知识。师父也会勉勉强强分享一些“心法”（inner secrets）。

徒弟可能会从对师父的长期观察中受益，但他学习技艺的途径主要有二：一是通过自己的练习，二是与同门进行切磋。可以正式宣称成为某位名师的徒弟本身就是一件非常有价值的事。

不用说，这位徒弟会像儿子对父亲那样对师父毕恭毕敬，这也是中国的传统所要求的。在中国的家庭观念中，殴打甚至杀害父母是十恶不赦的大罪。[17]

[17] 据清律记载，弑父罪会被判决凌迟处死。

7D1

《孟子·离娄下》

孟子曰：“可以取，可以无取，取伤廉。可以与，可以无与，与伤惠。可以死，可以无死，死伤勇。”

7D2

逄蒙学射于羿，尽羿之道。思天下惟羿为愈

己，于是杀羿。孟子曰："是亦羿有罪焉。"公明仪曰："宜若无罪焉。"曰："薄乎云尔，恶得无罪！

7D3

"郑人使子濯孺子侵卫，卫使庾公之斯追之。子濯孺子曰：'今日我疾作，不可以执弓，吾死矣夫！'问其仆曰：'追我者谁也？'其仆曰：'庾公之斯也。'曰：'吾生矣！'其仆曰：'庾公之斯，卫之善射者也。夫子曰："吾生"，何谓也？'

7D4

"曰：'庾公之斯学射于尹公之他，尹公之他学射于我。夫尹公之他，端人也，其取友必端矣。'庾公之斯至，曰：'夫子何为不执弓？'曰：'今日我疾作，不可以执弓。'

7D5

"曰：'小人学射于尹公之他，尹公之他学射于夫子。我不忍以夫子之道，反害夫子。虽然，今日之事，君事也，我不敢废。'抽矢扣轮，去其金，发乘矢而后反。"

以上两则出自《孟子》的故事，其一（7D2段）我们非常熟悉，是关于羿是否死于逢蒙之手的故事。这里的"羿"并不是射下太阳的那位英雄，而是篡夺了夏王位的那位羿（我也不能完全肯定这里的"羿"是不是那位篡夺了夏王位的"有穷后羿"，他被一名背叛了自己的家臣寒浞所杀。见卷二2H1段）。

在那些有作品流传至今的古代作者中，孟子第一个断言逢蒙是羿的学生。射手因对老师生发嫉妒而弑师，这种奇异的观念在《孟子》的文本中并不鲜见，我们也可以在其他故事中看到。古代中国的射手是一群非常自负的人，他们时不时会挑战基本的禁忌。射手弑师的现象意味着，在任何时期最顶尖的射手都享受着大众的崇拜。为了成为那个时代的大众偶像，射手们不惜采取杀戮的手段。

但在孟子身处的时代，射手们可能认同了一个更规范的行为准则。第二则故事（7D3段）探讨了一个更令人熟悉的观念，即学生会因礼法的限制而不去伤害他们的老师。

这则故事发生在一场白热化的战役中。但在孟子的时代，战争毋宁说是一种艺术。彼时的战争很少是拼得你死我活的血腥行为，敌对方之间的对抗反而是彬彬有礼的。双方成为敌人有时是因为对方的蔑视，有时是因为一方打破了停战协议或破坏了彼此之间暂时的盟约。

虽然春秋战国时期的战争被描述成国与国之间的对抗，但交战国中的贵族们可能在不久之前还同属一个阵营。他们之间的战争受制于礼法，关于战争的文献也多记录着战争中符合礼法的行为，以及贵族们高超的武艺。

在7D5段，符合礼法的行为最终获胜了。庾公之斯不能伤害他的师祖。不过他碰到了一个礼法上的两难，因为他还有效忠当前雇主的责任。所以他略施计策，把箭破坏掉，以表示他尽力去追杀目标了，但最后失败了。这意味着没人可以指责他不敢完成这项任务，也回应了孟子提出的观点："可以死，可以无死，死伤勇。"

上文中射手之间的师生关系，在《左传》中得到了进一步叙述。该事件据记载发生于襄公十四年（前559）。

7E1

《左传·襄公十四年》

初，尹公佗学射于庾公差，庾公差学射于公孙丁。二子追公，公孙丁御公。子鱼曰："射为背师，不射为戮，射为礼乎？"射两軥而还。尹公佗曰："子为师，我则远矣。"乃反之。公孙丁授公辔而射之，贯臂。

这与上文孟子说的基本是同一个故事。这则故事意味着，虽然弑师禁忌的约束力很强，但在学生和师祖之间这一禁忌就稍显无力了。在故事的结尾，这位"太老师"（Grand-master）毫不犹豫地拔箭射向了他的再传弟子。

在上文中，我们还看到，忠（尽到效忠上级的义务）孝（尊敬师长）之间存在明显的矛盾。最终，这一矛盾通过伤害较小的随意一箭得以化解，这一箭也让庾公差保住了面子。

养由基

如果没有罗宾汉你就无法书写英国的射箭史，没有威廉·退尔你就写不出瑞士弓弩手的故事，那么没有养由基你肯定也没办法讲述中华射艺。他是那种典型的有点鲁莽而傲慢的射箭英雄，他的声名流传了数个世纪。与许多中国早期的射手一样，养由基与楚文化关系紧密，[18]据说他还成了楚国大夫。

[18] 楚文化可以追溯到中华文明的黎明期。据说楚国人是居住在中国南方的三苗部落的后裔，他们的文化中心在今天的湖北（译者注：原书误为“湖南”）一带。尽管楚人与中原民族血缘接近，但他们仍保持着极强的文化特征，直到汉代才被完全同化。

中国的历史学家从没质疑过养由基是否为一名真实的历史人物，尽管很多关于他的故事更像是传说。如果按司马迁在《史记》中的记载养由基参与了鄢陵之战，那么在前575年（鄢陵之战发生于该年）时他还活着。但他的姓氏“养”在中国非常少见。[19]如果我们回过头去看《礼记·射义》（卷五5B9段），其中有对射礼之道的总结，由此可以对“养由基”这个名字稍作一种猜想：

[19] 在《中国人名大辞典》中仅见两例。见臧励龢等编《中国人名大辞典》，郑州：中州古籍出版社，1993。

> 求中以辞爵（酒）也。“酒”者：所以养老也，所以养病也。“求中以辞爵”者，辞养也。

在这一段中，关键词就是“养”。就此来说，“养由基”这个名字的字面意思是“用以供养自身的基础”。当然这也可能只是巧合。或许，这一名字是赐给古代射礼参与者的称号。

养由基的故事如下：

7F1

《楚史梼杌[20]·养由基第二十》

楚庭尝有神白猿，楚之善射者莫能中。庄王自射之，搏矢而熙。使养由基射之，矫弓操矢而往，未之发，猿拥柱而号矣。发之则应矢而下。王大悦。

[20] 据孟子所说，《梼杌》是楚国的史书。《孟子·离娄下》：“晋之乘，楚之梼杌，鲁之春秋，一也。”这篇引文是出自一本元代的伪书，是关于楚庄王时代的野史汇编，编辑者是元代吾衍。它与早已散佚的楚国正史关系不大，但其文本多选自《左传》和其他同时代的文献。

这是一则会让环保主义者感到不快的故事。楚庄王沉溺于打猎，有时大臣会进行劝谏，指出楚国随时可能会被攻打，作为君主应该未雨绸缪。庄王反驳道，打猎的目的是测试将士们的武艺、体力和团队精神。[21]

[21]《楚史梼杌·好猎第十九》

这只神奇的白猿出现在中国许多传统的军事文本中。猿猴长期以来都与武术有所关联（想想著名的中国小说《西游记》中的孙悟空）。养由基用射艺战胜了白猿，象征着他的武艺已臻化境。

在这则故事里还有一处明显的象征，即白猿能够预知它将被射中。这与中国古代的一种观念契合，即人们认为射手有能力将意念投射到箭靶上。[22]

[22]《吴越春秋》："古之圣人射弩，未发而前名其所中。"

7G1

《吕氏春秋·精通》

养由基射兕，中石，矢乃饮羽，诚乎兕也。

这则故事多次在中国文学史上出现，且版本众多。同样精湛的射艺也托名给了楚国早期的国君熊渠，[23]以及汉代的将军李广。[24]

[23] 译者注：《韩诗外传》卷六："昔者楚熊渠子夜行，寝石，以为伏虎，弯弓而射之，没金饮羽。下视，知其为石。"

[24] 译者注：《史记·李将军列传》："广出猎，见草中石，以为虎而射之，中石没镞。"

在商代的甲骨文和前600至前500年间的历史文献中，多次提到犀牛（兕）是一种猎物。不管这是一种目前还生存在爪哇的小型犀牛，还是一种已经灭绝的品种，我们只能猜想古代中国确实有力大无穷的传奇般猎手曾与这些犀牛搏斗。[25]

[25]《楚史梼杌·好猎第十九》："其攫犀搏兕者，吾是以知其劲有力也。"

这则简短的引文道出了对中华射艺而言相当重要的两个关键词。

其一是"贯穿"（penetration）。在现代西方射箭里，箭击中靶就已足够。至于箭能否贯穿铠甲，在很早之前就已经无关紧要了（当然，弓猎手需要足够的力量去干脆利落地射杀猎物，但除了晚年的霍华德·希尔[26]，大概没人会朝着一头皮糙肉厚的猎物射箭）。

[26] 译者注：霍华德·希尔（Howard Hill，1899—1975），美国著名神射手，曾被称作"世界上最伟大的射手"。他曾连续196次赢得各类野外射箭锦标赛的冠军。

而对于中国射手，他们的理想是射穿七层兽皮（七札）。这是早期中国盔甲的极限厚度，这种厚度也适用于头盔。[27]这也解释了为什么中国人在很早的时候就执着于用重弓，而且很早就把弩带入战场。

[27]《吕氏春秋·爱士篇》："（韩原之战）晋惠公之右路石奋投而击穆公之甲，中之者已六札矣。""言六札者，惟一札未陷耳。知甲以七札为数也。彻七札者，犹贯甲也。"（惠栋：《左传补注》）

其二，《吕氏春秋》的这一篇名为"精通"（精诚感应）。通过射箭这一技能，人的思维可以被磨炼至一重新境界，此时人可以靠着意念（"志"）的力量以获取平日里无法得到的能力。这也是为何射箭会和气功联系在一起：气功的早期形式，即"导引"[28]，就是一种可以让人将肉体和精神上所有的能量（"气"）导向一个特定目标的练习法门。

[28] "导引"这两个字的原型都属于象形文字。"导（導）"字中有头、手、足的形象；而"引"字像是一个巨大的天神在挥舞着一张弓（[illegible]）。

如同古人一样，现在人们也认为借由控制"气"而可产生某种影响近乎超自然的能力。无论中西，今天的气功教学都有一个通病，大众对通过有效控制人体能量来获取某种力量的气功抱有广泛的误解，而这种误解又因商业目的而被包装得金光闪闪。

7G1段的意思是，养由基以为他射中的是躲藏着的一只犀牛，但其实只是一块石头，不过他的箭已经完全没入石头里，只剩箭羽在外。这就是"精通"。

下面一段可能是关于养由基的故事中最有名的，出自司马迁的《史记》：

7H1

《史记·周本纪》[29]

[29]《战国策·西周·苏厉谓周君》中记载了相同的故事。

三十四年，苏厉谓周君曰："秦破韩、魏，扑师武，北取赵蔺、离石者，皆白起也。是善用兵，又有天命。今又将兵出塞攻梁，梁破则周危矣。君何不令人说白起乎？

7H2

“曰：‘楚有养由基者，善射者也。去柳叶百步而射之，百发而百中之。左右观者数千人，皆曰善射。有一夫立其旁，曰：“善，可教射矣。”养由基怒，释弓搤剑曰：“客安能教我射乎？”客曰：“非吾能教子支左诎右也。夫去柳叶百步而射之，百发而百中之，不以善息，少焉气衰力倦，弓拨矢钩，一发不中者，百发尽息。今破韩、魏，扑师武，北取赵蔺、离石者，公之功多矣。今又将兵出塞，过两周，倍韩，攻梁，一举不得，前功尽弃。公不如称病而无出。”’”

这则故事中其实还包含着另一个故事。苏厉提议派一个使者劝说白起退兵，让他知道他的好运不会持续太久。他计划用养由基射箭的故事作为说辞。

7H1段所描述的事发生在前293年，那一年秦国将军白起攻打韩国。

我们无法得知养由基进行射箭表演的时间。养由基“百步穿杨”的故事在中国文学中千古流传，[30]直到今天都被当作成语使用（不过今天常用于形容一段文字文辞精准）。

在7H2段，司马迁引出了养由基这一角色，这里他不再是一位英雄人物，而是一位略带喜剧色彩的蛮横之人（让人联想到福斯塔夫[31]），当他高水平的射术被一

[30]（唐）李涉《看射柳枝》：“万人齐看翻金勒，百步穿杨逐箭空。”

[31] 译者注：福斯塔夫（Falstaff），莎士比亚历史剧《亨利四世》中的人物。福斯塔夫是莎士比亚笔下最出名的喜剧人物之一，他是王子放浪形骸的酒友，既吹牛撒谎又幽默乐观，既无道德荣誉观念又无坏心，是一个成功的喜剧形象。

位陌生人质疑时，他出奇地愤怒了。这位陌生人给他提出了一条很好的建议——并不是《晋弓工妻》里那类简明扼要的关于具体射术的指点（“左手如拒石，右手如附枝。”）——而是直指人心：了解你的局限。

从这位陌生人的建议中我们可以得知，“气衰力倦”让射手无法保持正确稳固的射姿，导致持弓不稳，射出的箭也飘忽不定（“弓拨矢钩”）。一旦出现这样的状态，一次失误就可能毁掉你先前百发百中的成果。因为人们只会记住你失误的这一次，而不是前一百次完美的射术。

所以见好就收吧。

鄢陵之战

为了更深入地了解养由基，我们需要跟随他步入真实的战场。借由考察这场著名的鄢陵之战，我们有机会一睹在春秋战国时代一场战争是如何爆发的。

我们将借助晋楚两国参战贵族的眼睛来考察这场战争，其细节被记载在《左传》中。《左传》需与托名孔子的史书《春秋》合读，它的作者相传是鲁国史官左丘明。在传统版本中，《左传》的每一章都会先引《春秋》经文，其后是左丘明对这段经文的阐释。

《左传》是中国古代文化的高峰，它囊括了民间传说、历史及传奇，但大部分内容被认为是符合史实的。《左传》关于鄢陵之战的记载非常生动。如果依据传说，左丘明大概与孔子是同一代人，那么鄢陵之战爆发时或结束不久后他很有可能已经出生。《左传》文本中出现的最后一个谥号只可能在前424年之后使用，[32]左氏或

[32] 译者注：《左传》文本中出现的最后一个谥号是“赵襄子”，即晋国大夫赵毋恤，他薨于前424年，谥号“襄子”。既然《左传》中已提到这一谥号，那么其成书年代不可能早于前424年。

许在此之前访问过鄢陵之战的亲历者，或者查看过亲历者留下的记录。

左氏颇为割裂的非线性叙事方式很不易读，他的记录往往是从一个阵营突然跳到另一个，从一场战斗跳到另一场。他用不同的称号来指代同一个人物，有时用其爵位，有时用其姓名，有时则用其谥号。后来的文学评论家认为这种写法出自一个复杂的惯例，即在写作人物时要对其进行褒贬。但可能另有一个原因，即左氏的记载本来就是对他那个时代不同历史文献和当事人记录的综合。

下面我们将像一部戏剧那样，将鄢陵之战的主要角色列出来（见表7.2）。

表7.2

晋	楚
最高统帅 厉公（国君） 范文子（参谋）	**最高统帅** 共王（国君） 公子成（使者）
军事将领 中军 1. 栾书（栾武子） 2. 士燮（范文子）	**军事将领** 中军 1. 子反 2. 某姓名不详将领
上军 1. 郄锜 2. 荀偃	左军 1. 子重 2. 某姓名不详将领
下军 1. 韩厥 2. 郄至	右军 1. 子辛 2. 某姓名不详将领[33]
	盟友 郑 （郑国打破了与晋国的盟约，转而与楚国结盟。）
	姚句耳（使者）

[33] 译者注：作者认为同样是三军，晋国有正副将之分，楚国应该也有，但《左传》仅列“司马将中军，令尹将左，右尹子辛将右”，未言有裨将，故作者言“姓名不详”（not named）。

这里对鄢陵之战的政治背景做一简要介绍。[34]

[34] 译者注：下文是作者根据《左传·成公十六年》的内容进行的转写。

鲁成公十六年（前575），楚共王派遣公子成作为使者出使郑国（此时郑国已经与晋国结盟），许诺用汝阴之地来换取郑国的支持。于是郑国打破了与晋国的盟约，并派遣使臣在武城与楚国正式结盟。

郑国子罕攻打宋国，宋国派将鉏与乐惧两位将军迎击，在汋陂打败郑军后撤退。郑军又攻，在夫渠打败宋军，俘虏两名宋将（宋国在第一次打败郑国后轻敌了）。

卫献公派兵攻打郑国，进军到鸣雁。[35]晋国召开军事会议讨论伐郑之事。范文子向晋公（厉公）建言："如果支持晋国的诸侯都叛变了，那我们需要采取惩罚的措施。但仅遭一个郑国背叛，恐怕我们还是苦果自吞吧。"但栾武子说："只要我们采取行动，就没有诸侯会背叛。"厉公同意栾武子的话，决定讨伐郑国。

[35] 译者注：卫国此时是晋国的盟友，杨伯峻《春秋左传注》："晋欲伐郑，卫先出兵。"见氏编著《春秋左传注》（修订本），北京：中华书局，1990年，第879页。

晋国的大臣们前往邻国乞援，其中的一位（栾黡）来到了鲁国。鲁国大臣（孟献子）认为晋国一定能打赢。晋国大受鼓舞，很快就起兵出征。

郑国得知晋军开拔，惶惶不安，派姚句耳到楚国求助。楚国决定助郑。楚司马子反路过申国，申国大臣对楚国的政治提出批评："在内楚国已失去民心，在外楚国打破同盟、背弃诺言。楚国没有民众支持，难以击败晋国。"

郑国使臣姚句耳回国汇报军情。他说，楚军行动迅速，但纪律不佳、军容不整。他觉得楚国并没有多少信心能击败晋国。

晋军在五月时渡过了黄河，并且听说楚军已经临近。范文子想要撤退，假装避开楚军锋芒。他认为不可能在政治上联合所有的诸侯，这件事只能留待有能力的人去完成。他尽力让群臣好好地侍奉君主。但将军栾书不同意范文子的想法。

六月，晋楚两军在鄢陵对峙。范文子不欲战，郤至回想起先前晋国在楚国面前受到的羞辱，坚决请战。范文子认为，晋国从前的军事失利是因为对手均是强国，现在除了楚国，其他强国都已不是敌手。晋国的每一次军事行动都要确保胜利，以免将来厄运降临。

六月末，楚军列阵逼近晋军。范文子更加焦急，他的儿子范匄说："让我们拆掉营帐准备作战，一切都看天意。"范文子生气地驳斥道，小孩子根本不懂什么叫"天意"。栾书说，楚军不堪一击，如果晋军坚守营寨，三天之后，楚军必退。

晋军的统帅认为，楚军有六大弱点，而晋军应该不惜一切代价利用之：

- 楚国两位主事大臣不和；
- 楚王的亲兵战术陈旧；
- 郑国军队摆好了阵但不整齐；
- 楚国有南蛮军队，但不习步战阵法；
- 楚军毫不避讳列阵日期的吉凶；
- 楚军阵中非常喧闹，士兵们集合在一起时更加喧闹，但事实上他们都彼此观望，缺乏战斗意志。

总之，楚军缺乏追求精兵强将的意愿，这是违背天意的。晋国一定能打败楚国。

楚王登上巢车瞭望晋军的位置。子重派晋国叛臣伯州犁去给楚王做参谋。下面我们将直接引用《左传》的原文：

711

《左传·成公十六年》

[36] 译者注：括号内为作者对该文段背景的注释，下文同。

（楚军阵后）[36]

楚子登巢车以望晋军，子重使大宰伯州犁侍于王后。王曰："骋而左右，何也？"曰："召军吏也。""皆聚于中军矣。"曰："合谋也。""张幕矣。"曰："虔卜于先君也。""彻幕矣！"曰："将发命也。""甚嚣，且尘上矣。"曰："将塞井夷灶而为行也。""皆乘矣，左右执兵而下矣！"曰："听誓也。""战乎？"曰："未可知也。""乘而左右皆下矣。"曰："战祷也。"伯州犁以公卒告王。苗贲皇在晋侯之侧，亦以王卒告。皆曰："国士在，且厚，不可当也。"

712

（晋军阵后）

苗贲皇言于晋侯曰："楚之良，在其中军王族而已。请分良以击其左右，而三军萃于王卒，必大败之。"公筮之，史曰："吉。其卦遇'复'，曰：'南国蹙，射其元王，中厥目。'国蹙王伤，不败何待？"公从之。

713

（晋楚两军状况）

有淖于前，乃皆左右相违于淖。步毅御晋厉公，栾鍼为右；彭名御楚共王，潘党为右。石首御郑成公，唐苟为右。

714

（晋军战车队）

栾、范以其族夹公行。陷于淖。栾书将载晋侯。鍼曰："书，退！国有大任，焉得专之？且侵官，冒也；失官，慢也；离局，奸也。有三不罪焉，不可犯也。"乃掀公以出于淖。

715

（楚军阵后）

癸巳，潘尫之党与养由基蹲甲而射之，彻七札焉。以示王，曰："君有二臣如此，何忧于战？"王怒曰："大辱国。诘朝尔射，死艺。"

716

（晋军阵后）

吕锜梦射月，中之，退入于泥。占之，曰："姬姓，日也。异姓，月也，必楚王也。射而中之，退入于泥，亦必死矣。"

717

（交战中）

及战，射共王中目。王召养由基，与之两矢，使射吕锜，中项伏弢。以一矢复命。

718

（交战中）

郤至三遇楚子之卒，见楚子，必下，免胄而趋风。楚子使工尹襄问之以弓，曰："方事之殷也，有韎韦之跗注，君子也；识见不谷而趋，无乃伤乎？”郄至见客，免胄承命，曰：“君之外臣至从寡君之戎事，以君之灵，间蒙甲胄，不敢拜命。敢告不宁，君命之辱，为事之故，敢肃使者。”三肃使者而退。

7I9

（交战中）

晋韩厥[37]从郑伯，其御杜溷罗曰：“速从之！其御屡顾，不在马，可及也。”韩厥曰：“不可以再辱国君。”乃止。郄至从郑伯，其右茀翰胡曰：“谍辂之，余从之乘而俘以下。”郄至曰：“伤国君有刑。”亦止。石首[38]曰：“卫懿公唯不去其旗，是以败于荧。”乃内旌于弢中。唐苟[39]谓石首曰：“子在君侧，败者壹大。我不如子，子以君免，我请止。”乃死。

[37] 韩厥是郄至在晋国下军的上司。

[38] 石首是郑伯的车夫。

[39] 唐苟是郑伯战车上的弓箭手。

7I10

楚师薄于险，叔山冉谓养由基曰：“虽君有命，为国故，子必射。”乃射。再发，尽殪。叔山冉搏人以投，中车，折轼。晋师乃止。囚楚公子茷。

射箭在上文所述的战争中并非一项重要的军事技能，而是鄢陵之战的诅咒。借由晋国的一场占卜，射箭的诅咒被召唤而出，并且彰显出迷信的力量。

7I1段给了楚王一个有趣的鸟瞰视角，让他得以观察整个战局的状况。伯州犁本是晋国贵族，因故投奔楚国。因此他成了懂得晋军战术的专家。有趣的是，晋军中也有一位楚国叛臣苗贲皇，他也向晋公汇报楚军的情况。

在7I2段，我们看到了占卜的情节。在早期中国的历史中，没有人会在行事之前冒着风险不去探寻上天的旨意。这种占卜的方法以《易经》为基础，但前5世纪时的卦辞与当代的通行版本不同。上文中出现的卦象是“复”，意思是“恢复”（restoration）。晋国人得到这一卦象，暗指他们原先的附庸国郑国（现在是楚国盟友）将会重新归附。卜者对卦象的解读包含了一则预言，即“射中国君的眼睛”（“射其元王，中厥目”），但现存的经文中并没有这一条。这条卦辞对于鄢陵之战意义重大，它似乎认可了一项可能会被当成禁忌的行为：偷偷狙杀一名国君。

7I3段记录了晋楚两军战车队中的人员司职。一位士兵站在战车中间掌控缰绳，他的右边是弓箭手的位置，左边是持戈甲士的位置。这些司职都由贵族担任。在7I4段中，我们可以看到春秋战国时代的一个典型现象，即个人英雄主义压过了对团队纪律的服从。

7I5段令人费解。为什么当养由基展示了他的精湛射艺之后，楚王会大发脾气？（见卷七边注27），这种能“彻七札”的射艺在战争中是多么重要。）也许出于某种我们今天不得而知的原因，“癸巳”这一天在皇历中恰好不宜展示射箭这一类武艺。更为可能的是，楚王通过间谍得知了晋国的占卜内容，他非常担心自己就是那位被箭射中眼睛的受害者。所以楚王希望养由基不要做出任何与这项禁忌相似的行为（养由基拿一个贵族的头盔当箭靶演练，楚王认为这是对国家的巨大侮辱），以免他真遭不测。[40]

吕锜的梦让晋国人更加确信了上天的旨意（7I6

[40] 王世贞《湖广武举乡试录后序》：“若养叔之射也。蹲甲而蹦七札焉，楚子不悦，曰：‘诘朝而射，死艺。’然竟以其艺，出其主于险。”

段）。但即便受命于天，也并非没有代价：打破禁忌的人也会丧命。

所有关于弓箭的焦虑感都在楚王的眼睛被射中的那一刻烟消云散了。他立即命令养由基为他报一箭之仇。楚王可能是因为担心养由基不听话，之前把他的箭没收了，现在又给了他两支。不过，养由基只用一支箭就完成了复仇大任。

下面两段（7I8与7I9段）叙述了春秋战国时期繁杂的"骑士精神"（chivalry）。在7I8段里，楚王派一名使者赠给晋军将领郤至一张弓。当某人想聘请另外一人时，多用这种礼节。我们只能推测出，郤至对楚王的致敬让楚王猜想他或许曾是楚国的臣子。不过，郤至要么根本无意向楚王表示敬意，要么就是他改变了心意。

最终（7I10段），楚国被逼到绝境，养由基被别人劝说要为了楚国的命运而不惜违抗楚王的命令（不允许他射箭）。但即便他竭力战斗，楚国还是没能逃过溃败的命运。养由基是否在战斗中幸存，我们不得而知。也许他被杀掉了，也许他在兵败后自尽了。有一些文献认为养由基战死于鄢陵，这里限于篇幅就不赘述了。

《左传》中的《鄢陵之战》是中国早期散文的经典之作。尽管它关于这场战争的叙述极为生动，作者也从未把它当成野史传奇来对待。它也提醒中国读者，那个年代的一切事情都被认为是出于上天的意志，而凡人不过是上天的附庸。

射艺的精神向度

列子是战国时期的道家哲学家，我们今天看到的《列子》可能在晋朝（300年前后）才编辑成书。[41]

[41] 严捷、严北溟编著《列子译注》，香港：香港中华书局，1987年，第4页。

道教包罗万象，它将中国古代神话与周边少数民族的民间传说熔为一炉，它包含了中国古代的天文学、医学以及哲学思想。“道”这个字指“符合某种规则的行为方式”（an ordered way of doing things），事实上它还指代一切哲学思想。道教对德行也尤其关注，德行是每个人与生俱来的品质，但在后天发展中根据所行的“道”之不同，德行可能发扬光大也可能堕入尘埃。中国人希望在所有的传统学问（比如天文学、医学和哲学）上寻求一种平衡，他们认为通过正确的运气方式可以让身心统一，以达到平衡的状态。中华射艺实践中身心两个维度的基础，大部分是由这种思想构建而成的。

在其著作中，列子使用了很多他自己或别人练习射箭的故事来阐述他的玄学思想，尤其是如何运用“原气”。道教认为上天通过原气来掌控世间万物的运行。

7J1

《列子·说符篇》

列子学射中矣，请于关尹子。尹子曰：“子知子之所以中者乎？”对曰：“弗知也。”关尹子曰：“未可。”退而习之。三年，又以报关尹子。尹子曰：“子知子之所以中乎？”列子曰：“知之矣。”关尹子曰：“可矣，守而勿失也。非独射也，为国与身亦皆如之。故圣人不察存亡而察其所以然。”

7J1段是列子的学习总结，这一段也说明了如何分析个人的主观经验。该段阐述了一个重要的学射方法，即射手必须全然理解他射箭的每一个动作，包括站姿、握弓、拉弓、撒放以及射箭时的精神状态。当射手自觉已将其理解透彻，那么他也就明白了自己射中的原因（“之所以中”）。

相反，射手如果不知道自己为何能射中，则意味着他既不能分析出自己射偏的原因，也不明白为何要调整射姿。所以，后世的射书中提供了很多分析射箭姿势的方法。

如上文所述，靠自己的冥思苦想通常很难取得进步，往往还需要与志同道合的人分享“修道”的经验。

7K1

《列子·黄帝篇》，《庄子·田子方》

列御寇为伯昏无人射，引之盈贯，措杯水其肘上，发之，镝矢复沓，方矢复寓。当是时也，犹象人也。伯昏无人曰：“是射之射，非不射之射也。当与汝登高山，履危石，临百仞之渊，若能射乎？”于是无人遂登高山，履危石，临百仞之渊，背逡巡，足二分垂在外，揖御寇而进之。御寇伏地，汗流至踵。伯昏无人曰：“夫至人者，上窥青天，下潜黄泉，挥斥八极，神气不变。今汝怵然有恂目之志，尔于中也殆矣夫！”

7K1段的故事在《列子》和《庄子》两本书中都可以找到。

列子向他的朋友展示了教科书级别的射术。其一是将弓完全拉满，即“彀”（“引之盈贯”）。在这一状态下，从执弓手到双肩再到控弦手肘部呈一条水平线，以至于可以在手肘上放置一碗水。一个稳固的站姿需要略微弯曲膝盖以降低重心（图18）。

图18　满弓时的姿势

不幸的是，列子教科书级的射艺演示并没有让他的朋友折服。原因是列子还是在用“意识”射箭。“是射之射，非不射之射也。”字面意思是可以理解为：这是射礼用的射术（archery ritual），而非不带礼仪性质的射术（non-ritual archery）。这里的问题在于，当射手的意识被其他事物所牵绊（比如身临万丈深渊），他还能自如射箭吗？列子的答案很简单：不能。

这一问题在后世的射书中也会出现。尤其是在《大学》——曾子的一部著作——中有确切的阐释。[42]伯昏无人和《大学》想要表达的思想是，学生必须超越对技巧性知识的学习，学习的最终目的是要在意识和潜意识上都能彻底掌握这门技艺，从而克服本能（比如恐高），否则会导致失败。

[42]　译者注：作者这里指《大学》如下文句：“所谓修身在正其心者，身有所忿懥，则不得其正，有所恐惧，则不得其正，有所好乐，则不得其正，有所忧患，则不得其正。”

7L1

《列子·汤问篇》

甘蝇，古之善射者，彀弓而兽伏鸟下。弟子名飞卫，学射于甘蝇，而巧过其师。纪昌者，又学射于飞卫。飞卫曰："尔先学不瞬，而后可言射矣。"纪昌归，偃卧其妻之机下，以目承牵挺。二年之后，虽锥末倒眦，而不瞬也。以告飞卫。飞卫曰："未也，必学视而后可。视小如大，视微如著，而后告我。"昌以氂悬虱于牖，南面而望之。旬日之间，浸大也；三年之后，如车轮焉。以睹余物，皆丘山也。乃以燕角之弧、朔蓬之簳射之，贯虱之心，而悬不绝。以告飞卫，飞卫高蹈拊膺曰："汝得之矣！"

7L2

纪昌既尽卫之术，计天下之敌己者，一人而已，乃谋杀飞卫。相遇于野，二人交射，中路矢锋相触，而坠于地，而尘不扬。飞卫之矢先穷。纪昌遗一矢，既发，飞卫以棘刺之端扞之，而无差焉。于是二子泣而投弓，相拜于涂，请为父子，克臂以誓，不得告术于人。

这是另外一则非常著名的有关射箭的故事。我们无法得知故事中人是否真实存在。纪昌向飞卫学习的能力是"审"（集中注意力）。首先需要克服眨眼（当有东西逼近双目之时也要坚持不眨眼）。

接下来是练习瞄靶。中国的射书强调，射手必须时时刻刻把注意力放在箭靶上，不需要去看箭镞或者其他瞄准装置。中国的射手们相信，通过这种练习自己可以取得在日常生活中无法得到的能力（正如中国人相信气功一样）。

在7L2段中，我们又看到了另外一则讲述神射手之极端自负的案例。纪昌无法接受这个世界上还存在着比他更强的射手，即便这个射手是他自己的老师。幸运的是，这场因嫉妒而生的冲突最终结局圆满。

最后，下面这则出自《左传》的小故事证明了射艺的无所不能。

7M1

《左传·昭公二十八年》

昔贾大夫恶，取妻而美，三年不言不笑。御以如皋，射雉获之，其妻始笑而言。

这些故事都是有关中国射手的传说。通常，故事的核心是射手炫耀其射术，而后又遭到某种形式的打击。从正统的道德观念来看，这些射手都缺乏某种品质——对上位者服从、有礼仪规范，以及对技艺或精神的更高追求。

这些故事也似乎想要告诉射手们，射中箭靶并不是“善射”的唯一标准。真正的“善射”除了射箭技巧之外，还包含了别的东西，即应把基本的射术升华为对礼仪规范和忠孝品德的虔诚信仰。

挺質本軒皇
申威振遠方
機張驚雉維
玉彩耀星芒
高鳥行應盡
清猿坐見傷
蘇秦六百步
持此說韓王

挺质本轩皇，申威振远方。

机张惊雉雊，玉彩耀星芒。

高鸟行应尽，卿猿坐见伤。

苏秦六百步，持此说韩王。

——李峤（644—713）《弩》

◀《弩》 李鑫宝 书

卷八 弩和其他类型的弓

早在春秋时期之前，弩已在中国出现。文献记载和根据中国少数民族使用的简单弩机可推断出，将弓架在一个把手上，好使它能够不管射手的力量大小都能张满，这样的观念在周代之前就已出现。[1]

到了战国时期，敌国之间已经发现，残酷的战争让大量士兵死亡，战争已经不是贵族之间乘在战车上的那种彬彬有礼的较量。自周王朝分崩离析，诸侯对臣属的影响在整个春秋时期日趋衰微，士大夫们之间的血缘和礼制纽带日渐薄弱。各国的诸侯是春秋时期的主人公，现在他们要么身首异处，要么惨遭奴役。他们的臣子篡夺了政治和军事上的权力，在这些人的统治下，战争更加血腥。成千上万的士兵被征召，然后投入战场。他们中的许多人来自先前被征服或俘虏的部族或军队（其中有些属于华夏民族，有些则是化外夷狄）。到了战国时期，这些大臣反过来又逐渐被受过教育的技术官僚取代，后者中的某些人精于战争技术。[2]

正如我们在前几卷中所见，要精通射艺需要大量的学习和训练，很少有人能做到登峰造极。早期的中国战争是一门高度仪式化的艺术，充斥着各类有关射箭的忌讳。你不能朝着敌对方的贵族射箭（他可能与你有血

[1] 参看杨泓《中国古兵器论丛（增订本）》，第 206—209 页。

[2] 见 Cho-yun Hsu（许倬云），*Ancient China in Transition*, Stanford CA: Stanford University Press, 1965，第三章。

缘关系)，而为了给敌方严阵以待的士兵造成威慑，你需要在没受过教育的普通士兵而非贵族武士中挑出一些射箭高手，让他们乘在战车上射箭。如果射艺在这种形式的战争中扮演要角，那么以某种方式让弓能够更方便地被大众使用就是应有之义。

弩在战场上受到青睐并非单纯是因为它比弓箭优越，早期人们仍然认为弓箭在很多方面都要优于弩。弩的优势在于它能令一名相对孱弱的未受训新兵拉开一张大拉力弓(把弓身中段用脚固定，然后用两只手拉开)，这样很多士兵不用在技术和力量的训练上花费大量时间，就可以操控具有一定射程和硬度的弓了。

我们无法得知弩的早期演化过程，也不知道战国时期弩的发明者究竟是谁，但在中国的文学作品中这一问题是有答案的。事实上，有一部著作讲述了中华射艺的发展历史(以汉代人视角)，同时技术性地审视了弩的构造和使用方法，即我之前提及过的赵晔著的《吴越春秋》。这本野史被认为含有许多具有史料价值的故事。对于我们而言，它所提供的资料之充分足以让我们一窥中国人对其射箭文化的理解。明代学者顾煜在他的著作《射书》的第四卷里认为赵晔写下的历史故事就是史实。

顾煜在书中叙述其中的两则故事时遇到了困难。其中一则讲的是范蠡如何为越王征召一名精通剑术的女子，另外一则是关于他如何征召到一名叫陈音的弩手，并让其在军队里做教官。[3]我将像顾煜一样冒昧使用如下文本，并重新讲述这两则故事，因为无论是内容还是体例，它们都是早期射艺和武术教本中的典型。作为故事，它们也相当精彩。

[3] 令人惊奇的是，顾煜摘出这两则故事来注释他的射艺理论，而为了符合他的案例，他竟然改动了第一则故事的文辞。不过，这种将两类主题合而为一的做法并不是孤立的，明代俞大猷在《剑经》中也这么做了。

8A1

《吴越春秋·勾践阴谋外传》

越王又问相国范蠡曰："孤有报复之谋，水战则乘舟，陆行则乘舆。舆、舟之利，顿于兵弩。今子为寡人谋事，莫不谬者乎？"范蠡对曰："臣闻古之圣君莫不习战用兵，然行阵、队伍、军鼓之事，吉凶决在其工。今闻越有处女，出于南林，国人称善。愿王请之，立可见。"越王乃使使聘之，问以剑戟之术。

8A2

处女将北见于王，道逢一翁，自称曰袁公。问于处女："吾闻子善剑，愿一见之。"女曰："妾不敢有所隐，惟公试之。"于是袁公即拔箖箊竹，竹枝上枯槁，未折堕地，女即捷末。袁公操其本而刺处女。处女应即入之，三入，因举杖击袁公。袁公则飞上树，变为白猿。遂别去，见越王。

8A3

越王问曰："夫剑之道则如之何？"女曰："妾生深林之中，长于无人之野，无道不习，不达诸侯。窃好击之道，诵之不休。妾非受于人也，而忽自有之。"越王曰："其道如何？"女曰："其道甚微而易，其意甚幽而深。道有门户，亦有阴阳。开门闭户，阴衰阳兴。凡手战之道，内实精神，外示安仪，见之似好妇，夺之似惧虎，布形候气，与神俱往，杳之若日，偏如滕兔，追形逐影，光若佛仿，呼吸往来，不及法禁，纵横逆顺，直复不闻。斯道者，一人当百，百人当万。王欲试之，其验即见。”越王大悦，即加女号，号曰“越女”。乃命五校之队长、高才习之，以教军士。当此之时皆称越女之剑。

8A4

于是范蠡复进善射者陈音。音，楚人也。越王请音而问曰：“孤闻子善射，道何所生？”音曰：“臣楚之鄙人，尝步于射术，未能悉知其道。”越王曰：“然，愿子一二其辞。”音曰：“臣闻弩生于弓，弓生于弹，弹起古之孝子。”

8A5

越王曰：“孝子弹者奈何？”音曰：“古者人民朴质，饥食鸟兽，渴饮雾露，死则裹以白茅[4]，投于中野。孝子不忍见父母为禽兽所食，故作弹以守之，绝鸟兽之害。故古人歌曰：‘断竹属木，飞土逐肉。’遂令死者不犯鸟、狐之残也。

[4]《本草纲目·草部·白茅》集解：“茅根，生于楚地山谷田野，六月采根。”

8A6

“于是神农、黄帝弦木为弧，剡木为矢，弧矢之利，以威四方。黄帝之后，楚有弧父。弧父者，生于楚之荆山，生不见父母，为儿之时，习用弓矢，所射无脱。以其道传于羿，羿传逢蒙，逢蒙传于楚琴氏。

8A7

“琴氏以为弓矢不足以威天下。当是之时，诸侯相伐，兵刃交错，弓矢之威不能制服。琴氏乃横弓着臂，施机设郭，加之以力，然后诸侯可服。琴氏传大魏，大魏传楚三侯，所谓句亶、鄂、章，人号麋侯、翼侯、魏侯也。自楚之三侯传至灵王，自称之楚累世，盖以桃弓棘矢而备邻国也。自灵王之后，射道分流，百家能人用莫得其正。臣前人受之于楚，五世于臣矣。臣虽不明其道，惟王试之。”

8A8

越王曰：“弩之状何法焉？”陈音曰：“郭为方城，守臣子也；敖为人君，命所起也；牙为执法，守吏卒也；牛为中将，主内裹也；关为守御，检去止也；锜为侍从，听人主也；臂为道路，通所使也；弓为将军，主重负也；弦为军师，御战士也；矢为飞客，主教使也；金为穿敌，往不止也；卫为副使，正道里也；叉为受教，知可否也；翈为都尉，执左右也。敌为百死，不得骇也，鸟不及飞，兽不暇走，弩之所向，无不死也。臣之愚劣，道悉如此。”

8A9

越王曰：“愿闻正射之道。”音曰：“臣闻正射之道，道众而微。古之圣人射弩，未发而前名其所中。臣未能如古之圣人，请悉其要。夫射之道，身若戴板，头若激卵，左足纵，右足横，左手若附枝，右手若抱儿，举弩望敌，翕心咽烟，与气俱发，得其和平。神定思去，去止分离，右手发机，左手不知，一身异教，岂况雄雌？此正射持弩之道也。”

8A10

“愿闻望敌、仪表，投分[5]、飞矢之道。”音曰：“夫射之道，从分望敌，合以参连。[6]弩有斗石，矢有轻重，石取一两，[7]其数乃平，远近高下，求之铢分。道要在斯，无有遗言。”

8A11

越王曰：“善。尽子之道，愿子悉以教吾国人。”音曰：“道出于天，事在于人，人之所习，无有不神。”于是乃使陈音教士习射于北郊之外，三月，军士皆能用弓弩之巧。陈音死，越王伤之，葬于国西，号其葬所曰陈音山。

上文是一则非常精彩又清晰的作品。通过比较“越女”和陈音的故事，我们可以观察到中国武术的两个方面。女剑士的武艺是一种艺术，充满着精神向度和优雅体态。陈音的则是单纯的武技。赵晔的描写中存在着对男女或阴阳的比较，这或许就能解释出为何明朝人顾煜觉得自己无法单独征引其中的一个故事。

8A2段讲了一个有趣的传奇小故事。在中国的武术经典中，神力的权威介入武艺训练是一种传统。这一段中又出现了这个谜一般的角色：一只猿猴。

8A3段提醒了我们一个事实，即高超的武艺并非贵族的专利。这一事实隐晦地暗示出，春秋时代末期武力压倒谋略的现象是一次革命性变化。贵族不再被当作武士和为百姓作战的炮灰。这位年轻的越女承认她的武艺并非“道”，[8]后者是被贵族广泛认可并以之为荣的一种形式。越女的武艺从来没有和贵族所认可的“道”

[5] 这一段中的“投分”一词通常解释为射手对箭矢飞行过程的想象。不过，“投分”一词在字面上也可解释为弩机瞄准器（望山）上标记的表示视线高度的刻度，在赵晔的时代这种装置已是司空见惯了。这种解释应最有道理。

[6] 这里又提到了《周礼》中谜一般的“五射”。《周礼·地官·保氏》：“三曰五射。”郑注：“五射：白矢、参连、剡注、襄尺、井仪也。”这里我们得到一种更接近今天的对“参连”这一术语的技术性解释。

[7] 箭重与弓力之间的比例是1∶1920，即1克重的箭对应1.92公斤的弓力。

[8] 越女的“无道不习，不达诸侯”必定意味着她师无定法，而不是说她遍尝诸法。

兼容，而完全是面向民间大众的。

越女对武术的阐发包含了如下几对并列词语：松紧、软硬、动静，同时武术家还需隐匿自己的意图。武术的核心要义即如越女所言，对于射艺也同样适用。

在8A4段，陈音的开场白与越女说的是同一个意思，他也不是一名贵族。他的世界里全是武技，没有贵族之道。我们又一次看到了射艺与楚国之间的紧密联系，射艺的传承谱系同时也是楚文化的传承谱系。

8A5段谈到了远古时期的中国人的丧礼，人们把遗体用香草裹好，弃之荒野。诗句“断竹续竹，飞土逐肉”出自别的文献，[9]它或许是先民用弹弓狩猎时祈福的咒语。

[9] 译者注：出自先秦诗歌《弹歌》。

在8A7段，我们看到了据称是弩的发明者——琴氏。关于其人，我们没有更多资料。在《周礼》中，“氏”可指代拥有世袭身份的王室官员。如果楚国有同样的制度，那么“楚琴氏”这一名称很有可能来源于负责管理弦乐器的专业阶层。一位斫琴的工匠或许能发明出弩。

如果晚至战国时期琴氏一族都在为弩的改进尽力的话，他们很可能也发明出了弩机的青铜外壳（“郭”）。这种设计让弩机主要受力的发射机括能够得到一个外在的保护，使得弓弦带来的张力能够穿过保护壳的表面传递到木制的弩臂上，而不是靠固定扳机闩（“牛”）的插销来受力，毕竟它的表面积有限。

从这种技术改进上我们可以推断出，弩在当时首先拥有了足够的可刺穿简易盔甲的穿透力。弩手可以控制住弩弓的力道，也不用花很多精力在力量和技术的训练上。因为弩的出现，弓弩成了普通步兵称手的利器（图19—图21）。

改进后的弩，青铜外壳让弓弦张力通过一个表面积更大的部位传递到弩臂上，因此可承受拉力更大的弩弓。

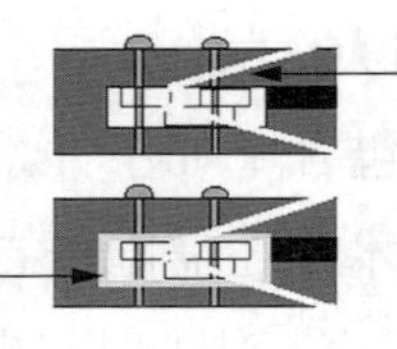

早期的弩，弓弦张力直接通过插销传递到木制弩臂上。

图19

图20 汉代设计有青铜外壳的弩机

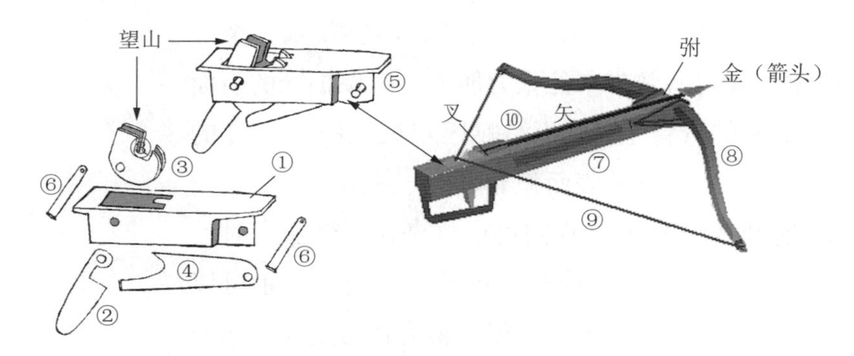

①郭 ②敖（悬刀） ③牙 ④牛 ⑤关 ⑥锜（键） ⑦臂 ⑧弓 ⑨弦 ⑩卫

图21 弩的各部分结构及名称（据茅元仪《武备志》）

8A7段的余下部分，我们看到了弓弩技法传承的过程。尽管它不是准确的史实，但仍道出了射艺从贵族的垄断中流入民间的事实（包括流传到了自称“鄙人”的陈音手中）。

8A8段对弩构造的解释是一种用弩各部件名称编成的口诀，用于士兵的训练。

如同任何在战场上作战的士兵，汉代的兵卒也需要对他们手中的兵器有相当程度的了解。汉代的弩可以像AK步枪那样被拆卸下来清洁和保养，毫无疑问每一名士兵都必须学会拆卸他们的武器并且重新组装，因此有一条口诀就很有必要了。

如我在卷七里所述，这种口诀读来就像是逐字逐句征引自军事教材，它的原始出处可能是某本已经散佚的汉代射书。

下一段（8A9段）里，越王想了解弩的发射技巧。把陈音描述的持弩方法拿来和卷七里两个版本“弓人之妻”中的射箭技法相比较，我们会发现其中的价值（表8.1）。

表8.1

文本来源	原文
刘向：《列女传》	左手如拒石，右手如附枝，右手发之，左手不知。
韩婴：《韩诗外传》	手若附枝，掌若握卵，四指如断短杖，右手发之，左手不知。此盖射之道。
赵晔：《吴越春秋》	左手若附枝，右手若抱儿……右手发机，左手不知，一身异教，岂况雄雌？

这三篇文本共同拥有两个元素。其一是令人费解的“附枝”，这显然是手或手臂上的一种动作或姿势。但它的意思是什么？按字面上理解，“附”的意思是“靠近”，“枝”指“树枝”。第一篇文本清楚地说明了这

是一个右手（控弦手）动作；第二篇文本没有说明是左手还是右手；而第三篇文本（谈用弩的姿势）说的是左手。

“附枝”这个词既然出现在三篇语境相似题材相同的文本中，那么汉代人肯定能够清楚了解它的意思。我们需要借用《诗经》来帮助理解这个词的含义。在《角弓》这首诗里，我们发现了如下的诗句：

8B1

《诗经·小雅·角弓》

毋教猱升木，如涂涂附。
君子有徽猷，小人与属。

这首诗的开头是“骍骍角弓，翩其反矣”，其主题说的是，如果不对大臣加以约束，他们就会与君王离心离德。汉代军事教材的读者应该都读过《诗经》，“附”和“枝”两个字的组合会在他们的脑海中产生这样的图像：猿猴紧紧抓在树枝上，就像泥土粘连在一起。后来的射书中出现的“三靠”这一概念与之类似（参看卷十四，14A5段）。

在刘向“晋弓工妻”的文本里，左手要像推拒一块巨石一样，右手要尽量靠拢耳朵。[10]在《韩诗外传》的文本中，我们必须添加一些信息，即是“右”手靠拢耳朵，而左掌要像握住鸡蛋一样去握住弓弝。在《吴越春秋》的记载中，左手要牢牢掌握着弩臂。弩臂不像现代步枪的枪托那样可以靠着脸颊，而只能放在身体前方，右手除了操作扳机外也没有其他作用，所以“附枝”的手从右手转到左手就是顺理成章的了。

[10] 译者注：这是作者对“附枝”一词的理解。

三篇文本共有的第二个概念是“右手发之(机),左手不知”(即左右手的动作是完全分开的)。

最后(8A10段),越王询问了何为射之道。《吴越春秋》的传统注本对“投分”这个词的解释不准确,注解者认为它是某种精神层面上的东西。[11]但根据上下文,只有按其字面含义去解释这一段才说得通。“投”的意思是“投掷”,“分”有“等分刻度”的意思。这个刻度可以在弩的望山上看到。

[11] 译者注:例如张觉注解“投分”为“投合志向”之意,见赵晔著,张觉译注《吴越春秋全译》,贵阳:贵州人民出版社,1993年,第376页。

一旦认可了“投分”的意思是“观测刻度”,这一段就很好理解了。箭的飞行轨迹与持弩时的角度(瞄准时望山刻度的位置、箭镞和标靶三点连成的一线决定了射角)、弩的拉力和弩箭的重量皆有关联。箭重和拉力要保持一个恒定比(1克箭重比1.92公斤拉力),箭重不足的时候需要给箭附着一些增加重量的东西。即使陈音在他的讲解中忽视了风的影响,他的内容仍不失为一个恰如其分的弩学教程。

8A11段陈音最后的一句话很有意思:“道出于天,事在于人,人之所习,无有不神。”他不认为他的弩技中有任何神秘成分,它就是一门需要人们去精通的技艺。想想这种取向与我们在卷七里所引的《列子》选段有多大的不同。

另一段有关汉代弩技的记录来自西晋学者华峤,他以研究汉代历史而知名,被晋武帝(265—290在位)指派为《后汉书》做注。其中的一条注解关乎刘宠,这个人是汉明帝(58—75在位)之子,被封为陈王。[12]刘宠精通弩射,曾在黄巾之乱中大放异彩。

[12] 译者注:原文如此,不确,刘宠是汉明帝刘庄的玄孙。见《后汉书·孝明八王列传》。

8C1

《华峤书》

宠射，其秘法以："天覆地载，三连为奇。"又："三微三小，三微为经，三小为纬。经纬相将，万乘之方，[然]要在机牙。"

刘宠的秘法借用了汉代丝织技术的术语。"经"和"纬"指纵横交错的丝线，"三微"是弩的望山上的刻度，"三小"应指弩箭箭镞附近的三个水平参照点。通过调整这些或纵或横的参照点，射手就能找到准星（catch），即弩的瞄点所在的位置。刘宠的这一条韵文口诀很有可能是从散佚的汉代射书中征引的。

北宋学者沈括（1031—1095）恰巧碰见过一张从墓里挖出来的弩机，这个弩机的望山上就刻有标尺。他也引述了刘宠的话。

8D1

《梦溪笔谈·器用》

予顷年在海州，[13]人家穿地得一弩机，其"望山"甚长，"望山"之侧为"小矩"，如尺之有分寸。原其意，以目注镞端，以望山之度拟之，准其高下，正用算家勾股法也。《太甲》[14]曰："往省括于度则释。"疑此乃度也。汉陈王宠善弩射，十发十中，中皆同处，其法以"天覆地载，参连为奇，三微三小。三微为经，三小为纬，要在机牙"。其言隐晦难晓。大意天覆地载，前后手势耳；[15]参连为奇，谓以度视镞，以镞视的，参连如衡，此正是勾股度高深之术也。三经三纬，则设之于堋，以志其高下左右耳。

[13] 今江苏省沭阳县。

[14] 即《尚书·太甲》上篇。

[15] 作者不同意沈括的解释。"天覆地载"或"天履地载"的含义是：在这广大世界中，没有什么事比瞄准之法更为特别了。

予尝设三经三纬，以镞注之发矢，亦十得七八。设度于机，定加密矣（图22）。

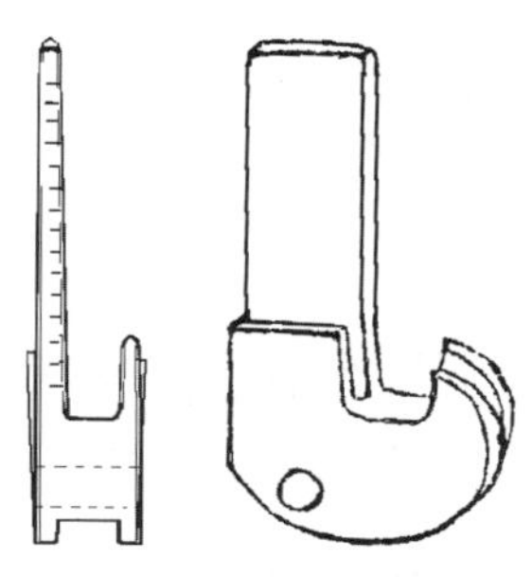

图22　望山及其测量刻度

在秦始皇兵马俑中，有一尊显然是弩手俑。尽管人俑本身保存完好，但他手中的弩却在漫长的岁月中腐化了。在图23中，我将一张新的弩放在了人俑手中。他的站姿就像陈音的描述那样：身端体直，双足以合适的角度站开，眼睛直盯箭靶，弩机垂下以准备好举到发射的位置。（“身若戴板，头若激卵，左足蹉，右足横……举弩望敌，翕心咽烟……”）

图23　西安秦兵马俑中的持弩俑复原图

考古学家王学理通过对兵马俑的综合研究，得出了一个重要观点：[16]整个始皇陵都从未出土过任何完整的弓，出土的只有弩臂、弩箭和弩机。

这让我产生一个想法，即早期弓与弩并非完全分开使用——弓可以单独使用，也可以装在一个弩臂上和弩机组合使用。早期的弩构造特别，它可以通过放松或收紧一条皮绳来轻易装载或拆卸掉附在弩臂上的弓。陈音说琴氏“横弓着臂，施机设郭，加之以力”，弩臂是弓的从动装置，它分担了射手拉弓的力量，好让射手能够专注于发射的技巧。

正如我们在卷六讨论到的，《周礼》中有战国时期工匠制弓、造箭和做靶的记载，其中也提到了弩。在这些文献中，弩与刚才提到的那种将弓放置在一个木臂上组合而成的装置并非一回事。弓在文献中被描述成有教育功能（比如针对贵族子弟），而弩仅有军事用途。

为何秦始皇陵的建造者要把弩臂和弩箭放置在陵墓中，而不放弓箭？弩臂、发射机括和弩箭是可以批量生产的物件，即便不能按小时出产，也可以以天计数。

[16] 王学理：《秦俑专题研究》，西安：三秦出版社，1994年，第312页。

而如我们在卷六里提到的，造一把弓要花三年。秦始皇兵马俑1号坑出土的5000尊兵马俑均排成战列队形，其中1087尊是弓弩手，同时出土有288件弩机。要为这么多弓弩手（这还只是一部分兵俑）制作弓，则需要能工巧匠耗费3261个人年（man-years）才能完成。这还没考虑到为了给秦始皇营建华丽的陵墓，国家是否能消耗掉如此大量的重要武器供始皇帝来生使用。

弩的改良使得一种新战术被创造出来：饱和射击（saturation fire）[17]。这种战术最早的也是最具戏剧性的实践记载可以从司马迁在《史记》里对马陵之战的描述中找到。

[17] 译者注："饱和射击"或"饱和攻击"（saturation fire）主要针对现代防空系统而言，即通过同时发射多批次、多方向、大数量的导弹，使对方的防御系统无法在短时间内实现有效的全面防御，从而实现攻击目的。

马陵之战（前341），司马迁《史记·孙子吴起列传》

8E1

后十三岁，魏与赵攻韩，韩告急于齐。齐使田忌将而往，直走大梁。魏将庞涓闻之，去韩而归，齐军既已过而西矣。孙子谓田忌曰："彼三晋之兵素悍勇而轻齐，齐号为怯，善战者因其势而利导之。兵法，百里而趣利者蹶上将，五十里而趣利者军半至。使齐军入魏地为十万灶，明日为五万灶，又明日为三万灶。"

8E2

庞涓行三日，大喜，曰："我固知齐军怯，入吾地三日，士卒亡者过半矣。"乃弃其步军，与其轻锐倍日并行逐之。孙子度其行，暮当至马陵。马陵道陕，而旁多阻隘，可伏兵，乃斫大树白而书之曰“庞涓死于此树之下”。于是令齐军善射者万弩，夹道而伏，期曰“暮见火举而俱发”。

8E3

庞涓果夜至斫木下，见白书，乃钻火烛之。读其书未毕，齐军万弩俱发，魏军大乱相失。庞涓自知智穷兵败，乃自刭，曰：“遂成竖子之名！”齐因乘胜尽破其军，虏魏太子申以归。孙膑以此名显天下，世传其兵法。

除了赞扬孙膑的兵法外，这篇文章也彰显了弩在战场上的作用。《战国策》里讲到苏秦被派遣去游说韩王加入某个盟约，[18]该事件大约发生在前330年。

图24 “超足而射”

8F1

《战国策·苏秦为楚合从说韩王》

苏秦为楚合从，说韩王曰：“韩北有巩、洛、成皋之固，西有宜阳、常阪之塞，东有宛、穰、洧水，南有陉山，地方千里，带甲数十万。天下之强弓劲弩，皆自韩出。谿子、少府、时力、距来，皆射六百步之外。韩卒超足而射，百发不暇止，远者达胸，近者掩心……”（图24）

汉代的军队要求他们的精锐能拉开12石的弩，换算成现代公制，大概是360公斤。[19]（1996年奥运会的举重纪录是475.5公斤）[20]

汉代以前，持弩作战的重装步兵就已经替代了乘战车的贵族神射手。流传于战国时期的诸多军事文献

[18]《史记·苏秦列传》亦载此事。

[19] 汉语大词典编辑委员会、汉语大词典编纂处编纂《汉语大词典》，上海：汉语大词典出版社，1990年，附录：中国历代衡制演变测算简表。

[20] 译者注：原文如此，不确。1996年亚特兰大奥运会男子特重量级举重冠军为俄罗斯选手 Andrey Chemerkin，他的总成绩是457.5公斤。而且，举重比赛的总成绩是选手抓举和挺举重量的总和，并非一次性举起杠铃的重量。

昭示了这一点。

要写一部关于中国弓弩的著作，材料是完全足够的。但这并非这本书的主题。这一卷里对弩的研究，其重点是展现弩是如何融入正徐徐展开的中华射艺历史当中的。战国以前，制弓技术已经能做出拉力足够大的弓，它射出的箭可以穿透七札厚的皮甲。但是，制弩的工艺还无法做出一个足以支撑这种大拉力弓的弩机。

接着就出现了一位发明家，他将整个弩的发射机括装在一个结实的青铜盒子中。从此，弩的威力不再受限，只需要用更加结实的金属部件做出发射机括。弩变得越来越有威力，到了战国末期，弩已经可以发射各种各样的箭矢。可以自动装箭的弩也已出现，随之而来的就是可以如机枪般连续发射的连弩。[21]

[21] 连弩的发明一般归功于东汉末年的诸葛亮。但战国末期的秦家嘴墓里却出土了一张连弩。见舒之梅、张绪球主编《楚文化奇谲浪漫的南方大国》(《中国地域文化大系》)，香港：香港商务印书馆，1997年，第109页，Ill. 138。

青铜不仅能被精密铸造成大型物件，同样也用于制作小型物件。弩就是伴随着如发条一般精密的机括而出现的。它可以发射箭镞涂毒的小型弩箭。另一方面，到了宋代，大型床弩能够发射出火药推进巨箭。

射艺图景的变革

弓弩的出现并不意味着中国弓箭的终结。但随着周朝中央王权的崩解和春秋时期旧诸侯的衰败，古代弓箭的魔力与射礼的地位均受到挑战。

然后，一个深刻影响了中华射艺理念发展的特殊因素出现了，从战国末期到西汉初年，不断扩张的“中央王国”(Middle Kingdom)发现它面临着新的威胁——一群骑在马背上的射手——匈奴人。

8G1

《史记·匈奴列传》

毋文书，以言语为约束。儿能骑羊，引弓射鸟鼠；少长则射狐兔，用为食。士力能弯弓，尽为甲骑。其俗，宽则随畜，因射猎禽兽为生业；急则人习战攻以侵伐，其天性也。

这些边疆部族有时会被中央王国利用，一些处于战争中的国家可能会与他们结盟去攻打邻国。[22]但中央王国从来都不想系统地采取游牧战术来武装自身。最后，赵武灵王（前325—前298在位）不顾他手下大臣的反对，穿上了游牧民族的服装，率领学会了骑射的部队打破了周边部族对赵国的压制。这是中国最早的弓骑兵。

[22] 司马迁《史记·匈奴列传》："周襄王欲伐郑，故娶戎狄女为后。与戎狄兵共伐郑。已而黜狄后……"

赵武灵王遇到的问题已超越了军事战术的范畴，它预示着列国的诸侯们卷入了一个更广泛的争论中，即应该如何应对改革的需求？受过教育的民众倾向于认同广受尊重的古传礼法，但赵武灵王做了改革者。是传统华夏民族的宽袍大袖，还是打败边疆部族和国内敌人的雄心壮志，他需要做出选择。为了让士兵们能够练习骑射，赵武灵王不得不让他们丢弃长摆的礼服，换上短款的上衣和游牧民族的马靴。为了让士卒们习惯这种服饰，赵武灵王首先要求他的大臣们换上新装。

关于胡服骑射的漫长争论被记载到了《战国策》里。[23]之所以说这场争论是一个"先兆"，是因为另外两份关于这一时期的文献几乎用同样的语言记载了争论的内容和主题，[24]只是稍做改动。这些文献清楚地说明了，这场保守派和改革者之间的激烈论争包含了治国理政和军事战术两方面的主题。

[23]《战国策·赵武灵王平昼闲居》。

[24] 这两份文献是《商君书》及《史记·商君列传》。见 Cho-yun Hsu（许倬云），*Ancient China in Transition*, p. 155。

一旦中国的贵族们下定决心，外族的战术和作战方式就会被中国军队彻底接受。军事战略家晁错生活在汉景帝（前157—前141在位）时代，他的建言中详细记录了当时采用的军事战术，以及弓弩在汉代战场上的地位。

8H1

《汉书·爰盎晁错传》

臣又闻用兵，临战合刃之急者三：一曰得地形；二曰卒服习；三曰器用利。兵法曰：丈五之沟，[25]渐车之水。山林积石，经川丘阜，草木所在，此步兵之地也，车骑二不当一。土山丘陵，曼衍相属，平原广野，此车骑之地，步兵十不当一。平陵相远，川谷居间，仰高临下，此弓弩之地也，短兵百不当一。两陈相近，平地浅草，可前可后，此长戟之地也，剑盾三不当一。萑苇竹萧，草木蒙茏，支叶茂接，此矛鋋之地也，长戟二不当一。[26]曲道相伏，险厄相薄，此剑盾之地也，弓弩三不当一。

[25] 1.5丈（一丈五尺）相当于346.5厘米（《中华大辞典》）。

[26] 戟有一边与握柄垂直的刃，因此可以朝侧面挥打；矛的刃部在握柄末端，用于向前突刺。

8H2

“士不选练，卒不服习。
起居不精，动静不集。
趋利弗及，避难不毕。
前击后解，【与】金鼓【之音】相失。”[27]
此不习勒卒之过也，百不当十。

[27] 译者注：作者认为此段本为古兵书中的四字韵文，括号内文字为后人添加。下同。

8H3

“兵不完利，与空手同。

甲不坚密，与袒裼同。

弩不【可以】及远，与短兵同。

射不能中，与亡矢同。

中不能入，与亡镞同。”

此将不省兵之过也，五不当一。故兵法曰：“器械不利，以其卒予敌也；卒不可用，以其将予敌也；将不知兵，以其主予敌也；君不择将，以其国予敌也。四者，兵之至要也。”

8H4

臣又闻小大异形，强弱异艺，险易异备。夫卑身以事强，小国之形也；合小以攻大，敌国之形也；以蛮夷攻蛮夷，中国之形也。今匈奴地形技艺与中国异。上下山阪，出入溪涧，中国之马弗与也；险道倾仄，且驰且射，中国之骑弗与也；风雨罢劳，饥渴不困，中国之人弗与也：此匈奴之长技也。

8H5

若夫平原易地，轻车突骑，则匈奴之众易挠乱也；劲弩长戟，射疏及远，则匈奴之弓弗能格也；坚甲利刃，长短相杂，游弩往来，什伍俱前，则匈奴之兵弗能当也；材官驺发，矢道同的，则匈奴之革笥木荐弗能支也；下马地斗，剑戟相接，去就相薄，则匈奴之足弗能给也。此中国之长技也。以此观之，匈奴之长技三，中国之长技五。

弋射

弹弓和弹丸在中国被认为是弓箭的雏形。在8A5段，我们已经读到这则故事，“孝子”为了赶跑来吃父母尸身的鸟兽，于是发明了弹弓。

弹弓的特别之处在于其弓弦上装置的盛放弹丸的袋子。我们能够从与弓的历史同样古老的“弹”字甲骨文[28]中识别出这一形象：

[28] 许进雄：《古文谐声字根》。

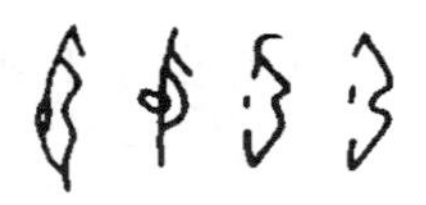

弹弓杀伤力相对较弱。在汉代，据说它是用上漆的竹子制成的，不需要附加牛角和牛筋。[29]弹弓被用作弋射。一般来讲，用弹弓弋射是为了将鸟打下来，并非为了将它们射杀。这些鸟被抓到后可能还会被驯养（图25）。

[29] 李尤《弹铭》：“昔之造弹……合竹为朴，漆饰以雾，不用筋角。”

图25　汉墓画像砖中展示的射手用弹弓骑马弋射的图像

弹弓的用法非常与众不同。早期图像显示，这种弹弓的弦通常是从中点靠下的位置拉开，在撒放之时，弓臂会朝侧面弹开以防止弹丸打到弓弝上。用弹弓弹射的技术被认为是所有射艺形式中最难的一种。

中国文学中有一个用金子给弹弓做弹丸的男子形象，这一形象被当作纨绔子弟的典型。有一则故事的主人公是韩嫣，他是一个很善于用弹弓的人，他用的就是金丸。他既精于此道，每日都可能会打飞十余颗金丸。国都长安的孩子们每当听说韩嫣要打弹弓，都争相跑去，希望能捡到他落下的金丸。[30]

[30]《西京杂记》："韩嫣好弹，常以金为丸，所失者日有十余。长安为之语曰：'苦饥寒，逐金丸。'京师儿童每闻嫣出弹，辄随之，望丸之所落，便拾取焉。"

弹弓直到20世纪都是中国人的玩具之一。北京直到20世纪60年代都还有人在制作传统的弹弓。这种弹弓设计复杂，弓体用竹片和牛角制成，但不用牛筋。与晚期的中国弓不同，这种弹弓的弓消很短，弦垫浅而宽。弦用一种特别的方式制作：一根弦围着弓消上的弓弭绕几圈，然后附上一对薄竹片，再把另一根弦扣在竹片上，让竹片置于弓弦的中点。这种效果类似于有轨电车的轨道：一对弓弦中间嵌入一个装置泥丸的小巧囊袋。

在1900年前后的北京，用弹弓抓鸽子是很盛行的活动，人们可以把鸽子抓起来养肥了吃。弹弓和弩一样流行，弓匠的学徒们靠制作弹弓来学习基本的木工活。

弋箭渔猎

弋箭（矰）渔猎是汉代墓葬石刻中经常出现的图像。

从图26中我们可以看到，猎手们带着一些装有线轴的篮子，从线轴中抽出的线就绑在他们所用的箭矢上。他们瞄准天上的飞鸟，大概除了靠高超的射术，还得凭运气才能射中。

根据我们对现存图像的研究，弋箭的用途是捕获飞禽（多数是大雁），而非射杀它们（图27—图28）。

图26　汉代墓葬石刻中的弋箭渔猎

图27　战国铜壶上的渔猎场景（嵌错攻战宴乐纹铜壶）

图28　曾侯乙墓出土衣箱上的弋射场景

图27展示了猎手套捕飞鸟的场景。在这张图的最左边，我们看到有一名猎手站在小船上，一些鸟受到他的惊吓从鸟群中飞出来。在图的右边，猎手们撒放了他们的弋箭。这幅图描绘的可能是一处王室享乐之所，这里有大量野味供贵族们狩猎玩乐，这种娱乐在战国时期和汉代都很流行。

而图28看起来像是在表现后羿的故事。他用弋箭从扶桑树上捕获了一只飞禽(参看卷二)，还有另外两只站在树上。在右边的树上站了两只怪兽。我们还可以在最右边看到一个头，属于人首蛇身的女娲或伏羲。

与弹弓不同，有关弋射的记录似乎在很早的时候就消失了。到了唐代，弋射变成了一个象征性的词，而非一个存在于现实中的活动。作为一种狩猎技术，弋射的效率很低，当农业社会已经足以畜养供消费的飞禽时，这种技术自然就不会保留下来。

射礼的终结与汉代的灭亡

在享国超过400年的汉朝，射礼偶尔还会举行，但已不是宫廷的常规活动。更重要的是，以弓箭为主角的射艺竞赛成了检验军事技能的良法，其礼仪性的一面就被逐渐忽略掉了。

811

《后汉书·儒林列传上·刘昆》

王莽世，教授弟子恒五百余人，每春秋飨射。常备列典仪，以素木瓠叶为俎豆，桑弧蒿矢以射菟首。每有行礼，县宰辄率吏属而观之。

这段引文说明了西汉末年民间的射礼已成为一种例外而非常规的活动。[31]取而代之的是以军事技能为核心的射艺考试。尽管大众已学会了如何使用弓弩，传统的射艺仍常常用来检验军事技能的高低。明代学者顾煜在他的《射书》中有如下记载：

[31] 译者注：作者此处若将后文一同引出，文义会更清楚。后文云："王莽以昆多聚徒众，私行大礼，有僭上心，乃系昆及家属于外黄狱。"说明王莽时代私自在民间行乡射礼已不可行。

8J1

《射书·历代武制考》

汉兴，六郡良家子选给羽林期门，以材力为官。各将多出焉。军功多用超等；大者封侯、卿、大夫，小者郎。汉制，常以九月都试，太守、都尉、令长、丞相，会都试，课殿最。东汉制，立秋日，自郊礼毕，始扬威武。武官肄兵，习射仪、斩牲之礼，名曰"貙刘"；[32]兵官皆肄孙吴兵法、六十四阵，名曰"乘之"。

[32]《后汉书·礼仪志》："立秋日，武官肄兵习战阵之仪，斩牲之礼，名曰'貙刘'。"

此处更证明了射艺水平与军衔等级相关。在下面征引的《汉书》段落中也有一例：

8K1

《汉书·百官公卿表》[33]

射声校尉。

掌待诏射声士。工射者也，冥冥中闻声，则中之。因以名也。须诏所命而射，故曰"待诏射也"。

佽飞射士。

宣帝时，募佽飞射士。佽飞，即佽非：古侵士。

[33] 译者注："射声校尉"下的释义出自颜师古的注，但与原文稍有出入。"佽飞射士"下的释义应是作者综合《汉书·宣帝纪》中"及应募佽飞射士"句的颜师古注和《康熙字典》"佽"的释义而写出的。

汉取为武官名；一说，佽：便利也。取勇力人以名官，言其便利轻疾若飞也。为少府属官，掌弋射。

要说汉代最伟大的射手，李广可算其一。很多故事都谈到了他的勇武。下面这一篇记录特别有名，它大约发生在前120年。

8L1

《汉书·李广苏建传》

后四岁，广以卫尉为将军，出雁门击匈奴。匈奴兵多，破广军，生得广。单于素闻广贤，令曰："得李广必生致之。"胡骑得广，广时伤，置两马间，络而盛之，卧行十余里，广阳死，睨其旁有一儿骑善马，暂腾而上胡儿马，因抱儿鞭马南驰数十里，得其余军。匈奴骑数百追之，广行取儿弓射杀追骑，以故得脱。

到了汉末，中央已无力管辖幅员辽阔的疆域。时而爆发的叛乱到这个时候已经愈发激烈。董卓（他也是一个出名的神射手，膂力过人，可以在飞驰的快马上左右开弓，曾令匈奴人都感到胆寒）镇压了黄巾军的暴乱，[34]但他转而想要通过控制已成傀儡的皇帝篡夺中国的统治权。同时，地方实权已落入贵族军阀之手，他们中的佼佼者就是曹操、刘备和孙权。他们三位逐渐成了"三国时代"——魏、蜀、吴——的主角，而汉代走向了终点。

[34]《后汉书·董卓列传》："卓膂力过人，双带两鞬，左右驰射，为羌胡所畏。"

在数个世纪中，射艺已从贵族的垄断中脱离出来，射艺的实践中已不再呈现弓箭的魔力。尽管如此，高超的射艺仍使人产生一种迷信般的敬畏感。下面一则吕布“辕门射戟”的故事，至今都还是一出流行的京剧剧目。

吕布是杀死董卓的战士，他将董卓的头绑在马鞍上策马离去。吕布以高超的骑术及射艺闻名，曾向董卓宣誓并成为其义子。但他最终因董卓偏执的行为而生出反心。之后，他与军阀刘备结盟，用他高超的射艺替刘备解围：

8M1

《后汉书·刘焉袁术吕布列传》

术遣将纪灵等步骑三万以攻备。备求救于布。诸将谓布曰：“将军常欲杀刘备，今可假手于术。”布曰：“不然。术若破备，则北连太山，吾为在术围中，不得不救也。”便率步骑千余，驰往赴之。灵等闻布至，皆敛兵而止。布屯沛城外，遣人招备，并请灵等与共飨饮。布谓灵曰：“玄德，布弟也，为诸君所困，故来救之。布性不喜合斗，但喜解斗耳。”乃令军候植戟于营门，布弯弓顾曰：“诸君观布射戟小支，中者，当各解兵；不中，可留决斗。”布即一发，正中戟支。灵等皆惊，言“将军天威也”。明日复欢会，然后各罢。

三国时代的军阀统治时间不长，不过三国的故事成了浪漫主义历史小说《三国演义》的主题，也给中国传统的戏曲提供了主要素材，这一短暂的历史时期竟成了现代中国人文化意识中的重要部分。

三国时代在280年告终，这一年东吴被晋所灭。名义上，晋朝在265年建立，420年灭亡。但晋朝在开国后不久即卷入诸侯为争权夺利而爆发的内战。雪上加霜的是，这一时期洪水泛滥，殃及整个长江中下游平原，导致数百万人流离失所。

随着中国被内乱削弱，周边部族抓住这一机会，愈发肆无忌惮地侵入中原腹地。在中国的北方，多达16个少数民族政权曾短暂地存在。晋室最终在317年南渡长江，中国的北方让位于鲜卑、匈奴、党项和室韦蒙古人。

北方的统治者先后建立了北魏、北齐等国家。这一时期虽然动荡，但仍有许多富于创造性的活动。佛教在此时取得了强势地位，北魏强迫被他们击败的敌人在国都洛阳和大同附近开凿大型石窟。

那时中国北方的统治者们都来自游牧民族，他们与匈奴人共有一套射箭文化。他们给汉人带来了更先进的驯马技术，同时还有改良过的马鞍与马镫，这些器物推动射艺进一步发展。[35]

[35] 林伯原：《中国古代体育史》，台北：五洲出版社，1996年，第5章。

据史书记载，北朝不仅强调骑射技术的重要性，还关注竞技射箭运动（胜利者将被赐予一杯“金卮”盛放的酒）。这些史书偶尔也会提及射礼，把它作为一种评判德行的方法。北魏南安王元桢也持这种观点，他说：“诗人可用诗词来表达自己的性情，射手可用射艺来彰显自己的德行。让那些不会写诗的人都来参加射礼吧。”[36]

[36] 译者注：该句作者转译自《魏书·景穆十二王列传》，但这句话并非元桢所说，而是孝文帝元宏送别元桢时的诏辞，全文为：“从祖南安，既之蕃任，将旷违千里，豫怀惘恋。然今者之集，虽曰分歧，实为曲宴，并可赋诗申意。射者可以观德，不能赋诗者，可听射也。当使武士弯弓，文人下笔。”

北魏以前的中国历史都很少记载女性射手。但受到周边部族的影响，北魏军中也有女性士兵。史书中提及了很多有名的女射手，其中之一是李雍容，她是地方豪强李波的女儿，史书中有一首这样的歌谣：

8N1

《魏书·李安世传》

李波[37]小妹字雍容，
褰裙逐马如卷蓬。
左射右射必叠双，
妇女尚如此，男子安可逢？

[37] 李波于493年去世。

根据北魏和南齐的史料记载，似乎南北朝的统治者们在某种程度上保留了射礼。

从战国末年射礼盛行之时（约前250），到汉之后的分裂时代，射艺在这八百多年的时间里有了诸多分化：

- 弩的工艺进步产生了：
  ——给骑兵装备的臂张弩，
  ——给步兵装备的蹶张弩（踏弩），
  ——靠很多人一起用力上弦，或靠畜力上弦，用于守城的床弩。
- 弹道技术的发展使得弩的威力能得到充分利用。
- 完全崭新的骑射技术出现了。精兵强将们从传统的车射中脱离出来，转而进入骑射领域。
- 射箭开始发展成一项运动，正规的射箭比赛开始出现。
- 汉代后期射礼已经很少举行，但在北魏和南齐似乎得到了某种程度的复兴。

中华射艺的第二个主要发展期始于隋唐，以上就是它的基本背景。

上弦的月伴
激前流云台
夜往带書莲
啸猿影枝樽

上弦明月半，激箭流星远。
落雁带书惊，啼猿映枝转。
——唐太宗(626—649在位)《咏弓诗》

卷九　中国的中世纪

所谓的“中国文化”实际上是一种经过数千年演变的文化传统，其本质虽并无太大变化，但其创建者却并非某一个单一民族或部落。

许多人认为在汉民族与四方相交通的千年以来，汉文化要么同化与之相遇的异族文化，要么接纳异文化。毫无疑问，受华夏文化圈的影响，不少外族失去了其原生文化乃至于民族认同，但其中的某些精髓却被汉人继承保留。在汉末及混乱的南北朝年间，印度传来的佛教深刻影响了中国文化，同时道教因为儒家思想的式微而或多或少得到了发展。

从赵武灵王“胡服骑射”的时代开始，中原王朝的统治者们对外敌出色的武备和战术都青眼有加。在220年汉室衰微之后，中国的北方就长期被游牧民族统治，这些部族在中国的西北边疆持续与汉人敌对。因此，这一时期的射箭技艺与骑射战术本质上属于这些马背上的民族，汉人制弩的技术与用弩的战术则作为补充。

581年，拓跋氏的贵族将军杨坚篡取北周政权并建立了一个新的王朝——隋。八年后，他设计灭亡了南方的陈国，中国自265年之后又一次重归统一。[1]这其间

[1] 译者注：原文如此，不确。严格来讲，280年晋灭吴后中国才又一次实现统一，265年西晋建立时尚属割据状态。

是中国大混乱的时代：反反复复的内战、不断进逼的游牧民族以及各种天灾使得大量人口从北方迁徙至南方。

隋朝只有两个皇帝，即杨坚和他的儿子杨广。这两位精力充沛又雄心壮志的皇帝把中国的行政和国防改头换面，他们翻修了长城、开凿了大运河、设计了可减少裙带关系并鼓励知识精英参政的官吏选拔制度。另一方面，他们都野心勃勃，试图在军事上有所建树。最终，这种野心在隋炀帝的百万大军兵败高句丽后灰飞烟灭。连绵的征战使大量农业人口被迫投入战事，于是生产凋敝，国力损耗。隋朝于618年灭亡。

但是，随着边患平定后粮食产量的空前激增，隋朝的37年间中国人口得以稳定增长。这其间货币和度量衡单位也再度统一。

一种发轫于北魏的官吏选拔制度在杨坚手里变得更加完善，这一制度又催生出不用于实战的新型射箭形式[2]，并一直延续到清朝末年。

在杨坚征服了南方的广阔地域后，他需要笼络知识精英为朝廷效力，这是他改良官吏选拔机制的初衷。但杨坚也不能把过多精力投给南方的发展，他仍然需要北方诸部族上层贵族的支持。最后，他开创了一种相对公正的考试制度来考核那些准备晋升的地方官吏。这就是科举制度的开端。[3]

这种考试制度远称不上完全公开民主，属于工商阶层的平民就被拒之门外，而现任九品以上的官员也不在科举考选的范围之内。[4]为了取得参加考试的资格，考生们必须争取到每年一次的乡级举荐名额（这种制度是从流行于汉代的察举制衍生而来的）。

关于隋代考试的内容并没有直接的官方记录，我

[2] 译者注：指武举中的射箭考试。

[3] 谢青、汤德用主编《中国考试制度史》，合肥：黄山书社，1995年，第60页。

[4] 译者注：《隋书·炀帝上》："其见任九品以上官者，不在举送之限。"

们必须依靠史传去获取有关信息。历史证据表明，在隋代以前射箭考试就已经成为官方军事考核体系中的组成部分，并在隋亡后得以延续。

隋代两位皇帝的武功霸业给农业社会造成了巨大压力，为了征服高句丽，国家养兵百万，大量的人力畜力被征调军用。最终，无数的武装暴动纷至沓来。衰弱的隋朝国祚被军阀李渊袭取，他起先立了一个傀儡皇帝，后来干脆自己称帝，定国号为“唐”。

唐代的第二个皇帝，即著名的李世民，是一位令人生畏的武士和出色的射手。李渊在世时，依据惯例作为皇子的李世民不能参与对外征战，他的主要职责是剪除那些反对新政权的异己。一次，在被王世充率领的叛军围困之际，李世民左右开弓，箭箭封喉。[5]

[5] 《旧唐书·太宗本纪》：“太宗以轻骑挑之，时众寡不敌，陷于重围，左右咸惧。太宗命左右先归，独留后殿……太宗几为所败，太宗左右射之，无不应弦而倒。”

在李家王朝的开端，中国不仅饱受饥荒的困扰，还面临着突厥部落的不断袭击。这使李世民特别重视军队的素质，他更亲自指派亲信监督射艺训练。

9A1

《旧唐书·太宗本纪》

丁未，引诸卫骑兵统将等习射于显德殿庭，谓将军已下曰：“自古突厥与中国，更有盛衰。若轩辕善用五兵，即能北逐獯鬻；周宣驱驰方、召，亦能致胜太原。至汉、晋之君，逮于隋代，不使兵士素习干戈，突厥来侵，莫能抗御，致遣中国生民涂炭于寇手。

9A2

“我今不使汝等穿池筑苑，造诸淫费，农民恣令逸乐，兵士唯习弓马，庶使汝斗战，亦望汝前无横敌。”于是每日引数百人于殿前教射，帝亲自临试，射中者随赏弓刀、布帛。

9A3

朝臣多有谏者，曰：“先王制法：有以兵刃至御所者刑之，所以防萌杜渐，备不虞也。今引裨卒之人，弯弧纵矢于轩陛之侧，陛下亲在其间，正恐祸出非意，非所以为社稷计也。”上不纳。自是后，士卒皆为精锐。

李世民是一位著名的军事家，他特别乐于参与到士兵的日常训练中，身居庙堂并未立即改变他原来的习惯。9A段告诉我们，李世民似乎设置了一种新的规矩。唐以降的绘画和文学作品均表明，皇帝会经常亲自参与到射艺的训练和竞赛中。

尽管唐代并不是一个特别重视儒家学说的朝代，但这种古老哲学仍然回响在射艺训练的场所——“显德殿庭”（“彰显道德的宫殿”）中。

与其父相比，唐代的第三个皇帝高宗就平庸多了。他既无作为又无影响力，不过他的妻子武则天女皇倒因为冷酷和多谋成了中国家喻户晓的历史人物。起初武则天以皇后的身份发号施令，接着她又利用她的两个儿子中宗和睿宗掌握权力，最后她干脆亲自称帝，成为中国历史上唯一一位拥有绝对统治权的女人。

中国的历史学家从来不认可女人当皇帝，所以关于武后的所有评价都是负面的，历史学家们总是强调她的武断专横与残暴统治。但她是否比那些男性皇帝们更加残暴专制呢？其实在中国历史上她的残忍并不算什么。

为了加强军队的素质和纪律，武则天创立了武举考试制度。在702年，她让兵部全面掌管武举考试的各项事宜。武举考试分为三个等级，各州县的能人都要参与其中，优胜者则可跻身帝国官僚之列。科举制度传承至今，也许还影响了英国的行政考核体系。近年来，中国政府重新将这样的官吏考试制度当作遴选人才的基本政策。

射艺是武举考试的基本科目：其中有平射科、骑射科与步射科之分。[6]平射考试中要放置一个长垛当作标靶。靶子被分成三个区域，应试者被要求站在离靶105步开外的地方，用一把1石[7]重的弓，配以6钱[8]重的箭。为了通过考试，他们必须射出至少30箭，且不能脱靶。如果射手射中了靶的中心区域，则计上等；若射中稍靠外的第二层区域，则计次等；若脱靶，则不及格。

骑射考试中，应试者必须纵马速射。靶子是一张5×3寸[9]大的鹿皮，他们在距靶105步远的距离用7斗[10]拉力的弓施射。如果所有的箭都中靶，则表示应试者通过考试，并登一等；如果部分射中，则登二等；若全部脱靶，则不及格。

步射考试中用稻草人做靶。全部射中靶子的人登一等；射中但姿势太差或者射不中的人则挂科。

之后，武举考试做了一些修改。考试改为每年春季举行，并被分为两部分：平射科考试被单独划出考核，其他两科则合并为一项“武举”。平射考试的内容与之前一致。

[6] 《新唐书·选举志上》。

[7] 约76公斤（《汉语大词典》附录，第18页）。

[8] 约24.8克（《汉语大词典》附录，第18页）。

[9] 约15×9厘米（《汉语大词典》附录，第5页）。

[10] 约42公斤（《汉语大词典》附录，第5页）。

王琚的《射经》

如你所见，在步射科的考试中，仅仅中靶是不够格的，应试者的射箭动作还必须“如法”（appropriate）。在唐代，怎样的射箭技巧才算得上“如法”？幸运的是，当时流传至今的一部射书详尽地回答了这个问题。

书的作者是一名武则天时代的人，名叫王琚。他少年失怙，但仍成长在上流社会的关照中。他是一名典型的中国神射手，行为不羁，但奢靡的生活方式和我行我素的个性让他四面树敌。其中一个敌人将他拖入了一起罪案当中，最后他被牵连处死。[11]他的著作《射经》在元末时被陶宗仪整理出版，[12]故得以留存至今。书名也许是基于晋代学者杜预的一部佚作。

[11] 译者注：事见《新唐书·王琚传》。

[12] 译者注：《射经》全文收入了陶宗仪编辑的《说郛》中。

《射经》这本书很明显是关于唐代武举的科场综合指南，它同时也是对儒家射礼基本准则的说明（见卷五，引文5B）。《射经》指出“正射”的内核正是儒家伦理。

9B1

《射经》

总诀

凡射，必中席而座，一膝正当垛，一膝横顺席。执弓必中，在把之中，且欲当其弦心也。以弓当左膝前，竖按席，稍吐下弰向前，微令上倾向右。

9B2

然后取箭，覆其手微拳，令指第三节齐平。以三指捻箭三分之一，加于弓亦三分之一，以左手头指授之，则转弓，令弦稍离身就箭，即以右手寻箭羽，下至阔（筈），以指头第二指节当阔（筈），约弦徐徐送之。

9B3

令众指差池如凤翮，使当于心，又令当阔（筈）[13]，羽向上，弓弦既离身，即易见箭之高下，取其中平直。

[13] 令五指张开如凤尾，平放于弓弦中央，并紧靠箭尾。

9B4

然后抬弓离席，目睨其的，按手颐下，引之令满。其持弓手与控指及左膊肘平如水准，令其肘可措杯水，故曰“端身如干，直臂如枝”。

9B5

直臂者，非初直也。架弦毕，便引之，比及满，使臂直也。引弓不得急，急则失威仪而不主皮；不得缓，缓则力难为而箭去迟。唯善者能之。

9B6

箭与弓弝齐为满，地平之中为盈贯，信美而术难成。要令大指知镞之至，然后发箭。故曰：“镞不上指必无中矢，指不知镞同于无目。”试之至也，或以目视镞，马上与暗中则乖，此为无术矣。故矢在弓右，视在左。

9B7

箭发则靡其弰，厌其肘，[14]仰其腕，目以注之，手以指之，心以趣之，其不中何为也？

[14] 手肘放低。

9B8

又曰："矢量其弓，弓量其力，无动容，无作色，和其文体，调其气息，一其心志"，谓之"楷式"。[15]知此五者为上德。故曰："莫患弓软，服当自远。若患力羸，恒当引之。"但力胜其弓则容貌和，发无不中。

[15] 即"正姿"。

9B9

故始学者，先学持满，须能制其弓，定其体，后乃射之。然其的必始终一丈[16]，百发百中，寸以加之，渐至于百步亦百发百中，乃为术成。或升其的于高山，或致其的于深谷，或曳之，或掷之，使其的纵横前却，所以射禽兽与敌也。

[16] 约3米(《汉语大词典》附录，第5页)。

9B10

凡弓恶右倾，箭恶其儒音，[17]颐恶傍引，[18]颈恶却垂，胸恶前凸，背恶后偃，皆射之骨髓疾也。故身前竦为"猛虎方腾"，额前临为"封兕[19]欲斗"，出弓弰为"怀中吐月"，平箭阔(筈)为"弦上悬衡"，此皆有威容之称也。

[17] 箭矢飞出疲软。

[18] 开弓时弓弦贴脸。

[19] "兕"是一种传说中或已灭绝了的独角牛，是一种类似牛的独角兽(译者注：一般认为"兕"指雌性犀牛)。在历史上它之所以与射艺联系起来，是因为"兕"也被用来称呼一种计分器，在射箭中拿来计算成绩。

9B11

又曰：凡控弦有二法。无名指叠小指，中指压大指，头指当弦直竖，中国法也。屈大指，以头指压勾指，此胡法也。此外皆不入术。胡法力少，利马上，汉法力多，利步用。然其持妙在头指间，世人皆以其指末龊弦，则致箭曲，又伤羽。但令指面随弦直竖，即脆而易中，其致远乃过常数十步，古人以为神而秘之。

9B12

胡法不使大指过头指，亦为妙尔。[20]其执弓欲使把前入扼，把后当四指本节，平其大指承镞，却其头指使不得，[21]则和美有声而俊快也。射之道备矣哉！

[20] 指执弓手的拇指在弓弝处不超过食指。

[21] 执弓的时候弓弝正面要恰好在执弓手手掌中，除拇指外其余指的指关节正好接触到弓弝的背面。将拇指平伸开以支撑箭镞，食指屈回以不妨碍出箭。

9B13

井仪：开弓形，所谓怀中吐月也。

襄尺：襄，平也。尺，曲尺也。平其肘，所谓肘上可置杯水也。

白矢：矢白镞至指也。所谓彀率也。

剡注：注，指也。以弓弰直指于前，以送矢，俗谓㔶搥也。[22]剡，锐也，弓弰也。靡其弰。

参连：矢行急疾而连参也。

[22] 这两个字的解释见9B17段。

9B14

步射总法

左肩与胯对垛之中，两脚先取四方立，后次转左脚大指垛中心。此为“丁字不成，八字不就”。左手开虎口微松下三指，转弝侧卧，则上弰可随矢直指的，下弰可抵胛骨下，此为“靡其弰”。右手摘弦，尽势翻手向后。要肩臂与腕一般平直。仰掌现掌纹，指不得开露，此为“压肘仰腕”。

9B15

《射经》曰：“无动容，无作色。按手颐下，引之令满，取其平直。”故曰：“端身如干，直臂如枝。”“箭发则靡其弰，压其肘，仰其腕。”“胸凸，背偃，皆是射之骨髓疾也。”

9B16

步射病色

（前汉将军李广校订）

“开弓勘手”谓前手太高，后手低不平。

“开弓提手”谓前手太低，后手高。

“开弓偃弰”谓身直头偃，前手腕仰。

“两摘”谓不发用力，及前、后分解不齐。

“斫弦”谓遣箭分弓，实握不转腕，微松手转弝。[23]

“脱弝”谓手太松，倒提手，弝不转。[24]

“鏺弰”“弰子大”二件谓下弰传右胛。[25]

“后手约”谓手侧不仰腕。[26]

“后手小”谓敛定手，不放平。[27]

“后手偃”“后手卷”二件谓遣箭不直硬腕，或𦟪弦扐手。[28]

9B17

前后手法

宋卢宗迈太尉[29]释撥，《说文》云：“侧手击物曰撥。”谓当后手如击物之状。令臂与肩一般平直也。捩，《说文》云：“捩，拗也。”谓以前手推弝，后手控弦，如用力拗捩之状。𦟪，《说文》云：“𦟪，断也。”谓当后手摘弦，如𦟪断之状。翻手向后，仰掌向上，令见掌纹是也。搉，《说文》云：“搉，掷也。”

[23] “斫弦”是指，撒放时手臂展开，但握弝太紧致使手腕不能翻转，轻轻放松执弓手，就可以使弓弝翻转。

[24] “脱弝”是指，执弓手握得太松，使得撒放时弓身倒转但弓弝不转。

[25] “鏺弰”和“弰子大”是指，压低弓弰，并转动右侧肩胛。

[26] “后手约”指控弦手手臂打平后，手腕未仰起。

[27] “后手小”指（开弓时）内收控弦手手臂，但没有保持手臂平直。

[28] “后手偃”和“后手卷”指撒放时未保持手腕平直绷紧，使得弓弦打到前臂。

[29] 卢宗迈是《射法》的作者，这本宋代的两卷本著作已经亡佚。

即当以前手点弰，如掷物之状。令上弰指的，下弰抵胛骨下也。

9B18

马射总法

势如追风，

目如流电，

满开弓，紧放箭，

目勿瞬视，

身勿倨坐，

不失其驰，

舍矢如破（图29）。

图29　王琚《射经》宋版插图（陈元靓《事林广记》）

9B19

持弓、审、固

左手垂下，微曲大指羁弝，第二、第三指着力把弓箭，余指斜笼，下弰指左脚面。曲右手当心，右臂贴肋，以大指、第二、第三指于节上，四指弦戛提弰，[30]箭笴与手齐。诀曰："持弓审固事须知，垛在南时面向西，右手捉弓左当弝，仍令箭笴两相齐。"

[30] 弯曲右手，摸到弓弦搭箭点处，右上臂贴住肋部，拇指、食指和中指置于节（译者注：可能是指关节也可能是弓弦上某个节点，意义不明）上，无名指靠住弓弦将弓弰提起（译者注：作者原文作"捉弰"，但有的版本写作"提弰"，按作者后文所引图31中射手的动作，判断应为"提弰"，此处相应的翻译也做了改动）。

9B20

举弝按弦

钦身微曲，注目视的，左手轮指坐腕弝，弓箭如"怀中吐月"之势。续以左手第二指与第三指靠心斜入拨弦，令弓上传着右肩，然后举左脚，三移步以取箭。诀曰："举弝拨弦横纵脚，轮指坐腕身微钦，上弰斜传右肩膊，左手持把横对心。"

9B21

抹羽取箭

以左手三指丞下紧抵前，四指、五指钩落上笼。先举右脚，随步合左手指弰抵弝。以二指按箭，三指斜擗箭，四指五指向里斜钩。左手二指三指羁干掣箭至镞。[31]诀曰："前当弓弝一般齐，三实二（两）虚势渐离，小指取箭羁紧镞，抹羽入弦无暂迟。"

[31] 左手中指向下紧紧钩住四支箭的前端，再用无名指和小指将箭从下方钩出握好。先抬起右脚，随之让左手手指朝向弓臂移动，使之能够握到弓弝。接着用食指按住箭，用中指将箭分开，再用无名指和小指向内把箭斜钩住。左手食指和中指圈住箭杆，把箭拉到箭镞的位置。

9B22

当心入笴

右手第二指紧控箭笴，大指捻笴当心，前手就后手，拶筈入弦。[32]左脚尖指垜，脚跟微出，右脚横，直鞋衩对垜，浅坐箭筈，左手第二第三指坐腕羇前，双眼斜觑的。诀曰："右手二指抱箭筈，两手相迎稳入弦，捻筈当心斜觑帖，紧膨两膝直如衡。"

[32] 根据我手头的版本，此处原文是"拶干入箭"或"拶余入箭"。但前者意义不明，后者也几乎没有什么意义。因此我在不改变原文措辞的基础上对此处做了修改。意思是"用双手把箭扣上弦"。

9B23

铺膊牵弦

轮指把弝，推出前手，微合上弰。两臂弦曲，不可展尽。左手轮指空，第二指过弓弝节上，大指面紧着弓弝，屈起指节，余指实屈铺下。前膊、左右脚膝着力，同入筈法。诀曰："前脚铺下若推山，右指弯弓紧扣弦，两臂稍曲不展尽，文牵须用缓投肩。"

9B24

钦身开弓

以右手第二指取箭，弝外觑帖，侧手引箭至镞。大指靠定血盆骨[33]为进。凡镞与弝齐为满，半弝之间为贯盈。贯盈信美虽有及者，大抵胁肋，脚膝着力，亦同入筈法。诀曰："开弓发矢要钦身，弝外分明认帖真，前肘上翻双膊耸，胁肋脚膝力须匀。"

[33] 血盆骨，即胸肋骨。

9B25

极力遣箭

竦腰出弰，上弰画地，下弰传右膊。后手仰腕，极力㨪[34]后肘过肋，猗后手向后。前手猛分虎口，着力向下急捺，转腕，以第四、第五指紧钩弓弝，两肩凸出，则箭力倍劲。诀曰：弰去犹如搦断

[34] 㨪，向后拉。

把，箭发应同捻折弦，前弰画鞋后靠脊，极力遣出犹自然。

9B26

卷弦入弰

后箭，两手相迎，直右手过胸，曲左手卷弦。以右第二指取箭。前脚跟着地，耸身稍敛，双眼觑帖。曲右手贴肘，以左手第二指，第三指侧手羁，直右手上臂，仰腕过胸取箭。诀曰："右指羁箭当胸出，左手卷弦弰靠肩，箭已中时无动手，抹羽入筈法如前。"

9B27

弓有六善

一者性体少[35]而劲，二者太和[36]而有力，三者久射力不屈，四者寒暑力一，五者弦声清实，六者张便正。凡弓性体少则易张而寿，但患其不劲。欲其劲者，妙在治筋。凡筋生长一尺，干则减半，以胶汤濡而极之，复长一尺，然后用，则筋力已尽，无复伸弛。又揉其材令仰，然后传角与筋。此两法所以为筋也。凡弓节短则和而虚（虚谓挽过吻则无力）。[37]节长则健而柱（柱谓挽过咳[38]则木强而不来。节谓把梢[39]。弹木长则柱，短则虚）。节得中则和而有力，仍弦声清实。凡弓初射，与天寒则劲强而难挽。射久，天暑则弱而不胜矢则胶之，为病也。凡胶欲薄而筋力尽，强弱任筋而不任胶，此所以射久力不屈，寒暑力一也。弓所以为正者，材也。相材之法视其理，其理不因矫揉而直中绳，则

[35] 尺寸小。

[36] 做工非常精良。

[37] 译者注：括号内文字为《射经》原文的注，作者将其特别标示出来。下同。

[38] 疑为"吻"的误写。

[39] 应该是"弝弰"。

张而不跛，此弓人之所当知也。

因为多重原因，以上文本的解读对于笔者而言是不小的挑战。

首先，在9B17引文中引用了一位宋代作者的话，说明《射经》这一作品并非纯粹的唐代文本。事实上，射箭技术通过口耳相传来代代传承是很普遍的，直到元代的陶宗仪让这些文本见诸文字。

其次，另外一点也很清楚，即《射经》并非只描述了一个单一的射箭动作流程，而是包括多个项目，涵盖了跪射、步射及骑射等多项射箭技法。在该作品中有部分文字可能是对这些射箭技法的补充说明。

最后，如果不懂中国射箭的基本技术，翻译这些古老的文本就会遇上真正的难题，但不能研究这些文本又怎么可能学习中国的射箭技术呢？

而且从语言的角度来说，这个文本也包括了诸多体例不一的版本。中国文言文的原始文本是没有标点的，《射经》这一文本至少有两种版本，它们采用了完全不同的标点方式。结果有很多文句即便文字内容相同，其文义可能会大相径庭。

极有可能只有文中那些写成韵文的口诀是唐代流传下来的，而其余的阐释和注解则由后人添加。

我会在以下段落中试着对《射经》的文本进行评述，争取涵盖所有文中涉及的动作及流程。尝试将文中描述的动作呈现出来，也就能更容易判断出《射经》最初的作者究竟想表达什么意思。

9B1至9B12引文描述的是射箭的“总诀”，即最基本的射箭技法。它被分为两种项目：步射和骑射。“总诀”描述了一位跪坐在地垫上的射手，这可能是一种训练方法，旨在让射手可以专心于执弓矢的姿势而不用担心他的步态，也不用操心如何去控制他的战马。因此这一部分文字可以被我们视作对上肢技巧的描述，它进一步即发展成为专门的步射和骑射的技术。

通过这段文本读者可能会形成如下印象，即所有正统的中国射箭方式都是用左手持弓右手控弦。所以如果你是一位计划学习射箭的左撇子，你还是需要让左手成为“执弓手”（bow hand），右手成为“控弦手”（draw-hand）。

9B2和9B3段描述了搭箭的过程。但这个过程是从什么地方开始的？至少有如下三种可能性：

- 在这一过程的一开始箭就已经在射手的右手中；
- 在这一过程的一开始箭别在射手的腰带上或放在射手右手边的箭囊里；
- 在这一过程的一开始有一支或多支箭握在持弓的左手中。

我认为以上所有的情况都已藏在《射经》的文本之中，根据其语境以及整个射箭的流程，我们可以进行专业的猜想。

在9B2段中有“以左手头指授之”句。“授”有“给出”的意思，但根据上下文，我认为这里“授”是“受”的误写，因为此处有必要理解成“接受”而非“给出”。这句话就可以理解为把箭朝着左手的方向搭放，然后用这只执弓手的食指让箭保持稳定。

对于熟悉西式光弓动作的读者来说，有必要知道中国的握弓姿势是让箭搭在位于弓外侧的大拇指上，而不是像西式姿势那样把箭搭在弓内侧的食指关节之上。

9B4段很大程度上重复了卷七7B4段所引的《晋弓工妻》故事中的建议。好的射姿本质上是要求手臂保持平直。9B5段指出射姿需要不失威仪，这反映出唐代考试中的要求：射箭并不仅是为了中靶，还要求射姿准确。

9B6段的末尾点明了把箭搭在弓外侧的原因。弓前的食指扮演着保持箭矢稳定的重要角色，同时拇指需要感知箭镞的位置以判断弓是否拉满。

读一读9B7段，读者一定很难理解这里描述的动作。事实上，我们只能通过阅读一些源于宋代的文献内容才可能看出作者到底想表达什么。下面的描述取自于11世纪的一部百科全书[40]，这本书里包含了一部分王琚《射经》里的内容（图30）。

[40]（宋）陈元靓：《事林广记》。

图30　王琚《射经》元刊本插图（陈元靓《事林广记》）

作为整个射箭流程的一部分，在这个环节中左臂朝向箭靶展开，右臂则反向展开，以让弓（此时弓上不再有搭好的箭）指向箭靶。这个动作旨在让射手将注意力集中在箭靶上，并给他一些时间感觉拉弓前执弓手臂自然伸展的正确状态。拉弓手臂此时也处于一个恰当的伸展状态，使得射手可以从腰带或箭囊中取出下一支要射的箭。这个撒放后自然的停留状态使两个手臂伸展开来，并将手指放松使得弓可以自然下垂至水平（见9B14“靡其弰”）。

因此这一动作有三重目的：第一，准备下一轮射箭；第二，撒放后射姿的保持；第三，便于取出下一支箭施射。

9B8和9B9段涵盖了中华射艺的基本训练方法。在一个循序渐进的训练中，射手先使用拉力较轻的弓射击距离较近的靶，以增强射箭的自信心，然后再进阶到用更重的弓射距离更远的标的。终极距离是“百步”，但不能按照字面理解就是“一百步”，就像我们在卷七7H2段中看到的那样，传统上对高超射艺的描述都会用到“百步”这个词。

训练的终极目标是让射手对他的射艺拥有绝对的信心，如同《列子》故事中所言，射手即便在悬崖峭壁边射箭都不会受到任何干扰。

9B10段集中说明了射箭的美学意义。不好的射姿会被人厌恶，而正确的射姿会被赋予梦幻般的别名。

控弦的姿势是中华射艺里最重要的部分。在9B11段里可以看到，唐人只认识到两种控弦的手势，而地中海式控弦法并没有出现在这里。蒙古式控弦法在其后的时代里分为两种方式：一种是只用食指支撑拇指勾弦，另一种是同时用食指和中指支撑拇指勾弦。后一种方法是用于辅助拉开大磅数的弓。值得注意的是关于拧弦的评论。这个动作在中华射艺中一般不被接受，但在韩国和蒙古的传统射艺里却是被人看重的姿势。

9B13段对《周礼》中提到的“五射”进行了解说（见卷四）。但我认为这段解说有些离题，我会在本卷稍后的地方回到这个话题。目前我可以充分认定王琚对这些术语的解释不妥。

步射

第一部分“总诀”给不同的射箭方式提供了一个技术基础。我们并不知道从跪姿开始是不是所有射箭流程的通则，但这个姿势在秦始皇陵兵马俑中可以见到，也存在于日本的弓道（kyudo）中。

王琚在“总决”里首先介绍了跪姿，可能是因为这种姿势在通常的射箭训练中是射手要学习的第一个动作，至于射手应该如何协调上下肢则是之后的内容（根据清代王征南的射法，后一种技巧在射箭和中国拳术中同等重要）[41]。

[41]（清）黄百家：《征南射法》。

在9B14段中，可以看到在王琚的时代，双脚站立的夹角要求几乎成九十度。首先，弓要翻转成水平状态，并指向箭靶（前文提到的宋代类书《事林广记》中的注解直接涉及这一内容），把弓放平之后才开始拉弓的动作，但在这一段中，作者对拉弓动作仅有一个概述，关于如何搭箭则没有进一步的解释。

9B15段引用了儒家的一部“射经”（参考卷五5B1

段)，强调了端正准确射姿的重要性。清代满族学者叶赫那拉·常钧在《射的》一书中有如下描述：

9C1

“余尝三复乎射以观德之说。知射之道果在德不在力也。何也？德：其体也；力，其用也。”

王琚对端正射姿的强调反映在他对站姿的特别关注中。站姿呈现了“德”。这也是为什么仅仅中靶并不代表应试者自动通过了考试，这只能表现出射手是没有德行的武夫。

9B16段托名伟大的汉代射手李广将军，其内容包括了对射箭中几类典型错误的分析。这段文本出现在很多引用王琚《射经》的后出文献当中，这些引用多有舛误。这个版本摘自宋代类书《事林广记》，内容相对恰切。

9B17段显然是一则元代或明代对宋代文本的注释，它旨在解释另外一类技术术语。本段引文中有些汉字在普通的字典里查不到，它们可能是某种方言字，在通常的书写语言中不会出现。

9B18段用简洁的韵文道出了骑射的精要。显然，骑射是一种无法在书中用详细的文字介绍方式去教授的技能。

9B19至9B26段描述了一连串不同的动作，但并没有形成一套标准的技法。它们被单独拿出来解释可能是因为有些动作很“特殊”，并非因为它们是标准的射箭技法。

第一个动作是“持弓、审、固”（9B19段），这是一项预备动作，旨在让射手凝神静气，准备接下去的一系列动作。两幅清代的图像展示了这一动作，一幅里的射手手持箭矢，而另一幅里则没有（图31）。

图31　清代射书中“持弓、审、固”图像
（左图出自《武经摘要》，右图出自《绣像科场射法指南车》）

关于第二个动作“举弝按弦”（9B20段），我不清楚为何要用左手（执弓手）去拉弦（在本段的口诀中也没有说明应该用哪只手拉弦）。我猜想这段中的“左手”其实是“右手”的误写（在中国古文献中印刷错误和快速抄写经常会造成这种错误）。另外，本段中“三移步”的意思也不甚明确。口诀（该文本构成了对前文的注释）中也没有提到要移动步伐。

为了理解这一段落我提出了一个猜想，即它描述的是预备正确站姿的动作。首先，弓要水平朝向箭靶，此时双脚不动。然后脚要做三个动作（不是移动三步）：先让右脚与箭靶呈直角站立，然后移动左脚让其与右脚保持一个合适的距离，最后让左脚尖正对箭靶站立。这与口诀中的“横纵脚”相对应（如图32所示）。

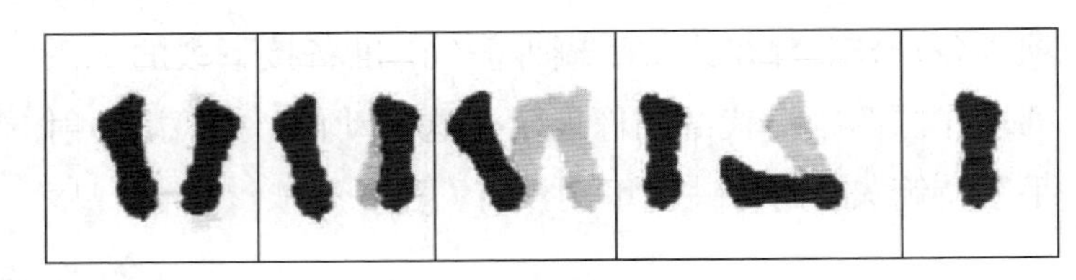

图32

“抹羽取箭”这一段落描述的是搭箭的方法，射手在射箭时先要从执弓手里握住的四支箭中取出一支搭好。口诀中对动作技术的描写并没有正文那么复杂，可能仅仅是描述搭箭这一单独动作。

“当心入筈”(9B22段)包括了搭箭和预备开弓两个动作。在中国传统射艺中箭矢采用“自发搭箭”(self-nocked)[42]的方式，即没有西方现代弓搭箭中“夹扣”(clip-on)的动作。中国传统弓搭箭时箭朝弦的方向平滑过去，很大程度上不用和弦卡得太紧。所以在搭箭时左右手都要使用上，然后用控弦手的中指[43]向箭尾施加压力，保持它在整个拉弓的过程中位置不动。这就是为什么口诀中说：“右手二指抱箭筈。”

“铺膊牵弦”描述了刚开始拉弓的动作。在这一段中，拉弓的第一个动作在手臂还没有完全展开之前就停止了，说明作者把拉弓动作的完成看作另一个独立的过程，尽管他没有提到拉弓中还有这样一个停顿状态。

“钦身开弓”是拉弓的第二个步骤。控弦手的食指保持箭矢位置的固定，双眼从弓弝的外侧瞄向箭靶(记住中华射艺中箭是搭在弓弝外侧的)。前一个动作停止时，控弦手已拉至与胸齐平的位置，执弓手的手臂还是弯曲的。当箭镞拉到与弓弝对齐的时候即是满弓状态，这是所有中国射书中不断重复的金科玉律。箭镞触碰执弓手中指前端的那一刻就意味着撒放时间到了。

[42] 译者注：意思是通过手指使力让箭扣紧，而不是靠箭尾夹紧弓弦。

[43] 译者注：原文为 middle finger(中指)，但根据上下文此处应该是“食指”(index finger)而非“中指”，疑是作者误写。

满弓时的姿势要求射手身体稍微前倾，以便于瞄准，如出自清代《绣像科场射法指南车》中的二图所示（图33）。

图33 《绣像科场射法指南车》插图

“极力遣箭”（9B25段）明显是一个“特殊动作”，因为这种技法与《射经》文本的其他部分相矛盾。它其实是另外一种开弓方式：不是从高位向下开弓，而是从低位朝上开弓。这种开弓方法迅速且有力，可能是骑射的开弓法，而非科场考试中那种缓慢优雅的姿势。

“卷弦入弰”（9B26段）指的是射完第一支箭后取第二支箭再搭上的动作，整个射箭流程即从头开始。至于箭是从箭囊中取出还是从夹在执弓手中的剩余三支箭中取出，文本并未给出清晰的说明。

王琚对射箭技法的描述就此结束。文本的最后提及了什么是品质最好的弓，可与《周礼》中“弓人为弓”相呼应（参看卷六）。

五射

现在我们回到9B13段，有必要去理解困扰中国学者数个世纪的“五射”之谜。

“五射”之谜始于《周礼》，其中一段文字描写了宫廷命官“保氏”的职责：

9D1

保氏掌谏王恶，而养国子以道。乃教之六艺：一曰五礼，二曰六乐，三曰五射，四曰五驭，五曰六书，六曰九数。

中国的学者喜欢把数字和具体事物联系在一起，但难以置信的是，这样的文句竟然没有任何注释。关于这些术语的准确解释可能在《周礼》成书的战国时代至新注疏出现的东汉之间就已亡佚了。

在100年左右，东汉学者郑众试着对这些术语进行注解。他关于“五射”的注解被广泛征引，他列出了五个令人费解的词语来解释“五射”，[44]这些词语正是王琚在9B13段中试图进一步解释的。这些二字词并不容易理解，在几个世纪中都令中国学者感到困惑。

[44] “五射：白矢、参连、剡注、襄尺、井仪也。”

此后，唐代学者贾公彦丰富了郑众对这些术语的解释：

9E1

疏：“云白矢者，矢在侯而贯侯过，见其镞白。云参连者，前放一矢，后三矢连续而去也。云剡注者，谓羽头高镞低而去，剡剡然。云襄尺者，臣与君射，不与君并立，襄（让）君一尺而退。云井仪者，四矢贯侯，如井之容仪也。”

关于这些高深莫测的术语，古代的学者们尝试做出了一连串的注解，王琚的解释只是其中之一。是否王琚或者汉唐学者的注解就接近真相呢？贾公彦的解释真的描述出了战国时期年轻贵族们所习射箭课程的内容吗？尽管我们离《周礼》所描述的时代已超过两千年，我还是难以接受离那个时代更近的贾公彦的观点。他的解释中有一条关于射箭中的错误动作（剡注）。如果这是射箭课程的内容之一，为何在这里被特别强调？后出的射书中也对错误动作有所讨论，但都没有特别去关注某一种错误而不论其他。根据贾公彦的注释，“五射”中其余几项看上去也是随机选取的射箭动作。

我们回想一下这些注释出现的时间。《周礼》是先秦时代的文本，但被当时的人公认是更早时代的作品。它虽得以流传后世，但其注解失传。知道其注解的人或已被写下的注解都难逃秦始皇焚书坑儒。所以我们大概再也不能准确得知“五射”的确切含义了。

“保氏”一段并不是《周礼》中唯一提及“五射”的地方。在一段描述乡大夫职责的文字中，有如下内容：

9F1

退而以乡射之礼，五物询众庶。一曰：和，二曰：容，三曰：主皮，[45]四曰：和容（颂），五曰：兴舞。

在卷四4E1段中，我们得知“物”是一种给射手站立位置提供基准点的地面标志。9F1段中所罗列的是五

[45] 练习中的射箭技术更精准实战中就更容易打中目标（译者注：作者此处把“主皮”解释为“精准”[accuracy]。“主皮”的原意是“射中皮做的箭靶”）。

种与乡射礼文本相符的射箭标准。令人好奇的是，文本的内容似乎反映了普通民众参与射艺的状况，与我们先前认为射礼仅限于贵族参加的印象不同。一种可能的解释是，参加射礼的是地方贵族，接受了一些基本的礼仪训练，但还没有参加或通过允许他们升入“国”一级贵族阶层的礼仪考试。所以他们仍被当作“众庶”。所以“五射”也有可能和“五物”一样是乡大夫职责的一部分。我比较倾向于这一种解释。

但我们要如何理解郑众在100年左右提出的解释？我想郑众依据的是他自己的经验，或询问了他的同僚们，然后想到了另外一种形式的“五射”，比如说他那个时代军事训练中的项目。

我们知道在汉代中叶，礼射已经是十分少见的活动（参看卷八8I1段）。而在军队中，除了弓骑兵之外，主要装备的射远兵器是弩。所以回过头再审视一下卷八所提到的弩射文献是有助益的。事实上，郑众罗列的“五射”术语中，“参连”一条已经在卷八里得到解释。[46]“参连”并不是排成一列的三支箭，而是连成一线的三个用于瞄准的准星：望山（弩的瞄准器）、箭镞和标靶。但其他四项术语就字面意思而言，看起来与射远兵器的关系不大。在我们掌握了其他证据去证明这些术语与弩射技术的确有所关联之前，不要轻易下结论。

[46] 参看卷八 8A10，8D1。

我们现在来依次看一看郑众提出的这五个术语。

参连

通过卷八关于弩射瞄准方法的解释，这个术语已经被破译。“参”与数字“三”意思相同，“连”则有“连接”之意。这就是一套完整的瞄准系统：后端准星（望山)、前端准星(箭镞)与标靶连成一线。

剡注

“剡”的意思是“使某物尖锐”和“削刮某物”——特别是指像矛和箭这类兵器。[47]“注”的意思是“灌入”或“瞄准”。[48]这个术语字面上的可能解释是“通过箭镞来瞄准”,这也确实是弩手瞄准的方法。

[47] 《史记·平原君虞卿列传》:“民困兵尽,或剡木为矛矢……”

[48] 《左传·襄公二十三年》:“乐射之,不中。又注,则乘槐本而覆。”

白矢

“白”就是“白色”,“矢”即“箭矢”。在射远兵器的操练中,白矢很显然会用在弩射练习里充当“参照箭”(sighting arrow)。这支箭是最先射出的,弩手很容易看清这支箭的落点,然后根据其位置考虑风向和箭重对准度的影响,以对随后的发射动作进行调整。

襄尺

“襄”的原始含义是“在犁好的田里撒种”,[49]之后衍生出很多意义,比如“垂直的”或“举起”。[50]“尺”就是“尺子”或“测量”。符合这层意思的解释是,“襄尺”即“准星上的瞄准刻度”(elevation scale)。

[49] 译者注:《说文解字》称:“解衣而耕谓之襄。”

[50] 《汉书·邹阳传》:“臣闻,交龙襄首奋翼。”

井仪

“井”即“水井”,“仪”即“仪容”。但在早期文献中,“仪”还有一项特殊的含义,即射箭中的瞄准动作。[51]

“井”这个字早至周代就已经因其字形被用来表示“井字格”。这种正方形方块被划分成九个小方格,其中最中心的格子占据重要位置。[52]这个字也被用来形容早期的封建土地制度(井田制)。在射箭瞄准中,“井”

[51] 《淮南子·说林训》:“射者仪小而遗大。”《淮南子·齐俗训》:“夫一仪不可以百发,一衣不可以出岁。仪必应乎高下,衣必适乎寒暑。”高诱注:“仪,弩招颜也。射百发,远近不可皆以一仪也。”

[52] 《周礼·考工记·匠人》:“九夫为井,井间广四尺。”《孟子·滕文公上》:“方里而井,井九百亩,其中为公田。”

也代表着一种重要技法：把标靶划分出九个区域，目标在正中心，先试着射一箭。因为箭重或风向的影响，箭可能会落到靶心周围八块区域中的任意一块里，而多半不会直接射中靶心。在随后的发射中射手可以据此调整瞄准点（图34）。

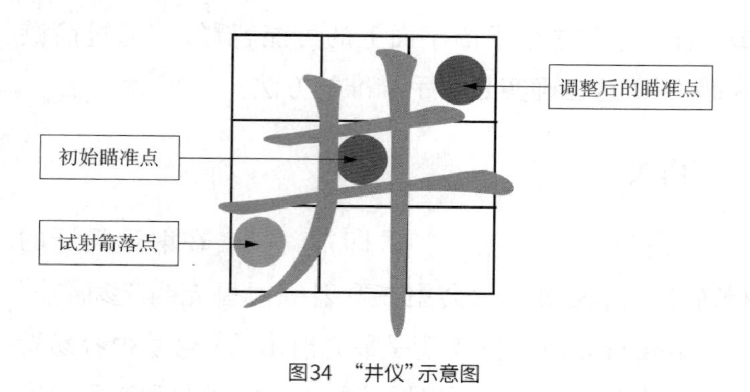

图34 “井仪”示意图

在整个射箭过程之初，射手需要试射一支箭——白矢。这种纵横相交的井字格的概念在托名刘宠的一段文字中也有反映（参看8D1段）：“天覆地载，参连为奇，三微三小。三微为经，三小为纬，要在机牙。”

根据以上解释，郑众用以描述“五射”的词语均与汉代弩射用语契合。似乎是一部分汉代射远兵器的术语无意中羼入了《周礼》的注释，对于儒家学者来说这种解释可能毫无意义，但对我们来说就实在太有趣了！

衰落

武则天对中国的长期统治终结于705年。在她治下，佛教成为中国最重要的宗教，周边国家纷纷派人来到中国，在众多实力雄厚的寺庙里学习。在这些访问者中就有日本人，他们学习了诸多佛教宗派，并广受各种形式的贵族生活影响，比如茶艺、礼服、音乐、戏曲和诗歌。这些影响在日本持续了很长时间，长到中国自身甚至已经遗忘了这些风俗。事实上今天的日本依旧留存了很多深受唐文化影响的痕迹。

在一本1688年于日本出版的书中我们可以看到这种影响。这本书描写了一种贵族运动，叫“杨弓射礼”。[53]

[53] 〔日〕馆重兴注释《杨弓射礼蓬矢抄》，涉川清右卫门贞享五年版。

9G1

《杨弓射礼蓬矢抄》

夫杨弓之滥觞者，贵妃资始之。明皇兼明妃，长生私言，誓曰：“在天愿为比翼鸟，在地愿为连理枝。”[54]可谓“漆胶交”，[55]“于造次，于颠沛”。[56]事胜游而尽善尽美。于是截未央杨柳削弓，折太液芙蓉为矢。矢羽嘈嘈相似比翼鸟，弓弦切切恰如连理枝。古今风流美谈也。尔来传杨弓于吾本朝，以射者多，而于北阙，七夕七游，以之为第一恭惟。

[54] 白居易：《长恨歌》。

[55] 《后汉书·独行列传》。

[56] 《论语·里仁》：“造次必于是，颠沛必于是。”

日本射艺独立于中国而发展（日本弓独一无二的造型最早在243年，即中国的三国时期被记录下来[57]）。“杨弓射礼”即充满了日本人的浪漫想象，它创生于唐朝，在8世纪的奈良时代传入日本。

[57] 《三国志·魏书》：“兵用矛、盾、木弓。木弓短下长上，竹箭或铁镞或骨镞。”

虽然9G1段的描述可能仅仅是一段美丽的传说，但事实上，唐代的公众体育的确很繁盛，妇女也在数个世纪以来首次参与到体育运动中。唐代的绘画和陶艺多次出现妇女骑马、打猎、打马球和参加其他贵族运动的形象。这是唐风之巅。

杨贵妃的故事是中国文学中最伟大的爱情悲剧之一。它是诗歌、音乐、戏曲乐于呈现的主题，也恰如其分地出现在有关射箭的传说中。故事的最后，唐玄宗被他手下哗变的士兵胁迫着让人勒死了他挚爱的贵妃。杨贵妃与对抗朝廷的叛将安禄山交好。“安史之乱”成为唐代历史的转折点，763年之后，朝廷失去控制全国的能力，也无力管控那些地方军阀，接下去的一个半世纪（直到906年），唐朝名存实亡。

唐代经历了中国与域外文化相交往的高峰期。除了中国文化深刻影响了日本外，中国人对西域的艺术形式也有极大兴趣。萨珊风格的装饰图样被绣在中国的丝绸上，然后通过丝绸之路出口到西域。唐墓中的人俑也说明，拥有中亚的仆人或奴隶在中国的富裕阶层中是十分流行的事。这些仆人可以参与打猎，骑着马，赶着猎豹去追逐猎物。突厥的雇佣兵也被带入战场。

因此中国与中亚在射箭技法上的交流很有可能发生于唐代。我希望有语言能力的读者可以将早期波斯和土耳其的射艺著作与王琚在《射经》中的阐述进行对比。

另外，研究中华射艺传统与印度经典中射艺文献的相似性也是一种思路，尤其是《特努尔吠陀》(*Dhanurveda*)[58]，因为中印之间通过佛教的传播建立起了紧密的文化联系。[59]

[58] 译者注：古印度武术经典，又译作《陀菟论》《箭经》等。

[59] 尽管《特努尔吠陀》并非佛教典籍。

挽弓當挽强

用箭當用長

射人先射馬

擒賊先擒王

挽弓当挽强，用箭当用长。
射人先射马，擒贼先擒王。

——杜甫（712—770）《前出塞》

卷十　融合中的中国

安史之乱后的中国与盛唐时期不可同日而语。商人阶层对唐王朝的统治者是否还能提供稳定的治理心存疑虑，同时，统治者们既无希望也无能力再重掌大权。

唐玄宗在755年被迫离开首都长安，但八年后唐军又在中亚突厥人的帮助下收复了长安。中唐以前，由于向西域的军事扩张，丝绸之路的安全能够得到保障。商人阶层依靠丝绸之路在与西方的贸易中致富，此时他们的权势已使传统的统治阶层相形见绌。他们建立起覆盖全国的商会网络，甚至和官方同等（若尚未超过）拥有影响地方事务的权力。

但到了晚唐时期这条贸易通道已不再掌握在中国统治者手中，而被粟特人和回鹘人占据。粟特人为商旅提供商业上的有效信息，并管理着交通工具，而回鹘人负责商路的安全。这种安排对商人团体来讲是件好事，若继续保持中国的军事存在，对于商人而言赋税就太重了。另外，让边疆族群也能在中国的经济中分得一杯羹，他们自然会做好保护自身利益的准备，这对商人而言也是合算的。

因此，中国城市里繁荣的贸易以及广大的农民阶层都越发依赖地方商人的保护，而不是依靠中央政府。

每一阶层的人都明白，他们的人身安全得靠组织地方民兵来保护，而不是等待唐朝骑兵前来救援，民兵传统在当时开始兴起。

晚唐时期另一个看重农民忠诚的群体就是佛教僧侣。这些僧侣拥有很多庙宇及庙田，因此也掌握着大量的财富。除此之外，他们还能钻帝国财政体系的空子。[1]在这种形势下，845年帝国对佛教进行打压，造成了佛教在中国的全面衰落（不过佛教继续在北部和西部边疆的游牧民族中盛行）。其后，黄巢的流民部队劫掠中原，并蹂躏了长安。

[1] 译者注：即不向朝廷缴税。

最终，唐帝国的中央政府再也无法维持下去，唐朝于906年灭亡。中原地区的东北部分被一个地方军事领袖朱温占领，他建立了后梁。从907年到960年，五个朝代相继兴灭。而在中国的西部，起源于青藏高原的西夏部族开始崛起。

游牧民族

自3世纪汉朝灭亡，草原民族对中国北方的蚕食就变得大为顺利。这一地区的贵族包括拓跋氏的鲜卑部落，以及建立起贵族势力的突厥人。在10世纪初，契丹部落统一，成为中国北方最主要的一股势力。

契丹的其中一支领导势力是耶律氏。在保持其游牧民族传统和生活习惯的同时，耶律氏的领袖认为族人应该与汉人通婚，他们宣称契丹和汉人都是黄帝的后裔，因此是同一个民族。这种思想也被契丹王室当作一种正统的意识形态。

这并不奇怪。蒙古和通古斯的游牧民族在304年前后就已融入中国，并与汉人互相通婚。游牧民族把汉族妻妾带入自己的家庭，同时汉人亦与很多游牧民族的妇女结合。为了迎合儒家的祭祖传统，游牧民族的贵族们纷纷将自己的原始姓氏改为单音节的、传统的汉姓。[2]早在汉代，匈奴王室就被赐以汉室皇姓“刘”。从386年至558年统治着中国北方的诸通古斯部落[3]九十九姓皆改成了单音节的汉姓。[4]

契丹并不是完全的游牧民族。他们要种植小米，也要畜养马、羊、猪等家畜。在完全控制了中国北部的边疆地区之后，契丹人实施了一种“一国两制”的政策。南方的燕云十六州主要是汉人和汉化胡人的居所，这一地区采用汉人的制度统治；而北方更广大的区域则由游牧民族采用他们自己的部落法进行治理。

因此，契丹的统治阶层耶律氏通过科举考试征召了很多汉人士大夫作为官吏，同时他们的军事力量都来自契丹的贵族阶层。契丹的军事实力强大，因为每一个契丹男人都是战士。其制度非常简单：“凡民年十五以上，五十以下，隶兵籍。”[5]平时他们放牧或者狩猎，一旦有战事则可立即集结成军。

虽然契丹人对汉人官吏非常依赖，但他们仍持续不断地保护着自己的文化传统。他们发展出一套基于本民族语言的文字，以及双语的考试体制。若官员对契丹文化和传统法令稍有不尊，契丹人甚至不反对公开鞭打他们，这在汉人士大夫看来无疑是一种恶毒的行为。

[2] 译者注：原文如此。根据汉语发音规律，“单音节姓”（single-syllable names）指的就是“单姓”，据《魏书》记载，北魏部族改姓大多是复姓改单姓，但也有改成复姓的例外。如拓跋氏（拓跋嵩一支）改长孙氏，乙旃氏改叔孙氏，奚斗卢氏改索卢氏。

[3] 译者注：这里指的是从北魏建立到西魏灭亡时期的鲜卑人。

[4]《魏书·官氏志》。

[5]《辽史·兵卫志上》。

10A1

《辽史·耶律蒲鲁传》

（耶律蒲鲁，耶律庶箴子）重熙中举进士第。主文以国制无契丹试进士之条，闻于上，以庶箴擅令子就科目，鞭之二百。寻命蒲鲁为牌印郎君，应诏赋诗，立成以进，帝嘉赏，顾左右曰："文才如此，必不能武事。"蒲鲁奏曰："臣自蒙义，方兼习骑射，在流辈中亦可周旋。"帝未之信，会从猎，三矢中三兔，帝奇之。

契丹人很依赖骑射技艺，但同时他们也擅长使用刀剑矛枪等兵器。马是他们重要的战备，随着契丹人每年向中原王朝进贡，契丹的番马也成为唐代著名的商品（图35）。当在战争中出现食物短缺时，契丹人可以靠马奶和少量马血存活。有句契丹谚语这样说道："契丹旧俗，其富以马，其强以兵……挽强射生，以给日用。"[6]

[6]《辽史·食货志上》。

图35 契丹骑手（《古今图书集成》）

和古代的汉人一样，契丹人也认为射箭和祈雨之间有一定的联系。这可能只是一个有趣的巧合。

10B1

《辽史·礼志一》

若旱，择吉日行瑟瑟仪以祈雨。前期，置百柱天棚。及期，皇帝致奠于先帝御容，乃射柳。皇帝再射，亲王、宰执以次各一射。中柳者质志柳者冠服，不中者以冠服质之。不胜者进饮于胜者，然后各归其冠服。又翼日，植柳天棚之东南，巫以酒醴、黍稗荐植柳，祝之。皇帝、皇后祭东方毕，子弟射柳。皇族、国舅、群臣与礼者，赐物有差。既三日雨，则赐敌烈麻都马四匹、衣四袭。否则以水沃之。

“射柳”其实是一项娱乐活动，同时也用来提升射艺，并作为“瑟瑟仪”的一部分。在辽代史书中并未记录射柳的细节，不过在《金史》中却有记录（也许是按照金人的理解）。

10C1

《金史·礼志八》

插柳球场为两行，当射者以尊卑序，各以帕识其枝，去地约数寸，削其皮而白之。先以一人驰马前导，后驰马以无羽横镞箭射之。既断柳，又以手接而驰去者，为上。断而不能接去者，次之。或断其青处，及中而不能断，与不能中者，为负。每射，必伐鼓以助其气。

契丹射礼背后反映出的理念很明显与孔子时代之前的中国传统射礼有近似之处。但是同时游牧民族也崇拜柳树，柳树上看似已无生命的枝条到了春天又会抽出新芽，这象征着重生。匈奴人也记录着他们植树的习俗。[7]

"射柳"不是契丹人唯一的射礼。在战场上，箭可以用来给战士们驱邪，另外，还会用来惩罚腐败的官员。[8]

[7]《汉书·匈奴传上》。

[8] 见冯继钦、孟古托力、黄凤岐《契丹族文化史》，哈尔滨：黑龙江人民出版社，1994年，第320页。

10D1

《辽史·礼志三》

出师以死囚，还师以一谍者，植柱缚其上，于所向之方乱射之，矢集如猬，谓之"射鬼箭"。

契丹人建立的辽朝从916年持续到1125年，该年他们被另外一个来自东边的部落女真打败。女真人接收了契丹的政府，将契丹的领土并入他们在1115年建立的王朝——金朝之中。

虽然属于两个不同民族，但女真人与契丹人在习俗和服饰上都非常接近，不过女真人不如契丹人那么会耕作。他们的语言也不一样，女真人的语言和1644年开始统治中国的满族人类似。在契丹对中国北方的统治行将结束的时候，女真部落中的完颜氏族开始宣称他们拥有中国北方的统治权。通过下文我们可以一睹女真人的射艺。这则故事的主人公是完颜宗雄，自打他出生，金朝第一位统治者（完颜阿骨打）就发现了他身上的特质，于是对他倍加喜爱。

10E1

《金史·宗雄传》

(宗雄)九岁能射逸兔，年十一射中奔鹿。世祖坐之膝上，曰："儿幼已然，异日出伦辈矣！"以银酒器赐之……尝走马射三獐，已中其二，复弯弓，马蹶，跃而下。控弦如故，遂彀满，步射获之。宗雄方逐兔，挞懒亦从后射之，已发矢，挞懒大呼曰："矢及矣！"宗雄反顾，以手接其矢，就射兔，中之。其轻健如此！[9]

[9] 这件事情发生在英格兰国王威廉二世(William Rufus of England)死前几年，威廉二世在1100年因猎鹿发生意外，死在新森林(New Forest)里。

金朝的统治者要求他们的人民具备很高的军事素养。皇家卫队的士兵要求身高五尺五寸，并擅长骑射。[10]而且，他们很快就学会了把火药用于军事中，还因战争需要发展出海军建制。金人有四项长处：其一是骑术，其二是坚韧不拔的意志，其三是厚重的盔甲，其四就是射艺。[11]他们可以轻骑突袭南方，在敌人反应过来之前将其击败。他们的甲胄包括一顶厚实的头盔，盔上只在双眼的部位留两个洞。契丹人试着用棍棒击打他们，使他们坠马。[12]金人的上身甲很重，但是他们也有长及膝盖的轻便铠甲，他们的战马也着轻甲。

[10]《金史·兵志》："取身长五尺五寸，善骑射者。"

[11]《宋史·吴璘传》："金人有四长……曰骑兵，曰坚忍，曰重甲，曰弓矢。"

[12]《三朝北盟会编》卷三十："金贼兜鍪极坚，止露两目，所以枪箭不能入，契丹昔用棍棒击其头项面，多有坠马。"

下面两条相似的材料都出自范仲熊的记录，他亲眼见到了金朝军队在战场上使用弓箭手的状况。

10F1

《三朝北盟会编》卷九十九，范仲熊《北记》

皆枪为前行，号曰硬军，人马皆全副甲，腰垂八棱棍棒一条或刀一口，枪长一丈二尺，刀如中国屠刀。此皆骁卫之兵也。弓矢在后，设而不发。

弓力不过七斗，[13]箭多者不满百只。自大金兵外，其他国兵皆不带甲，弓矢或有或无，皆旋斫道傍木，执之为兵。

[13] "七斗"约合47公斤。《汉语大词典》附录，第12页。

10G1

《三朝北盟会编》卷三

其用兵，则戈为前行，人号曰硬军，人马皆全甲。刀棓自副，弓矢在后，设而不发，非五十步不射。弓力不过七斗，箭镞至六七寸，形如凿，入辄不可出，人携不满百（图36）。

图36　凿子头箭图

这些凿子头箭会造成可怕的创伤：

10H1

《挥麈后录》卷九

（赵立）中箭镞，入舌下，坚不可取，命医以铁钳破齿，凿骨钮去，移时乃出，流血盈襟。

契丹人费尽心思想要让自己汉化，并认同儒家思想。金人则不一样，他们对汉族和其他民族都抱有戒心。从引文10F1和10G1段我们就可看出，在金朝军队中非女真士兵的地位较低，他们要当女真骑兵的前锋，还往往不配备武器。在12世纪后期，金朝政府也宣布了一条法令，给女真人单独设立一套科举考试，考试内容是翻译成女真文的儒家经典。尽管如此，大多数科举的胜出者仍然是来自汉族的考生。

和其他游牧民族类似，西夏人控制着从中国西北各部族中招募的士兵。只有西夏正规部队的士兵才能被培养为弓箭手，不合格的士兵则只能配备少量兵器作战，还会被视作懦夫。所以为了进入正规军，西夏人要彼此激烈竞争。诸多史实显示，西夏人不擅长短兵相接的步战，不过他们会尽可能把骑兵用到极致。这已足够让西夏人控制汉人了，他们几乎不与契丹人和女真人作战，但却被成吉思汗的蒙古骑兵轻易征服。[14]

[14] 林旅芝：《西夏史》，香港：香港大同印务有限公司，1975年。

关于西夏人的射艺，文献记载很少。不过，他们和其他游牧民族一样拥有对箭矢的迷信，认为箭可辟邪：

10I1

《宋史·夏国传》

（西夏）不耻奔遁，败三日，辄复至其处，捉人、马射之，号曰“杀鬼招魂”。或缚草人埋于地，众射而还。

西夏人与今天的藏族有民族上的联系，他们在外交上与契丹人和女真人亲近。他们尊敬强悍和装备精良的武士。不过，其组织性不如其他游牧民族。西夏人太依赖快速的突袭，随时准备着撤退，和敌人来日再战。他们的将军在战场上往往躲在敌人看不见的地方，以防被俘虏。

汉人

从长城之外的视角向内审视宋代中国，这种研究方法比较新颖，它可以帮助我们清楚地在地图上定位北方和西北的游牧民族。这种视角之所以重要，是因为传统的中国历史学家往往把游牧民族视作边缘的和半开化的族群，而事实上游牧民族几乎统治了中国500年（从906年到1368年）。

结果，在960年建立了宋朝的汉人统治者最终也没能恢复汉唐时期的中国版图。事实上，宋朝之所以得以幸存，完全是依靠向实力占优的“边疆”部族俯首朝贡。中国的历史学家向来试图探究和解释这样一个史实，即文化程度较高的“弱宋”与看起来文化程度较低的“强邻”长期对峙。

在唐朝分崩离析之际，这些边疆部族用武力控制住了中国的北方。最初契丹人掌控了中国的北方和东北，西夏人控制着西部。中国的南方进入了军阀割据的时代，历史上用“十国”指代这些短命的割据政权。

不过，历史的悖论再度出现。和战国时期一样，这一时期的中国南方并未因战乱而衰败，反而在经济和文化上有巨大的发展。那些商业城市也发展成为地区性的文化中心，其中最繁荣的城市要数大运河的咽喉——开封。

在后起的割据政权中出现了一位军事领袖赵匡胤，他曾作为禁卫军的统帅侍奉着一位君主，[15]后来自己谋划着夺取权力。似乎是要给一名篡位者赋予某种必要的资格，官修的《宋史》记录，哪怕是在承平岁月里赵匡胤的骑射技艺都极为精湛。

[15] 译者注：即后周恭帝柴宗训。

10J1

《宋史·太祖本纪》

（太祖）学骑射，辄出人上。尝试恶马，不施衔勒，马逸上城斜道，额触门楣坠地，人以为首必碎，太祖徐起，更追马腾上，一无所伤。

960年，赵匡胤取得了中国最主要的城市开封的统治权，他宣称自己开创了一个新的王朝（在他之前已相继有约十个政权兴亡）。赵匡胤成了宋太祖。数十年来军权都掌握在军阀的手中，太祖着手把他们置于自己的全权掌控之中，他通过利诱让这些将领们效忠自己，从而得以完全号令军队。这个过程也包括在地方上建立文官政府，以消除军事化的影响。

弓箭手在宋代的军队中仍然是重要的兵种。皇家禁卫军中有两成的弓箭手，六成是弩手，剩下两成才装配枪和盾。[16]尊崇射艺的习惯依然保留，华岳在1200年前后留下的如下文字可以证明：

[16]《宋史·兵志》："诸路禁军，近法以十分为率：二分习弓，六分习弩，余二分习枪、牌。"

10K1

《翠微北征录·弓制》

军器三十有六，而弓为称首，武艺一十有八，而弓为第一。

宋代的军事教官们似乎只能回头选用王琚的《射经》来进行教学。学者许洞在他初版于1004年的重要军事著作《虎钤经》中专门用一节写到射艺的教学，不过他只是逐字逐句地征引了王琚《射经》的第一部分（卷九9B1—9B12段）。

《武经总要》的其中一位作者曾公亮对王琚的射法持保留意见，他在1040年至1043年间曾写道：

10L1

《武经总要前集·教弓法》

昔唐王琚《教射二篇》，多言射之容止，非战阵所急。今掇其切，可施于兵家者。

曾公亮认为的王琚《射经》中对军事而言最实用的部分是我在卷九引用过的9B1至9B12段，这部分他逐字逐句征引了。应宋仁宗的要求，曾公亮完成了40卷的大纲，照理说这本书的内容应该很完备了。不过看起来似乎他在射艺教学的理论上没有做丝毫拓展。[17]

[17] 对此观点有必要持保留意见，因为元朝的蒙古人和清朝的满人对那些可能威胁到他们统治的书籍进行了禁毁，所以有可能具有创新性的射艺著作的确存在过，只是没有幸存于世。

有证据表明，宋代各军在军事训练方法上没有达成一致。有些士兵更看重通过拉硬弓来训练力量和勇气，而另一些人则不那么看重弓的拉力，而是更在乎射准（“射亲”）。在关于军事训练法的讨论中，有记载显示一些教官将拉硬弓废除，仅仅是在离射手二十步开外的地方放置一个中间带环的靶子，命令士兵射靶。[18]那些射得准的士兵会得到赏赐。骑射手则发现他们无法全副武装地射箭，因为他们的战马被牵走或被军营没收了。文献中还提到另一种技术，弓箭手们要学会边移动边拉弓，好让他们在前进或撤退的同时能够射箭。[19]

[18] 在16世纪的土耳其，布斯贝克（Ogier Ghiselin de Busbecq，1522—1592，弗莱芒作家、医生和外交家，曾代表奥地利王室出使奥斯曼帝国）把这种方式的射箭训练记载了下来。

[19]《宋史·兵志九》。

宋代的军事家对弩也赞誉有加，事实上，他们认为弩是不可或缺的，甚至在开始使用火药之后的很长一段时间里他们仍然这么认为。重弩也被当作迫击炮来用。[20]

[20] 我看到有西方人评论说，中国人发明了火药，但不是用在战场上，而是用来制作烟花。这根本是错的。最早的关于中国人使用火药的记录就显示出火药的军事用途。

其中最著名的一种运用在步战中的弩就是1068年研制出的神臂弩。

10M1

《宋史・兵志十一》

熙宁元年，始命入内副都知张若水、西上阁门使李评料简弓弩而增修之。若水进所造神臂弩，实李宏所献，盖弩类也。以檿为身，檀为弰，铁为鐙子枪头，铜为马面牙发，麻绳扎丝为弦。弓之身三尺有二寸，弦长二尺有五寸，箭木羽长数寸。射三百四十余步，入榆木半笴（图37）。

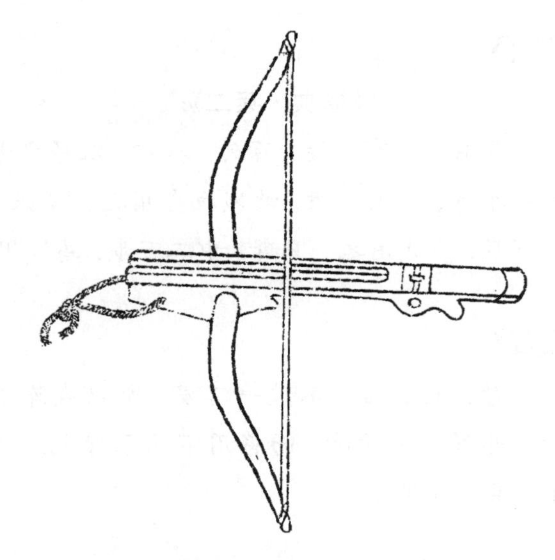

图37　神臂弩图（《古今图书集成》）

但是，正如我之前提到的，宋代的军事研究者在他们关于弓箭的著述中很少有关于射箭技术的创见。就连许洞和曾公亮这样为11世纪上半叶的中国贡献了最主要军事著作的学者，都没能在引用唐代杜佑（735—812）《通典》（当然不是原封不动征引）之外另出新见。《通典》是在766年至801年之间编纂而成的。下面再举一例，曾公亮写道：

10N1

《武经总要前集·教弩法》

然张迟，难以应卒，临敌不过三发、四发而短兵已接。故或者以为“战不便于弩”，然则非弩不便于战，为将者不善于用弩也。

关于弓弩训练的原始文本被唐代的杜佑记录在《通典》中（也许不是杜佑原创），原文如下：

10O1

《通典·兵二》

凡弩，古有黄连、百竹、八担、双弓之号。今有绞车弩，中七百步，攻城拔垒用之。擘张弩，中三百步，步战用之。马弩，中二百步，马战用之。

10O2

弩张迟，临敌不过一二发，所以战阵不便于弩。非弩不利于战，而将用不明于弩也。不可杂于短兵，当别为队。

10O3

攒箭注射，则前无立兵，对无横陈。复以阵中张，阵外射。番次轮回，张而复出，射而复入。则弩不绝声，敌无薄我（图38）。

10O4

夫置弩，必处其高。争山夺水，守隘塞口，破骁陷果，非弩不克。

图38 “番次轮回，张而复出，射而复入。”（由三幅取自《古今图书集成》的明代插图合成）

1005

教法令曰：张弩丁字立，当弩八字立，高揎手，屈衫襟，左手承撞，右手迎上，当心看张。张有阔狭，左脞右膊，还复当心。安箭高举肘，敌远抬弩头。敌近平身放，敌在左右回身放。敌在高上挈脚放。放箭讫喝杀，却掣拗喝尾，[21]覆弩还着地。

这样的弩射战术与我们熟悉的巴拉克拉瓦的“红色警戒线”（“Thin Red Line” of Balaclava）[22]类似，但早在中国的唐代就已经开始使用了。就单人的弩射而言，训练中如果弩手掉箭，或箭不能扣上机括，或射不中目标，根据制度弩手会被降级。[23]

总之，宋人看起来在弓箭的战术及射法上并没有

[21] 放箭时士兵们齐声呐喊：“杀！”（放完箭）向后退，重新把箭扣上机括，这时齐声呐喊：“尾！”

[22] 这里指1854年10月25日克里米亚战争时期的巴拉克拉瓦战役（Battle of Balaclava）中，英军第93高地团（93rd Sutherland Highlanders）抵御俄国骑兵冲锋结成的线列步兵。

[23]《宋史·兵志十》：“其弓弩坠落，或纵矢不及垛，或挽弓破体，或局而不张，或矢不满，或弩跖不上牙，或擭不发，或身倒足落，并为不合格。即射已中赏，余箭不合格者，降一等，无可降者罢之。”

取得进步，即便在兵器上他们做出很大的改进。为什么会出现这种状况？其中一个可能的原因是，宋人在与边疆部族对峙时，或多或少感到了射艺上的技不如人。下面一段出自华岳的文字就能反映出宋代晚期人们对待这一问题的看法：

10P1

《翠微北征录·破敌长技一：陷骑》

臣闻：吴人善舟，晋人善骑，吴人非不善于骑也。[24]番长于马，汉长于弩，诸番非不善于弩也。吴人生于圮泽之乡，故舟楫之事，不待于教习而自能。彼诸番生于驰逐之地，故骑射之巧不待于指使而自精。是岂得之见闻，求之阅习，如汉晋之士邪？盖人力之所充，不如天性之自巧。出于勉强学习之所致者，其与夫与生俱生者，过人远矣。

[24] 这里作者回溯了战国时代的历史。

10P2

况今日之事，地不可同，技非其敌。前代名将固尝讨论番汉短长，以求致其所能矣。[25]彼以骑制骑，犹不足以取胜。

[25] 这里参考了晁错的论述。见卷八 8H1 段。

如果上文反映出了宋代军事思想家的普遍心态，那么宋人没有花费精力去发展新的弓弩技法与战术也就容易理解了。

中国的边疆民族并非一群粗野无文化的游牧民，他们已与汉人杂居了数个世纪，并学会了在保持自我认同的同时吸收汉人的品质及其文化。如果两者间有什么差异，那就是边疆民族对汉人多少有些蔑视，因为长期以来汉人都把他们当作“蛮夷”，并加以剥削。而且，中国北方的汉人在数代的胡汉通婚中已失去了所谓的“纯种”（如果它确实存在过的话），尤其是在汉唐间的数个世纪。因此在中国北方，文化甚至亲缘的纽带同时受到来自北部边疆和中原的影响。

那么，中央帝国能够给北方的汉人提供什么呢？显然不是强有力的领导，也不是军事上的保护以及税赋上的蠲免。我们知道，宋人已经学会建立互助性的会社来保护自己，而不是依赖中央。

所以赵匡胤登基之后，宋人再采用前代的扩张和控制政策就不那么现实了。那些被宋朝的汉人将领们从夷狄手中“解放”（liberated）出来的人们也许并不乐意被“解放”。赵匡胤本人对北方诸国的统治阶层也知之甚深。他本人是一位宽容的君主，能够包容异见，并命令他的继任者执行类似的政策。

宋朝由和平主义者们统治，他们对边疆部族采取了经济合作和绥靖的政策，而不像他们的前代统治者那样汲汲于开疆拓土。将之形容为“弱宋”是不合适的，宋朝的统治者及朝中掌握经济枢机的大臣们另有优先考虑之事。

武举考试中的射艺[26]

宋朝的民政和军政都需要大量人才，因此隋唐建立起来的科举制度得以继续沿用，并发展改进。在宋仁宗眼里，武举考试的基本原则就是“以策为去留，以弓马为高下”。武举考试经过多年的中断之后，于1046年

[26] 这一部分同时参考了林伯原《中国古代体育史》，第301页和谢青、汤德用主编《中国考试制度史》，第134—135页。这两部著作关于宋代武举考试的部分几乎相同，我无法确定谁是原创者。

恢复，并加上了策论考试。

乡试要考查考生的诸般武艺，包括步射、骑射、蹶张弩的技法以及使用其他兵器的能力。步射和骑射是主要的考察科目。

下文展示了考试的具体操作流程和评分方式：

10Q1

《宋会要辑稿·选举一七》

弓步射一石一斗力[27]，马射八斗力[28]，各满，不破体，及使马精熟，策略、武艺俱为优等与右班殿直。弓步射一石一斗力，马射八斗力，各满，但一事破体，及使马生疏，策优艺平者为次等，与奉职……弓步射一石力[29]，马射七斗力[30]，各满，但一事破体，及使马生疏，策、艺俱平者为末等。……凡头偃为破体。[31]

[27] 约73公斤(《汉语大词典》附录，第12页)。

[28] 约54公斤。

[29] 约67公斤。

[30] 约47公斤。

[31] 《宋史·兵志十》："开弓偃身不应法，黜之。"

10R1

《宋史·选举三》

马射三上垛。九斗为五分，八斗为四分，七斗为三分。九斗、八斗、七斗再上垛，及一上垛，视此为差，理为分数。马射一中帖当两上垛，一中的当两中帖。

从以上的规则和评分方式上我们可以看到，弓的拉力大小是关键。虽然有宋一代这项规则并没有一以贯之(宋朝对武举考试的制度进行过多次改革)，但力量的测试开始成为一项可与射准测试等量齐观的考察科目。但正如10Q1段所述，在考试中有一套衡量射准的指标，评分的高低很大程度上也依赖着射准。在马射中，用7斗弓“中帖”则得6分，用9斗弓仅上垛只得5分。如果射手的射艺高超，即便是用软弓也能得到很高的分数。

女真人建立的金朝也在1201年设立了一套武举制度。考试在州府或路府举行，和宋朝的考试一样，他们也把武艺和理论的考察结合起来。武艺则主要考察步射、骑射和矛的使用。

所有要考进士的考生，[32]均要在笔试前十天参加射艺考试。40岁及以下的男性[33]才有资格参加考试。一个垛子被安放在离射位60步远的地方，在射位15步开外处会插上两个相距20步的杆子，两杆之间用绳索连接。弓的拉力和射准与否都不是考察重点，只根据张弓和撒放等考生具体的射箭动作来评分。在考试时，要求考生在离地两丈高（6.2米）的绳索之下穿过后立马撒放并命中箭垛。十箭中两箭则为合格。[34]

武举中的步射考试要求考生用1石力（约67公斤）的弓和7钱重（约28克）的箭射150步远的箭靶。府一级考试（府试）十箭中一箭即合格，省（路）一级考试（省试）要求中两箭，中央一级考试（程试）则要中三箭。除此之外还要考察远射，考生要射中210步或250步开外的箭垛，三箭中其一则合格。骑射考试中，在150步长的射道上放置两个卧鹿形的箭靶，两靶相距50步，靶高5寸、长8寸（15.5厘米×25厘米）。考生要用7斗力的弓，配上两支凿头箭。府试一级允许射四轮，省试三轮，程试两轮，必须射中两箭。[35]

如上所述，和宋朝的武举相比，金朝更注重射准、射箭的技法以及出色的骑术。

[32] 译者注：这里指“策论进士”，属文进士，非武进士。见《金史·选举一》。

[33] 译者注：原文如此，不确。《金史·选举一》载：“女真人以年四十五以下，试进士举。”

[34]《金史·选举一》。

[35] 林伯原：《中国古代体育史》，第305页。

哲学思想

儒家哲学在宋代又得以全面复兴，而在晚唐的灭佛运动之后，在中国南部地区拥有广泛影响的佛教再也没能重回其之前的地位（不过，契丹、女真和西夏都虔心向佛）。

士大夫朱熹根据从汉代流传下来的儒家经义重建了儒学。虽然他的思想一度未被接受，但很快就被官方立为科举考试的正统。在儒学复兴的背景之下，儒家的礼仪也重新建立起来。在1111年左右，皇家开辟了一块用于射礼的场地，并根据《仪礼》为“宾射”制定了一套详细规则。[36]朱熹将源于道教和佛教的静坐冥想及呼吸法带入了儒家的修证法门中。汉朝人将天人关系简单用“气”的运行来加以解释，到了宋代，一个更为复杂的理论取而代之，宋人认为在自然界背后有一个“理”的存在，它可以用来找到“气”的形式和运行方式。

[36]《宋史·礼志》。

儒家哲学的这种发展也介入射艺理论当中，尽管要到明代的文献中我们才能一睹其与射艺之间关系的全貌。不过，我们也可以看出后世文献中所谓的射艺精神修炼法，与朱熹“存天理，灭人欲”的理论存在很强的联系。这种理论在受到禅宗影响的日本弓道中得到了极致表达。

宋代的儒家伦理很反对女性参与到体育活动中。朱熹本人在同安和漳州当官时就发布了一道禁令，不准女性自由地走出闺阁，如果要出现在公众场合就必须佩戴面纱。[37]这种清教徒式的态度实际上终结了中国女性

[37]《同安县志》。

广泛参与到体育运动中的历史，一直等到20世纪才得以恢复。

另外一位儒家士大夫欧阳修（1007—1072）同时也是一名历史学家和诗人。在他众多的著作中，有一本是为一种射箭游戏拟定的规则，这种游戏看起来像是基于熵的理论（即从有序到无序）。射中分数最高的人要干一杯酒，随着射手们越喝越醉，最后他们都跌堕到同样的无为之乐（blissful incompetence）中。游戏最后的输赢规则由还能保持清醒的人制定。不推荐本书的读者在家里尝试这样的游戏（图39）。

图39 《九射格图》（欧阳修）[38]

[38] 译者注：该图乃作者在原图上进行反向处理后所引，故其图案方向与欧阳修九射格图相反。按原图似与文本不符，“雕雉猿”反居左，“雁兔鱼”反居右。作者认为原图本有误，故做此调整。

10S1

九射之格其物九。为一大侯，而寓以八侯。熊当中，虎居上，鹿居下，雕、雉、猿居右，雁、兔、鱼居左。而物各有筹。

10S2

射中其物，则视筹所在而饮之。射者，所以为群居之乐也。而古之君子，以争九射之格，

10S3

以为酒。祸起于争，争而为欢，不若不争而乐也。故无胜负，无赏罚。中者不为功，则无好胜之矜；不中者无所罚，则无不能之诮。探筹而饮，饮非觥也，无所耻，故射而自中者有不得免饮，而屡及者亦不得辞，所以息争也。终日为乐，而不耻不争，君子之乐也。

10S4

探筹之法，一物必为三筹，盖射宾之数多少不常，故多为之筹以备也。凡今宾主之数九人，则人探其一，八人则置其熊筹，不及八人而又少，则人探其一而置其余筹可也。益之以筹，则人探其一或二，皆可也。

10S5

惟主人临时之约，然皆置其熊筹。中则在席皆饮，若一物而再中，则视执筹者饮量之多少。而饮器之大小，亦惟主人之命。若两筹而一物者，亦然。

10S6

凡射者一周，既饮釂，则敛筹而复探之。筹新而屡变。

10S7

矢中而无情，或适当之，或幸而免，此所以欢然为乐而不厌也。[39]

[39] 至少不会欢饮达旦。

民兵

民兵组织和地方自卫团体的形成是晚唐和宋代的一大特点，其出现是为了应对中央政府的衰弱。当时出现的这些民间互助社团在今天的香港仍有后继者。[40]

[40] 比如香港的忠义堂。

根据宋代的军事制度，有两种正式编制的军队：禁军和厢军。但《宋史》中记载了另外一种编制外的军队，即“乡兵”。

我们注意到乡兵中有两类以射艺为核心：弓箭手和弓箭社。弓箭手崛起于951年前后的陕西，新招募的弓箭手会获得某块闲田上的产出以维持生计，并负担装备和马匹。一有紧急战事，他们就要被征召到前线，与厢军协同作战。

弓箭手被划分为八个等级，其军饷也与等级高低有关。他们必须经历射准和在开阔地上骑马作战的考试（射亲、野战）。他们所用的弓标准拉力为1石1斗（约83公斤），骑射用9斗（约68公斤）。[41]

[41] 《宋史·兵志四·乡兵一：河东陕西弓箭手》。

弓箭社与弓箭手不同，它纯粹是地方社团自行组织的一种防卫力量。《宋史》对弓箭社也用了很多笔墨记录，且对其敬意有加。

10T1

《宋史·兵志四》

河北州县近山谷处，民间各有弓箭社及猎射人，习惯便利，与夷人无异。

弓箭社兴起于河北的边境之地，这里的居民有骑马射猎的习俗。弓箭社即由那些希望能在射艺上得到进一步训练的人组成。每年春天地方上会举行招募考试，依据考生的射速和力量进行选拔。

苏轼（1037—1101）是宋代最伟大的文学家之一，他的别称“苏东坡”也很知名。从他生活的年代至今，苏轼一直都是声誉卓著的政治家、诗人、画家、书法家和哲学家。在1093年，他上书寻求政治上的支持，以保全弓箭社。他认为弓箭社御边能力卓越，且不费国家财政，不像官方供给的乡兵弓箭手，他认为用这类弓箭手御边是第二等策略。下面是他奏章中的一段：

10U1

《乞增修弓箭社条约状》[42]

[42] 《宋史·兵志四·乡兵一：弓箭社》。

今河朔西路被边州军，自澶渊讲和以来，百姓自相团结为弓箭社。不论家业高下，户出一人，又自相推择家资武艺众所服者为社头、副社、录事，谓之头目。带弓而锄，佩剑而樵，出入山坂，饮食长技与敌国同。

10U2

私立赏罚，严于官府。分番巡逻，铺屋相望。若透漏北贼及本土强盗不获，其当番人皆有重罚。

遇其警急，击鼓，顷刻可致千人。器、甲、鞍、马，常若寇至。盖亲戚坟墓所在，人自为战，敌深畏之。…… 弓箭社实为边防要用，其势决不可废……

10U3

弓箭手，官给良田，以备甲、马。今河朔沿边弓箭社，皆是人户祖业田产，官无丝毫之损。

从宋代官方史书提供的信息中，林伯原总结出了如下几条弓箭社的运作和训练方法，但他没有特别注明出处：[43]

[43] 林伯原：《中国古代体育史》，第293页。

- 每一个弓箭社都会选择一处宽敞的寺庙作为其基地，社员在此处讨论和演习战术，他们还要选择一块开阔的公共土地用于练习射艺；
- 每一个弓箭社都会挑选一名射艺最高超的社员充任首领，其他几名娴于武艺的社员担任助手，再挑选一名精通文书写作的人担任秘书。每一名社员都要自备一张弓、三十支箭和一把剑。如果一名社员力气大但穷得无法备齐这些兵器，则会由另一名稍微富裕的社员替他配备；
- 每一个弓箭社都有一个藏书室收藏历代兵书，并会定期安排相关课程。射艺的训练安排在每年的三月、六月和九月。那时也会有常规的射艺考试。
- 射艺练习包括：
    1. 短距离射箭：一个三英尺（约91.4厘米）长的标杆被放置在40步开外的地方，射手需要练习到箭箭能射中的程度；

2. 轮射：三个草靶涂成不同的颜色，表面画上敌人的头像。教官用一个红色小旗依次指向每一个靶，指到哪个靶的时候射手们就要齐射上靶。

不管宋代中国的文学、艺术和科技成就多么高，整个北宋时期（960—1127）事实上都在抵御来自北方和西方的强大压力。女真人在1125年征服了契丹的辽朝。1126年女真人攻陷了北宋的首都开封，连皇帝宋徽宗都被俘虏。他从此再也没有回到中原故土。

宋人从开封向南撤退，并在1127年由一个新皇帝重新恢复了统治，即南宋的高宗。朝中逐渐形成了主战派与主和派，在与女真开战还是议和的问题上两派无法达成共识。主战派中的传奇英雄岳飞后来还成了中国小说和戏曲中的主要人物。除此之外，岳飞还是一名出色的射手，不过关于他射术的记载很少，我们只知道他年轻时，在务农之余向一位老师学习了射箭，并最终练成可左右开弓。虽然岳飞是一位卓越的军事将领，但他无法应对政治斗争，并最终被主和派的首领谋害。

曹克明是一名南宋的军事将领，他被派往中国的西南地区镇压当地部落的叛乱。那些用着落后弓弩的少数民族惯用毒箭，比如云南的一些部落。曹克明是这样测试一种解药的：

10V1

《宋史·曹光实传》

蛮酋献药一器，曰："溪峒药。药箭中人，以是解之，可不死。"克明曰："何以验之？"曰："请试以鸡犬。”克明曰：“当试以人！”乃取药箭刺酋股而饮以药，即死。群蛮慚惧而去。

蒙古入侵与元朝建立

中国的历史学家在叙述以汉族为主体的中国史时，通常不会在蒙古人建立的元代（1279—1368）上花太多时间，只是要提及汉人在异族统治下艰难的反抗历史，以及在蒙古统治的89年间汉人创造的文学和艺术成就。

一些西方的历史学家惊叹于成吉思汗（1206—1227年在位）和他的子孙后代们创下的“成就”，蒙古帝国的疆域从中国的东南沿海，绵延至印度北部，再向西拓展到东欧，向北延伸到西伯利亚荒原。但当回看他们自己所处时代的相似现象时，很少有人会认为有系统地屠杀上百万人、毁灭了好几个文明的行为是一种“成就”。

西方人基于拉施德丁（Rashid al-Din）[44]关于蒙古入侵欧洲和波斯的记载，形成了一种印象，即成吉思汗的连战连捷是因为运用了一种新的战术：熟练的骑射手带着强有力的弓箭朝敌军突击。但对于东方而言，这种战术并不新鲜，而且蒙古的骑射对于汉人或突厥部族来说并非不可战胜，尽管他们都被蒙古人攻击并征服。蒙古的胜利还有其他原因。

[44] 一位波斯的编年史家（1247—1318）。

蒙古征服亚洲的种子孕育在一种险恶的环境中。中亚的游牧民族生活在一个弱肉强食的世界里，在好的年景中他们可以坚守祖宗的草场，但当恶劣的气候迫使牧民要驱赶他们的牲畜在草原上四处迁徙时，他们就要准备好入侵别人的牧场，以及抵御其他部族的进攻。在

13世纪早期，极端的气候导致大量的牧场消失。

游牧的生活方式以及因这种生活方式而带来的共同困境导致了中亚草原上诸部族某种意义上的文化统合。在游牧民族可以书写自己的历史之前的数个世纪，这种文化统合见诸汉人的史籍和其他文献。汉代的司马迁对匈奴的历史书写（卷八8G1段）也适用于北魏的鲜卑、隋的突厥，以及契丹、女真和蒙古人自身。如果各自的需求、利益和领导阶层的实力结合得当，这些游牧民族可能会结成同盟，否则也可能迅速分崩离析，互相残杀。

游牧民族内共享一个传说。[45]一位母亲教育她那些终日争吵的儿子们，她让他们每人拿一支箭然后折断——这是一件很容易做的事。然后她让儿子们拿出和兄弟人数一样多的箭支并将其合在一起，再让他们试着去折断——没有人能做到这件事。草原上的游牧民就是这样学习什么是"团结"的，无论他们属于哪一个民族。

[45] 《魏书·吐谷浑传》,《蒙古秘史新译并注释》卷一第二十二节。

蒙古贵族成吉思汗一统中亚的游牧民族不仅依靠他的个人实力，人们也相信缔造一个伟大的草原帝国是受命于"长生天"的，再加上游牧民对实际利益有着强烈诉求。那时的游牧民族都跟随草原地区最强盛的部落来为本族命名。当成吉思汗开始在草原诸部落中占据优势时，他将自己的部落命名为"蒙古"，因此其他归顺的游牧部落也把自己称为"蒙古"。最终，每一个臣服在成吉思汗脚下的游牧部落都以"蒙古"作为自己的族名，就像之前他们与另一个强大的部族联盟时都自称为"鞑靼"那样。[46]

[46] 与契丹人统合在一起的诸部族最终使得"Cathay"（契丹）这一称呼在早期的西方传教士那里出现，用来指代"中国"（China）。

除了像滚雪球那样统合诸游牧部落，成吉思汗还能让其他民族也为他所用。其中最主要的就是突厥—回鹘系穆斯林（Muslim Uighur Turks）和居住在古粟特地区信奉聂斯脱利派基督教（Nestorian Christian）的商人，蒙古人差遣他们去辅佐帝国的行政工作——这是蒙古人最不擅长的。在1212年和1213年，成吉思汗和他的军队进攻了中国北方的金朝，摧毁了上百座城池，把金朝的统治者往西南边驱赶。他用波斯的军事家实施围城，在1215年夺取并洗劫了北京。

成吉思汗于1227年去世。他的大汗之位被儿子窝阔台继承。窝阔台继承他父亲的遗志，继续向中原进攻。蒙古的战车一旦开动，挡在它前面的大多数人都意识到它不可能停止。窝阔台要确保尽可能地不战而屈人之兵。一座被蒙古围攻的城池若稍有抵抗，迎来的便是一场血洗。单是成都一城仅仅进行了一些象征性的抵抗，就被屠杀了上百万人。女真人在1234年被完全征服，他们已经汉化了的官僚被蒙古征用，以巩固其统治。

成吉思汗的孙子忽必烈最终在1271年完全掌控了中国的北方，并建立了一个新的王朝——“元”。接着他开始着手征服宋朝治理下的中国南方疆域。蒙古的外国顾问帮他们打造了一支可以渡过大河的舰队，在这之前蒙古人无法逾越这些天险。蒙古的扫荡继续，所有的城市都遭到了屠戮。宋代最后的残余军队在1279年被击溃，还是小孩的皇帝也死去，中国终于成了忽必烈的囊中物。

弓箭并非蒙古帝国扩张的主要工具。蒙古的胜利来自中亚草原部落之间共同的文化纽带，在生存困难的环境中他们能够被号召起来，只要保证他们可以得到土地和战利品。蒙古的胜利也有赖于中亚地区的商人。广袤的中亚地区被强有力又乐于合作的君王统治，让他们看到了商机。但最终，蒙古的胜利还是依靠了恐惧和史无前例的大屠杀。

元朝统治中国的89年里，汉人被视作低人一等的奴仆。军事大权被那些拥有土地的军功贵族掌握。蒙古的军队按照十进制编制，规模最大为万户，军队的统帅是世袭的。所有的国防力量都掌握在蒙古人和其他中亚民族手中。当科举考试在1315年被恢复时，一半的中试名额是给蒙古人保留的，四分之一给其他的非汉人族群，而剩下的四分之一才分配给汉人。汉族的士大夫实际上无法掌握自己家乡的管理权，只有一些未受过儒家教育的低级文吏被容纳在政府中工作。

汉人通常不被允许从事任何形式的军事训练，他们也不能私藏兵器。有时，汉人还不能私自砍伐竹子，因为竹子可能被用于制作弓胎或弩弓。

对于这个军事政权的统治者来讲，弓箭和他们每天穿的衣服一样稀松平常，他们会认为弓、箭、弩并没有什么值得专门记载的价值，这一点也不奇怪。事实上，《元史》的“兵志”就很少记载弓箭。不过，宋代的“弓箭手”制度却留存到了元代，在民间被组织起来防卫盗匪。[47]

在元代，夜里会实施宵禁，宵禁时间从一更三点[48]开始，五更三点[49]结束（若遇公家的政事、丧葬、医事、生子等特殊事务时可例外）。违背宵禁令的人要遭受27鞭的惩罚（若是官员违令，在缴纳罚金后，可只挨7鞭）。宵禁令都由弓箭手负责实行，他们都是从农村和商业城镇的劳役人口中抽调上来的。而且，每一组弓

[47] 《元史·兵志四》：“元制，郡邑设弓手以防盗也。”

[48] 译者注：约晚8时15分。

[49] 译者注：约晨5时10分。

箭手有一定的追捕罪犯的任务，如果没有完成就会受到惩罚。

这些弓箭手都是从农村征召的士兵，基于此你可能会认为他们绝大多数都是汉人。不过，这一观点也存在问题。首先，一般认为汉人不能携带武器；其次，汉人在法律上不允许伤害有蒙古血统的人。由于很多地方上的盗匪出自蒙古的军人家庭——他们在和平年岁里无所事事，汉人弓箭手能起到的保卫作用就极其有限了。官修的史书没能解开这一疑惑。

对于蒙古贵族而言，射艺在打猎和宫廷礼仪中都发挥着作用。其中最著名的一项礼仪性运动是“射草狗”。

10W1

《元史·祭祀志六》

每岁，十二月下旬，择日，于西镇国寺内墙下，洒扫平地。太府监供彩币，中尚监供细毡、针、线，武备寺供弓箭、环刀，束秆草为人形一，为狗一，剪杂色彩段为之肠胃，选达官世家之贵重者交射之。非别速、札剌尔、乃蛮、忙古台、列班、塔达、珊竹、雪泥等氏族不得与列。射至糜烂，以羊酒祭之。祭毕，帝、后及太子、嫔妃并射者，各解所服衣，俾蒙古巫觋祝赞之。祝赞毕，遂以与之，名曰“脱灾”。[50]国俗谓之“射草狗”。

[50] 如果“脱灾”是一个汉语词而不是蒙古语词，那么其意思就是“脱离灾难”。

之后就是蒙古人的败退。蒙古人入主中原之初，还能建立起一套管理中国的行政系统，能从中亚的商人那里抽税，能将已汉化的游牧民安置在重要的行政岗位上。他们边缘化了受过教育的汉人群体，导致这些人瞒着蒙古统治阶层在私下里开展事业，比如建立私学、研究医学和天文学，以及在文学和艺术中寻求自我完善。

一旦失去了军事目标，在这个已异化的环境中游牧民族原先最重要的生存需求已变得无关紧要，蒙古的军事贵族们逐渐陷入内斗当中。与此同时，汉人的军事集团和武装宗教团体也开始崛起。最终，汉人得以组织起来，令蒙古人松开攥住权力的手。

在付出上百万人死亡、数百城池毁灭的代价后，蒙古的贵族和平民们撤退回他们的老家。蒙古人在中国人口最稠密的地区进行大屠杀，比如四川。农业的凋敝造成饥荒和瘟疫，大量工匠被强行赶到蒙古的都城，以上种种导致了中国人口在13世纪下半叶几乎减少了一半（减少了多达6000万人）。元朝在1368年灭亡。

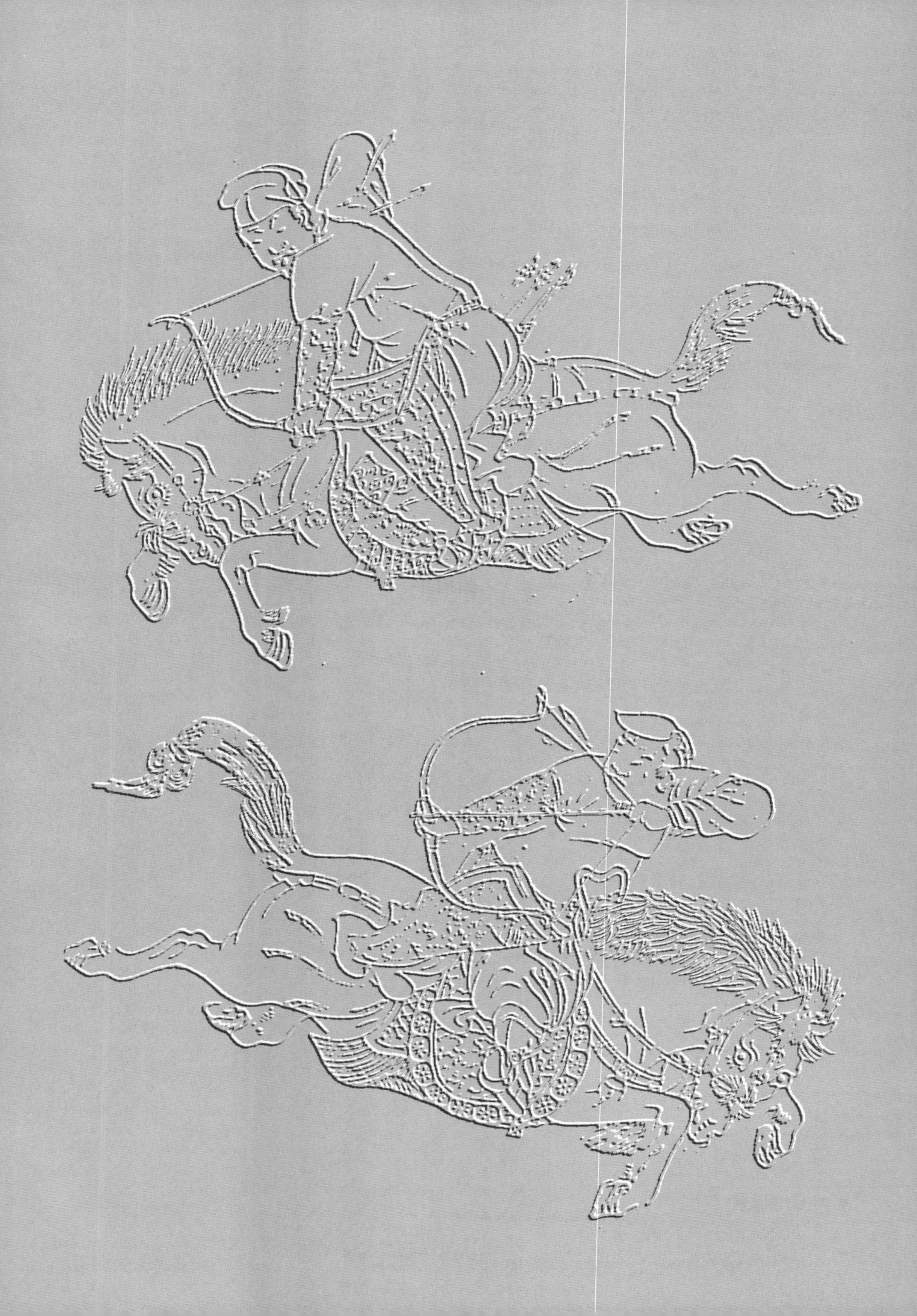

骑射手

卷十一　矫枉过正——明代

明朝的特点带有其创始人朱元璋的鲜明印记。朱元璋出生在一个贫穷的农家，他长大后加入了一个有佛教背景的起义团体，积极参与和蒙古人的斗争。他逐渐吸引了一些儒生跟随，这些人能够为他建立富有儒家威严的统治方式。在1368年，他开创了明朝的第一个统治时期，并定年号为“洪武”，他也成为明朝的“太祖”。

之前的蒙古统治者虽然也采取了很多儒家式的礼仪制度，但他们乐意将中国的财政管理权交给税吏和中亚的商人，这些人从帝国的财政中谋取利益，还能免受监管。朱元璋在小的时候过了很多年贫困的生活。父母死后，他到一座佛寺求助，借钱安葬了双亲。之后，他在寺庙中寄宿了好几年，跟着和尚学习读书写字。接着他率领了一支有宗教背景的起义军反抗蒙古人，因此而崛起。朱元璋登基后致力于通过很多彻底的富于理想主义的儒家理论来治国。在洪武三年（1370），他恢复了科举制度，其中射艺也是科目之一。从他宣布开科举的诏书中，我们可以一窥他的思想：

11A1

祖制

洪武三年初设科举条格诏[1]

[1] 此处引文出自顾煜《射书》。

诏曰："朕闻，成周之制取材于贡士，故贤者在职而其民有士君子之行，是以风俗淳美，国易为治而教化彰显也。"

11A2

[2] 下文处括号内的文字可能是《明史·选举二》中的阙字。

[3] 本句在《明史》的版本中为："然但贵文学而不求德艺之全。"

汉、唐及宋科举取士，各有定制。[2]然但贵词章之（文）学而未求六（德）艺之全。[3]至于前元，依古设科，待士甚优，而权豪势要之官，每纳奔竞之人。

11A3

辛勤岁月，辄窃仕禄，所得资品或居举人之上，其怀才抱德之贤耻于并进。甘隐山林而不起，风俗之弊，一至于此。今朕统一中国，外抚四夷，与斯民共享升平之治。所虑官非其人，有伤吾民，愿得君子而用之。

11A4

自洪武三年八月为始，特设科举，以取怀才抱德之士。务在经明行修，博古通今，文质得中，名实相称。其中选者，朕将亲策于廷，观其学识，品其高下，而任之以官。果有才学出众者，待以显擢。使中外文武皆由科举而选，非科举毋得与官。敢有游食奔竞之徒，坐以重罪，以称朕责。实求贤之意，所有合行事宜，条列于后……

明太祖对“适者生存”那一套无序的资本主义式的生存哲学非常厌恶。在他心目中，一个理想的官员应该能通过坚持不懈地实践儒家经典来止于至善（类似于新儒家朱熹的观点）。他竭尽全力确保科举考试能收此效。他设置的考试科目包括朱熹注解的儒家经典、儒家礼制、礼乐，甚至还有骑术[4]、射艺[5]、书法和算术（卷四里讨论过的“六艺”）。

[4]“骑观其驰骤便捷。”

[5]“射观其中数多寡。”

毫无疑问，通过建立起科举考试的信誉，明太祖获得了很多他想要的东西。科举考试被认为是公平和开放的，太祖采取了严厉的措施杜绝考试中可能出现的偏袒徇私（比如让同一区域的考生大量考中）。于是，大量学子被吸引到科举考试中来，人数比从前任何时候都要多。

向上级直言进谏是儒家的一种美德，但太祖不允许儒生这样做，这是他最失败的地方。如果有大臣试图纠正太祖的错误，或采取顽固又不受约束的行动，就会被太祖视为对他个人和他想要打造的这个理想国度的威胁。他残酷镇压那些独立的意见和行为。他希望自己掌控所有事务，自己来做大臣们的工作。

太祖犯下了很多错误。悲哀的是，由于缺乏财政管理的经验，他完全无法胜任财政事务。他试图让自己的官僚团队尽可能小，并将农业税控制在产出的十分之一以内，但他无法创立一套能够让他的理想按照经济规律实践的行政体系。他非常看重精简节约、自给自足式的军事、公共和农业生产团体，这些团体在财政预算上是与收支挂钩的。但这一复杂机制所需的管理体系要么缺失（在这种情况下就会滋生腐败乃至整个机制崩溃），要么会因税赋太高而难以推行，以致管理者需用掉大部分税收来抵用其行政成本。

不久之后，他的政府就只能在谎言中运转：太祖敌视原始资本主义，然而，作为民政一部分的私人商户是他的理想社会制度能够发挥作用的唯一倚靠。他抑制白银在货币系统中的流通，但他的铜币又很容易被伪造。他没能看清在亚洲区域内蒸蒸日上的海上贸易，[6]还试图把所有的国际贸易都纳入一个万邦来朝的表象中，这正中了那些海盗和走私者的下怀。

[6] 在那时，中国、日本、阿拉伯和葡萄牙之间的贸易联系已非常紧密。

不过，经受了蒙古对北方农村的占领，以及1331年到1354年之间爆发的瘟疫，农业生产也渐渐恢复了。到了洪武末年，耕地面积已达洪武初年的四倍，粮食产量也翻倍了。[7]

[7]《明史・食货一》。

在元朝的军事制度中，军队的核心由世袭的蒙古贵族组成。后来则继之以世代相传的军户，他们不能擅自离开自己职守，政府会给他们授田营生（但在实践中这种军屯制度效果很不好）。在洪武初年，皇帝命令在这些军户中再增加一万户，并对他们进行军事训练。住在边境的居民被鼓励携带武器自卫。拥有熟练骑射技巧的边境自卫团体再一次出现了。[8]

[8]《明史・兵志》,《明会要・兵二》。

明代早期的射艺

随着汉人又一次获准拿起武器在边境地区自卫，以及射艺成为科举的固定科目之一，严肃的射艺研究再一次兴起。到16世纪晚期，明朝已统治中国两百多年，关于射艺（包括弩射）的理论流派有十四家之多，[9]不过他们的教学细节都已不存于世。[10]一部编于宋代，增补

[9] 郑若曾《江南经略》："使弓弩之家十四。"

[10] 这些流派的传承者多"不立文字"。见下文11C1段引文。

于元明两代的类书为我们呈现了这些射艺理论的基本样貌。这部类书就是《事林广记》，其主编是南宋学者陈元靓。

在元刻本里，《事林广记》中有关射艺的内容主要是依据王琚的《射经》（卷九9B段）。但在明代初期的刻本中增补了一些其他的文献，它们和《射经》一同代表了那个时代的射艺理论。《事林广记》中的不少射艺文献都出现在其后的射书中，但这些文献并没有增加我们已知的关于射箭技术的知识，我们会在后面的章节进行讨论。不过，这本书中仍然有一些有趣的内容是别的地方找不到的。比如下面的三例：

速射

11B1

执弓取箭

古法曰："远之能，近之功。"盖挽力既进，然后习以左手，连双箭夹弓，而执箭筈齐上弰，[11]上三指实，下二指虚，其箭自偃。[12]以右手下三指仰抹取偃箭，至箭之半，即以小指勾定，推近箭镞分寸之间。次以食指勾其上箭，控筈上弦。不可以目视筈。凡取箭之体，须侧右手，于右则不撞弝。不视筈，则恐不真。不真则不能及弦。揣、摸久之，则又非式，亦恐有落架、脱弦之病。必控筈之际以食指包干其筈，纵末遣入弦，可以一移而无脱落。先习于十步之内，百发百中，然后增五步，推而上之，至百步止。此古善射者之法。

[11] 也就是说箭镞是朝下的。

[12] 我的理解是，这两支箭由无名指和小指紧靠弓弝斜握。

射艺要诀三条

11B2

遣放求亲

古法曰："射不入铁，不如不发；射不入石，徒劳尔力。"又曰："有力不亲，不能害人；亲而无力，不能入物。"又曰："疾而箭狂，反被敌伤；亲而箭迟，敌可闪移。"

射手"十诫"

11B3

治心调摄

古法曰："得之于心，应之于手。"盖心一不治，则射无中理。凡射有十不可：他想不可、他忧不可、奔走而至不可、醉不可、饥不可、饱不可、怒不可、不欲射不可、射多而好不止不可、争斗不可。戒此十者，则不徒射矣！射中勿喜，喜则心易而反跌。射不中勿忧，忧则心惑而无主。手执其弓，弦安其箭，目注其的，心实运之。平居暇日，更当调其气息，节其饮食，避其寒暑，持其喜怒，诫其嗜欲。此射之至要。

明代的国防

明代的军事战略主要朝三个方向布置发展。其一是往西南地区开拓疆土，废除大理国的独立地位以能让军队在南方扩张。控制这些领土的多种方法，从完全吞并到共同治理，明朝都采用过。偶尔会有叛乱发生，但都被明朝军队镇压下去了。

其二，随着元朝的崩溃，蒙古人从中国传统疆域中退走，但他们并没有失去自己的核心腹地。所以，蒙古的军队也持续不断地对明朝发起进攻。这使得明朝不仅要磨炼自己军队的骑射技术，还做出了一个堂吉诃德式的决策，即试图用高墙把游牧民族挡在中土之外，这些城墙的一部分构成了我们今天看到的“长城”。1449年，明英宗被怂恿北征蒙古腹地，结果与他的军队一起被俘。朝廷没有赎回他，取而代之的是另立了一个皇帝，就是明代宗。

不过，从射艺发展的视点来看，明代最重要的军事活动显然是抗倭战争。

日本在1281年成功击退了忽必烈的蒙古军队，自此之后，日本的沿海地区就高度军事化，还部署了强大的舰队。但是，日本针对蒙古的防卫耗资巨大，对经济造成了负面的影响。这就导致了很多沿海人口变成海盗。倭寇对江苏、浙江、福建和广东等中国沿海地区持续不断地进行窃掠，日本的武家政府暗中支持这些行为，中国沿海地区的一些人也加入海盗集团之中。

一开始明太祖试着与日本政府进行外交沟通，让他们去镇压倭寇。1400年，将军足利义满回应了明朝再三的外交请求，并在1405年签署了一道打击倭寇的命令，但并没有起什么作用。足利义满死后，他的儿子足利义持与明朝断绝了外交关系。但在1432年，两国间的邦交又恢复了。中日两国的贸易以瓷器、漆器、丝绸和白银为主，这些都是倭寇觊觎的财物。物以稀为贵，为了抢夺珍宝，倭寇不惜越洋窃掠中国的沿海。

在15世纪初期，明朝派遣官方的外交舰队访问了印度、波斯，甚至远达非洲东海岸。但这样的远航成本太高，再加上保守的儒家士大夫对外贸和外交都不感兴趣（应该是外国来中国朝贡，而不是中国主动走出去），之后再没有类似的远洋航行，中国的造船技术也被局限于沿海小船的制造。

得到了外交机会和开放贸易的利益，日本幕府本来倾向于打压倭寇。但是日本对走私和海盗活动的兴趣使得明朝做出了摈弃外贸的反应。

延续了几乎整个明朝的抗倭战争催生出一批军事著作，其中很大一部分都流传至今。有关射艺的最重要的几部书如表11.1所示：

表11.1

大致出版年份	书名	作者
1550	《正气堂集·余集》卷四“射法”	俞大猷
1560	《纪效新书》	戚继光
1589	《阵纪》四卷	何良臣
1618	《武编》	唐顺之
1621	《武备志》	茅元仪
1629	《射史》八卷（之八：射法直述图）	程宗猷
1637	《武经射学正宗指迷集》	高　颖
1637	《射书》四卷	顾　煜
1638	《武备要略》卷四“射论”	程子颐
1646	《射经》	李呈芬

以上重要的著作中，今天在中国最知名的可能是唐顺之（1507—1560）的《武编》和茅元仪的军事类书《武备志》。但从射艺的视角来看，这两部书都没有提供什么新的材料，它们的内容完全出自宋代的《事林广记》，如我在上文11B段讨论的那样。

另有两本著作通过插图来展示射箭技术，为射艺的知识仓库增添了一些新的东西，这两本书在明代也很受欢迎。程宗猷是一位少林武术的练习者，他的《射史》八卷和程子颐的《武备要略》都用了准确的木刻版画来呈现射箭技术的细节。不过他们呈现的基本上还是明代早期的射箭技术。

这些在明代早期流传的射箭技术很可能就是明朝军事训练的核心内容。所以这些技术流传时间很长，且反复出现在各类军事著作中。

最终，革新出现了。两位将军——俞大猷（1503—1579）和戚继光（1528—1588）——成了明朝抗倭战争的英雄，他们用自家家传武艺训练了自己的军队。

俞大猷在他父亲死后弃文从武，并在1535年的武举考试中获得优异的成绩。最终，他掌握了中国东部和南部沿海的武装力量，在抗倭战争中取得了很多实质性的胜利。[13]据说他写了一本讲解剑法的书（《正气堂集·余集》卷四《剑经》），这本书中也包括了一些有关射艺的内容。

[13] 林伯原：《中国古代体育史》，第八章。

戚继光出生于一个军事世家，他随父亲学习了很多军事知识。他在1555年当上将军，1561年在台州赢得了抗倭战争的一次决定性胜利。1563年，他和俞大猷在广东并肩作战，有效地阻止了倭寇进犯。戚继光写了两部有关军事战略和军事训练的著作，即著名的《练兵实纪》和《纪效新书》。他在文体上进行了创新，书中的内容包括他向将士们作的演说，且都用白话记录，读之仿佛可见其人。[14]

[14] 林伯原：《中国古代体育史》。

戚继光强调实用和简单的军事技能，他剔除了那些华而不实的技巧，且完全吸收了其前辈俞大猷的射艺理论。

俞大猷的射艺理论有些部分比王琚的《射经》更实用，这些思想都被戚继光和何良臣（《阵纪》）吸收。他提出了一套简单易学且完全以作战为导向的方法，同时也适用于科场。他也感同身受地谈到了如何应对战场或考场中的紧张情绪。

现在我要快进到另一位晚明的学者那里，而不再征引俞大猷和戚继光的射艺理论。[15]这位学者拓展了戚、俞二人的理论，并将其与著名哲学家王阳明（1472—1529）有关修身的论述融合在一起。王阳明是一位天才的思想家，他精于朱熹的新儒家哲学观点，但认为其太局限、太精英主义了。在对气功理论和实践抱有兴趣之后，王阳明发展出了一套新的对儒家经典——尤其是《大学》——的解释，落实于正确的学习和修身之法。他提出应该破除人造的社会分工，打破自我设限，而自我完善之法就埋藏在每一个人的心中。

[15] 因为这会让引文重复。

这位融合了俞大猷、戚继光和王阳明思想的晚明学者就是李呈芬，他的知名度并不高，其著作《射经》被收入清代类书《古今图书集成》中。根据明代文献《皇明经世文编》记载，李呈芬生于安徽，生活年代大概在16世纪末至17世纪初。[16]他深受戚继光和阳明学派的影响。

[16] 李呈芬著，〔日〕滨口富士雄译《射经》，第7—8页。

李呈芬《射经》

11C1

总论

李呈芬曰：前辈有言，“兵险道也”，而阳言之，“我能往，寇亦能往”。[17]射家手口相传，不立文字，岂谓“挽二石不识一丁”耶？盖秘之矣。

[17]《左传·文公十六年》：“楚人谋徙于阪高。蔿贾曰：‘不可。我能往，寇亦能往。不如伐庸。夫麇与百濮，谓我饥不能师，故伐我也。若我出师，必惧而归。’”

11C2

周官保氏教国子五射，[18]曰“白矢”，白镞至指也，此弯弓之法，所谓“彀率”也。曰“参连”，谓先发一矢，三矢夹于三指间，相继拾发，不至断绝，此注矢之法也。曰“剡注”，剡，锐也，弓弰也；注，指也，箭发则靡其弰，直指于前，以送矢。所谓㔟控是也。[19]㔟者，后手摘弦如㔟断之状，翻手向后，仰掌向上，令见掌纹也。控者，以前手点弰，如掷物之状，令上弰指的下弰指髀骨下也。或谓矢头剡处，直前注于侯，不从高而下，即谚所谓“水平箭”，此发矢之法也。

[18] 参看卷九 9D1 段。

[19] 参看本卷 11B2 段。

11C3

曰“襄尺”。襄，平也。尺，曲尺也。谓平其肘，使肘上可置杯水。盖架弦毕，便引之。比及满，使臂直如矢也。或曰：襄，包也。肘至手为尺，射者常以肱敝其胸肋，无使他人之矢从虚而入，此自防之法也。

11C4

曰“井仪”，言开弓圆满，似井形也。或谓：四矢集侯如井字。即诗“四矢如树。”[20]此射法之妙也。呜呼，射之道备矣。

[20]《诗经·大雅·行苇》：“既挟四鍭，四鍭如树。”朱熹注：“如树，如手就树之，言贯革而坚正也。”

11C5

邓钟[21]曰：“射法虽多，大要不过：审、固、满、分四字耳。持弓欲固，开弓欲满，视的欲审，发矢欲分（分者，两手齐分也）。知镞者，满之象也。而审益精。臂力者，固之征也。而分始齐。射有臂力、知镞工夫，靡不命中矣。而先之以入扼、壁立为入门。

[21] 邓钟是生活在16世纪晚期至17世纪早期的一位学者，他的一些言行记载在《武备辑要》中。

11C6

凡执弓，欲使弝前入扼，弝后当四指本节。平其大指承镞，却其头指使不碍，则和美有声而俊快也。凡开弓，身直头偃，前手腕仰为病色，宜戒。

11C7

正心、养气为根本。至于射敌，又与射的不同。射的贵从容，射敌贵神速。从容，则引弓稍轻，而调犹可以及远中微。神速者，非强弓重矢，安能杀敌于百步之外哉。故倭虏矢重弓劲，中之者必毙。彼近而始发，发必中人。乃华人徒畏之，而不知用其所长也。

11C8

虽然，弓矢，器耳；[22]射，艺耳。器，形而下。

[22]《易·系辞传下》：易曰：“公用射隼于高墉之上，获之无不利。”子曰：“隼者，禽也。弓矢者，器也。射之者，人也。君子藏器于身，待时而动，何不利之有？动而不括，是以出而有获。语成器而动者也。”

道，形而上。[23]艺成而下，德成而上。[24]礼不尽于玉帛，乐不尽于钟鼓，[25]射亦不尽于弓矢。张弓挟矢，下学之方；得心应手，上达之妙。[26]下学可言，上达不可言。可言者，吾不得而秘之；其不可言者，存乎人之自得矣。[27]故以所尝试师友之法，分篇十三，系之以歌诀，而射仪附焉。俟同仇[28]者共力之。

11C9

利器第一

荀子曰："弓矢不调，[29]羿不能以必中。"夫调之云者："矢量其弓，弓量其力。"[30]盖手强而弓弱，是谓"手欺弓"；弓强而手弱，是谓"弓欺手"。余所交游善射之友，有能引满数十力弓（约54.6公斤）者，其所常习无过九力（约49.1公斤）之弓，所以养勇也。盖弓、箭、力量，欲其相称。

11C10

古者，弓以石量力。今之弓，以个量力，未详出处。然相传，九斤四两（约5.46公斤）为之一个力，十个力为之一石（约54.6公斤）。或曰，九斤十四两（约5.83公斤）为一个力云。凡弓五个力（约27.3公斤）而箭重四钱（约15克）者，发去则飘摇不稳；而三个力（约16.4公斤）之弓重七钱（约26克）之箭，发之必迟而不捷。何哉？力不相对也。

11C11

故三力之弓，用箭则长十拳。所谓"一拳"，

[23]《易·系辞传上》："是故形而上者，谓之道；形而下者，谓之器。"

[24]《礼记·乐记》："是故，德成而上，艺成而下。行成而先，事成而后。是故，先王有上有下有先有后，然后可以有制于天下也。"

[25]《论语·阳货》："子曰：'礼云礼云，玉帛云乎哉？乐云乐云，钟鼓云乎哉？'"

[26]《论语·宪问》：子曰："不怨天，不尤人，下学而上达，知我者，其天乎。"

[27]《孟子·离娄下》："君子深造之以道，欲其自得之也。自得之，则居之安。居之安，则资之深。资之深，则取之左右逢其原。故君子欲自得之也。"

[28]《诗经·秦风·无衣》："岂曰无衣，与子同袍。王于兴师，修我戈矛，与子同仇。"

[29] 没有证据说明"调矢"指的是不是箭的挠度（spine）。但中国的学者往往关注的是箭的重量，而非箭杆的软硬。

[30] 参看卷九 9B8 段。

名曰一把。十把之箭，其重四钱五分（约16.6克）。如四力（约21.8公斤）之弓，则用箭九把半以长，或至十把，尤为相称，其重则五钱五分（约20.3克）。至于五力六力（约27.3—32.8公斤）之弓，用箭亦长九拳之半。七力八力（约38.2—43.7公斤）之弓，用箭只长九把，即长至九把半亦可也。故箭之长短，随弓力以重轻。弦扣之精粗，亦视弓之强弱。扣者，属弦以附弓弰。其粗细不称，则弓弦不调。

11C12

是故，调弓、审矢，使轻重、长短、强弱适均。然后，目力会意，纵送[31]无虞。而弓面之于弦口，把力之方，箭翎之制，不以工拙而贵乎适宜。

[31]《诗经·郑风·大叔于田》："叔善射忌，又良御忌。抑磬控忌，抑纵送忌。"

11C13

弓面贵窄，不贵宽，弦口贵紧，把力贵轩。歪宁一顺，不宜十字。[32]箭之制，贵上粗而下细，若秤干状，宁粗毋细。箭翎贵短，弓弦贵粗，满扣则稳当而不走滚。弓矢调矣。

[32]"弦口贵紧，把力贵轩。歪宁一顺，不宜十字"：弦距适中，使得弦能足够紧实。弓弝要足够宽，握弓时才会有力。弓弝呈渐变式加宽的形状，并非毫无过渡。

11C14

而于闲习、临敌，器不同用。弓窄则美观，平时用之可矣。若御敌，则宜宽弓重箭，箭重则贯札深，弓宽则不滚。箭之至短，不过九拳耳，少则撒放时，难加筋节也。

11C15

或有用三力半（约19公斤）之弓，而长十拳重六钱（约22克）之箭，似不如法，而其射甚平快。是必有法，在于加意精熟之。此利器之概也。

11C16

诀曰：

“弓用轻，箭用长。

搭箭得弦意怒强。

开弓势，前后分阴阳。

箭出门时，一点功，平准狠，

去何用忙？”

曰平，曰准，曰狠，三者射之方也。夫善事者，必利器斯知其端倪矣。

11C17

辨的第二

夫箭称“百步之威”，所谓杀人于百步之外者也。故其效在于中人，而所习先于破的。的者，箭之侯，世俗通呼为“把子”。谚曰：“箭无落头，不知远近，是名‘野矢’。”“落头”谓落矢之所至。如“射的者至的，射人者至人”是也。“野矢”谓不经师授，放纵无法。

11C18

故的分远近而前手应之。如把子八十步（约124米），[33]前手与前肩对；把子一百步（约155米），则前手与眼对；把子一百三四十步（约210米），则前手与眉对。其最远至一百七八十步（约270米），则前手必与帽顶对矣。

[33] 根据李呈芬《射经》，明代一步相当于1.55米。

11C19

目力审真，气至，意注。二目审顾不真，则箭发仓忙无准矣。由近及远，渐习精求。善学射者，其的必始于一丈（约3.1米），[34]百发百中，寸以加之，渐至于百步，亦百发百中，是为术成，此不易之法也。

[34] 根据李呈芬《射经》，明代一丈相当于3.11米。

11C20

凡把子五十步（约77.5米）近者，前手下前肩二寸，直对把子中射之；把子三十步（约46.6米）者，前手与左胯对，正望把子根底射之。故学射之初，必满拽而远发，宁高而过，勿低而不及。能及远矣，然后自近求准，毋画地以自局焉。[35]初学者，曾未开弓，便止射二三十步，如此是自局也，岂能远耶？

[35]《论语·雍也》：子曰："力不足者，中道而废，今女画。"

11C21

（王琚）[36]法曰："莫患弓软，服当自远；莫患力羸，引之自伾。"[37]弓之力强劲曰"硬"，力小而弱曰"软"。"服"者，久而习熟之谓也。羸，尤弱也，伾，有力也。[38]夫力胜于弓，则气和而命中。及其升高俯壑，随地势之低昂，必移的以习之，纵横曳掷，发无遗矢矣。（王琚）言预习之闲，以需临敌进退之熟也。

[36] 译者注：括号内为作者补充文字，下同。

[37] 此处与卷九9B8段引文稍有差别。

[38]《诗·鲁颂·駉》："以车伾伾。"（车疾行而有力量）

11C22

戚将军曰："对敌射箭，惟胆大力定，势险节短，[39]则人莫能避矣。"凡临敌，必挽弓矢，且勿满拽，且勿轻发，只四平架手，立定以养其势，必待将近数十步计之，一发必中，必能杀敌。又或患将

[39]《孙子·势篇第五》："激水之疾，至于漂石者：势也。鸷鸟之疾，至于毁折者，节也。是故，善战者，其势险，其节短。势如彍弩，节如发机。"

切身，或为贼先锋，然后一发而中，收功十倍矣。

11C23

盖弓矢长兵也，长兵短用焉。力百步者，五十步而后发，力五十步者，二十五步而后发。长则谓之势险，短则谓之节短也。力百步，谓力可至百步也。力量倍而半用其力，则势有余，而无错失之患。

11C24

故马战射敌，射其大者，不必的于射人。语曰："射人先射马，擒贼先擒王。"[40]所以谕其要也。尝观时俗，嗤武举试，围之箭曰功名箭，谓其徒能博第，而不足以临敌也。于戏，士取功名，何为哉？

[40]（唐）杜甫《前出塞》："挽弓当挽强，用箭当用长。射人先射马，擒贼先擒王。"

11C25

明彀第三

孟子曰："羿之教人射，必至于彀，学者亦必至于彀。"又曰："羿不为拙射变其彀率。"彀率者，盈满之谓也。盖镞与弝（弝：弓弝也）齐为满。半弝之间谓之"贯盈"。[41]明乎盈满之旨，不以目，而以指。是故拽弦扣矢之节，屈压撒放之方，古人秘妙，可以意授矣。

[41]《庄子·田子方》："列御寇为伯昏无人射，引之盈贯。"朱骏声曰："贯借为弯。"

11C26

凡射，必大指压中指弝弓，此至妙之古法。须以大指上一指节，探过中指上一节，大指与中指并平攒紧，中指屈，要平大指，要微屈二指，靠弓弝平。屈无名指与小指，要十分屈、十分紧。

11C27

自肩至肘与手，要直如箭。若一节弯屈，骨节不对，便无力，不劲也。后手以二指勾大指上一节，二指要斜靠箭扣，指顶下垂。箭扣搭宜最正，稍上亦可。若搭下，恐箭多上起而不直前也。

11C28

拽弓未满时，前后手且少用力，至箭镞方进弓弝之时，前后手掌十指并加力上紧，审固，撒放之。法曰："镞不上指，必无中理；指不知镞，同于无目。"此"指"字，乃是左手中指之末。"知镞"者，指末自知镞到，不假于目也。必指末知镞，然后为满。必箭箭皆知镞，方可言射。把持定而知镞，则无打袖摇指之患。凡打袖，皆因把持不定。凡矢摇而弱者，皆因镞不上指故也。

11C29

箭有脱弝之射者，名家也，非初学可语。脱弝箭，名射之号也。其镞进过虎口，审固而发，为势甚险，观者悚心。此非初学可能，然当效法之，习之久而自能也。然有志之士，纵不能过，何可不及。不及者，非力不足也，不努力之故也。人不努力，百事无成，岂独射艺乎哉？故曰："中道而立，能者从之。"[42]

[42]《孟子·尽心上》："大匠不为拙工改废绳墨，羿不为拙射变其彀率。君子引而不发，跃如也。中道而立，能者从之。"

11C30

正志第四

按《列女传》曰："怒气开弓，息气放箭。"盖气怒，则力雄而引满，气息则心定而虑周。此正志之则也。

11C31

若夫校试于演武之场，则兢业操持，而神凝思旷。若无监司之临其上，若无大众之列其左右，徐徐然若闲习于野旷之间，则心泰而力完。必无嘈杂之惊，仓惶之失。于是，镞镞能知，而矢矢审固。如之，何不中。

11C32

故，中的之箭可取必者，自从容闲暇得之也。未有匆忙恍惚而可取必也。匆忙有中，亦幸耳。从容闲暇，乃善射之主宰，设若试场校射，一发至五矢，上下而尤未中者，更要从容审决，勿因不中而动慌忙之念。动念，则益乖张，而六七八九矢，更无中理矣！

11C33

又如长驱接战之期，旌旗蔽空，[43]钲铙震地，倭锋耀日而来，边马扬尘以进，惧心一动，则手颤身寒。即平日能穿七札，亦必委而不振矣！故为将之道，当先治心。[44]誉之不喜，激之不怒，胜而不骄，败而不慑。若泰山之崩于前而不惊，若虎兕之出于后而不震。

[43]（宋）苏轼《赤壁赋》：“方其破荆州，下江陵，顺流而东也，舳舻千里，旌旗蔽空，酾酒临江，横槊赋诗。”

[44]（宋）苏洵：《苏老泉先生全集》卷二，《心术》。

11C34

毋动容作色，而和其肢体，调其气息，一其心志。备此五德，惟彀率之是图，[45]失诸正鹄，反求其身。此君子之道也。

[45]（明）王阳明：《王阳明文集》卷七，《观德亭记》。

11C35

昔之观射者，见其百发百中，乃曰："可教射。"问之，则教以善息。善射者以技，善息者进乎技矣！[46]苟志不先正，随气为盈涸，即命中，乌能比乎礼乐哉？

[46]《庄子·养生主》："臣子所好者，道也，近乎技也。"

11C36

身法第五

夫人之射，虽在乎手，其本主于身。每射时，如身挺然直立，两足相并，此谓"大架"第。足并而下无力，肩高而手易摇。如两股尽开，身伏手低，此谓"小架"第。身伏，手不能起。足开，腿急难收。二者，若与敌人对射，大架不便躲避，小架苦于收足，均未为善。

11C37

身法之善，莫若蹲腰坐胯，最为便宜。腰蹲，则身不动；坐胯，而臀不显。肩、肘、腰、腿力萃于一处。易起，易伏。遇敌之际，前手挽弓，可卫一身。控拽、撒放，身俱不动。在射者有法，而旁视者美观矣。

11C38

（王琚）《射经》曰："颐恶傍引，颈恶却垂，胸恶前凸，背恶后偃，皆射之骨髓疾也。故身前竦为‘猛虎方腾’，额前临为‘封兕欲斗’；出弓弰为‘怀中吐月’，平箭阔为‘弦上悬衡’。此皆有威仪之称也。”

11C39

手法第六

昔晋平公使工为弓。[47]三年乃成。射不穿一札，公怒，将杀工。其妻见公，曰：“妾之夫造此弓，亦劳矣。而不穿一札，是君不能射也。妾闻射之道：‘左手如拒，右手如附枝，右手发箭，左手不知。’”公以其仪而射穿七札。此仪也，端身如干，直臂如枝，左臂毫发不动，巧力尽用之右手，是射家极则也。

[47] 参看卷七 7B 段。

11C40

射雕穿杨之技，非学者所易到也。今学射者，曰：前手搦弓以紧为主；后手拽弦撤放有法。是前力也，后巧也。其法：左手执弓必中。“中”云者，在弝之中，且欲当其弦心也。

11C41

右手取箭，覆其手微拳，令指第三节齐平。以三指捻箭三分之一，加于弓亦三分之一，以左手头指受之，则转弓，令弦稍离身就箭，即以右手寻箭羽下至阔，以头指第二指节当阔，约弦徐徐送之。令众指差池如凤翮，使当于心。又令当阔，羽向上。弓弦既离身，即易见箭之高下，取其中平直。[48]

[48] 参看卷九 9B2 段。

11C42

然后，前手如推泰山，后手如握虎尾。一拳主定，前后直正。慢开弓，紧放箭。射大，存于小；射小，加于大。务取水平。前手撇，后手绝。“存”云者，压其前手；“加”云者，举其前手。总之，欲拳与肩齐也。

11C43

“前撇后绝”，射之元机。一撇一绝，乃相应之妙。萃聚精神，奋力推拽。胸锐前挺，背猛后夹，则箭疾而加于寻常数等矣。

11C44

学者之病，在始拽弓时，两手就紧，至放手转不加力，矢去不远。若肩手不对，矢向两旁。或后手得法，前手不应，箭不平快，出门便动。或前手得法，后手不应，箭必懈怠，[49]将落必动。此巧力之妙，在撒放时用。

[49]《韩非子·八奸》：“是以贤者懈怠而不劝……”

11C45

凡箭去摇头，乃右手大、食指扣弦太紧之故。其扣弦太紧，是无名、小指松开之故。射时，用小草梢一寸，以无名指、小指共掐于手心，箭去而草不坠，即箭不摇摆矣。

11C46

凡此皆下学之方耳。今之射者，畴能右发而左不知也。“不知”云者，学造乎熟，形神俱凝，乃上达之妙也。圣人天君[50]泰然，常应常静，左手如拒，亦复如是。吾辈由用力，以造于不动，由知镞以造于不知。庶乎古之绝技哉。

[50]《荀子·天论》："心居中虚，以治五官，夫是之谓'天君'。"

11C47

足法第七

凡射，前腿似橛，后腿似瘸。[51]随箭改移，只在后脚。左肩与胯对垛之中，两脚先取四方立，后次转左脚大指对左肩，尖当垛中心，右脚横直，鞋衩对垛。此为"丁字不成，八字不就"。

[51] 射箭时候的站姿，前腿要好像踏在什么东西上一样，后腿略微弯曲。

11C48

射右改左，射左改右，射的之常法也。迨学之既熟，则便捷如转环，所以能应变。此又不可不知。

11C49

眼法第八

昔飞卫教纪昌射，以氂悬虱着牖。望之三年，若轮。贯虱心而悬不绝。盖视小如大，学不瞬，而后能。此射家第一义也。

11C50

人每拽弓，便看把子，满眼俱把子矣，箭多不真。如两目正视把子，亦不得真。然，用目看扣，看镞，非能射也。对敌之际，目稍瞬，则不及避而制于人矣。

11C51

故，凡射对敌或对把，站定，意在把子或敌人，不得看扣。至箭头进弓弝时，便审顾把子中心，即放。箭去未有不中的者。其审顾法，要两眼角斜视，得真。我辈欲求箭稳多中，当于此注意焉。

11C52

审固第九

南塘子（戚继光）曰：《记》称“持弓审固”。“审”者，详审，“固”者，把持坚固也。“审”字与《大学》“虑而后能得”“虑”字同。[52]君子于至善，既知所止，而定，而静，而安矣。又必能虑焉，而后能得所止。君子于射箭，引满之余，发矢之际，又必加审而后中的可决。

[52]《大学》：“大学之道，在明明德，在亲民，在止于至善。知止而后有定，定而后能静，静而后能安，安而后能虑，虑而后能得。”

11C53

今射者，多于大半矢之时审之，亦何益乎？且夫审者，今人皆以为审的而已，不知审的，第审中之一事耳。盖弓满之际，精神已竭，手足已虚。若卒然而发，则矢直不直、中不中，皆非由我心使矣。必加审之，使精神和易，[53]手足安固，然后发矢，其不直不中，为何故？欲知“审”字工夫，合于“虑”字工夫，玩味之乃得。

[53]《礼记·学记》：“和易以思，可谓善喻。”

11C54

指机第十

射之有决，俗名“指机”。眼宜少长，不宜圆。所以然者，取其紧夹大指，庶临阵无疏虞。此不易之法也。吾友于一跃，别有独得之妙。其言曰：用决之策，原为手指皮肉，不能与丝弦相当，故用此借木坚也。今人多苦用大力勾挽，致箭纵横不调。

11C55

用是机者，其中有微妙焉。如用于大指极根，箭去木而不灵，动摇迟钝随之。用于大指纹中，扯拉无力，滑泛易去。巧、力、审、固、撇、放之法，会用不及而箭去矣。世人有此二病，莫知其端。

11C56

今善射者，用决于大指近根处。搭箭拽弦时，决自徐徐前行，方到大指纹中，弓开已满，审、固、用力，即放矢去平快俊妥。良由此耳。指机徐徐之妙，难以言形，惟以意会，学射者参之。

11C57

马射第十一

王琚马射法曰："势如追风，目如逐电。满开弓，急放箭。目勿瞬视，身勿倨坐。不失其驰，舍矢如破。"

11C58

夫马者，人之命，则调马先之矣。凡马，须平日适饲，养时调度，纵蹲听令，触物不惊，驰道不削。前两脚从耳下齐出，后两脚向前倍之，则疾且稳，而人可用器。胡马惯战，数倍中国，居常调度之功也。

11C59

马上射把，有以箭插衣领内，或插腰间，俱不便。必须以箭二枝，连弓弝把定，又以一枝中弦挂为便。

11C60

马始骑时，左手挽弓，右手揽辔。马一纵时，身即左跨，便搭箭当弦。左手高张，如鸟舒一翼。弓拽圆满，至把子与马相对，左手即落，与左膝相对，望把根，射百发百中。

11C61

凡开弓，必至九分满乃发。即七八分，亦难中也。马多右开，人身左跨。左重，马不能右开。间有左开，身一右转，马即过矣。马行直否，尽在两腿。

11C62

若久驰纯熟，则马上身法，如分鬃、对镫、抹秋云者，惟所用之。郑若曾[54]曰："武士之常技三。曰分鬃：向前射也；曰对镫：向傍射也；曰抹秋，向后射也。"

[54] 郑若曾是明代抗倭将领。他著有《筹海图编》《江南经略》《四奥图论》和《黄河图议》。见臧励龢等编《中国人名大辞典》，第1564页。

11C63

分鬃者，以马之颈鬃为界，一边挽弓，一边发矢。乃弄花巧之法。边军不然，以身俯出马外，于此挽弓，就于此发矢。临敌仓惶之际，庶无谬误。

11C64

对镫者，主左一边而言。今北方响马，常勒马由道右而行，让客于左以便发箭，亦此义也。然，是法但可施于途遇一二人耳。设使众敌丛射，或敌在右，将旋马以应酬之也。

11C65

学骑射者，须习左右手皆便方可。虽然，此以射言也，若披坚执锐，攻战于白刃之外，又必两边用力，身活直坐，以张弄武艺。身若太伏，恐马前失；身若后倚，恐马仰坐。左右少跨，与射不同。盖射不用力，身尤轻也。手持器械，尽力使用。身太离鞍，马蹶人仆。是可以不慎乎哉？

11C66

神奇第十二

夫射，贵神贵奇。凡射，以目至。神射，以意至。凡射，惟中左，奇射兼中右。[55]此今世之所间有，而学者所能致也。

[55]“中左”指用右手开弓，靶在身左。“中右”则反之。

11C67

今夫弹鸟雀者，不视弓，不视弹，以意逆飞者而中之。挟矢者何独不然？初学时，手、足、身、眼之法，毫不可废。及其后也，诸法浑忘，意的之所在而矢无虚发。若樊进德辈是已。

11C68

夫射左者，敌出乎右则难矣。射右者，敌出乎左则难矣。吾友张一白左右开弓，命中如一。拟古岳武穆之臂。

11C69

或有用撇怀射法，正驰马，张弓以向左，忽转跨而射右。前后上下，随其所欲。射之势险节短，莫过乎此。《孟子》有言："夫仁亦在乎熟之而已。"惟射亦然，是以君子习焉。

11C70

习射，以垩为圈，两人各立圈内，由远及近，对射相较，以避矢出圈者为负。眼明手疾，身法步法俱到，而矢不及于其身。

11C71

若独习于家者，环堵之室，悬草荐于梁下，中粘红纸，大如指顶，以为的。日日射之，的虽数步，其引满尽力，悉如百步法。至于箭箭红心，则出而射百步，犹是矣！故曰："闭门造车，出门合辙。"[56]古人以投壶寓射，以滴油寓射，惟其理一义同。顾所习谓何耳。

[56] （宋）朱熹《中庸或问》："古语所谓：闭门造车，出门合辙。盖言其法之同也。"

11C72

谚称："武艺长一寸，强一寸。"射为诸艺之首，以其长也。更有长于射者，必也大器乎？虽然，三军之命，悬于一将，今特患无将耳。

11C73

《易》曰:“师,贞,丈人吉。”“丈人”者,为人所倚仗者也。使有仁义之将,恩威足以服吾人之心,智勇足以破敌人之胆,将见众有所恃,而技艺可施,自皆胆大力定,“一发五豝”[57]矣!不然,虽有神射,亦何益哉?

[57]《诗·召南·驺虞》:“彼茁者葭,壹发五豝,于嗟乎驺虞!”这首诗讲的是武王克商凯旋的盛大场景。

11C74

考工第十三

按古天子之弓,合九而成规,[58]诸侯合七而成规,大夫合五而成规,士合三而成规。盖弓以直为良,故勾弓者,谓之“弊弓”。

[58] 参看卷六 6A17 段。

11C75

夫弓有六善焉。一曰性体少而劲,二曰太和而有力,三曰久射力不屈,四曰寒暑力一,五曰弦声清实,六曰一张便正。凡性体少,则易张而寿。

11C76

但患其不劲。欲其劲者,妙在治筋。凡筋生长一尺,干则减半。以胶汤濡而极之,复长一尺,然后用,则筋力已尽,无复伸弛。又揉[59]其材,令仰,然后傅角与筋。此两法,所以为筋也。

[59] 参看卷六边注 18。

11C77

凡弓节短,则和而虚;挽过吻,[60]则无力。节长,则健而柱;[61]挽过吻,则木强而不来。节(节谓把梢裨木)得中,则和而有力。仍弦声清实。

[60] 挽过吻:开弓时弓弦拉过嘴角。

[61] 健而柱:弓力很强但拉感僵硬。

11C78

凡弓初射，与天寒，则劲强而难挽。射久，天暑，则弱而不胜矢。此胶之为病也。凡胶欲薄，而筋力尽。强弱任筋而不任胶。此所以射久，力不屈，寒暑力一也。

11C79

弓所以为正者，材也。相材之法，视其理。其理不因矫揉，而直中绳，则张而不跛。此弓人之所当知也。噫！古者上有道，则百工信度，且得执艺事以谏。[62]

[62]《尚书·胤征》："官师相规，工执艺事以谏，其或不恭，邦有常刑。"

11C80

唐太宗闻弓人论木："心不正，则脉理皆邪。深致取焉。"犹有古人遗意："若射而穿，则斩函人；射而不穿，则斩矢人。"[63]虽曰"威克厥爱，允济"，[64]然于正心，以正百工之道远矣。

[63]《孟子·公孙丑上》："矢人岂不仁于函人？矢人唯恐不伤人，函人唯恐伤人。"

[64]《尚书·胤征》："呜呼，威克厥爱，允济。爱克厥威，允罔功。"

11C81

夫兵，凶器也。始之以正心，终之以来百工，则远人将服之。其可忽哉？其可忽哉？

从上文中我们可以清楚认识到明代射艺的主流理论是什么。明代图像显示，明弓比后来的清弓要小得多，其尺寸大致和今天的韩国传统弓相当，结构也很类似。

明弓制作的细节被宋应星（1587—？）收录在《天工开物》中，这本书详细调查了当时中国的农牧渔业及手工业。其制作细节与汉代的记载相比差异也不大（见卷六6A段）。有兴趣的读者可以参看《天工开物》中“佳兵”一章。

宋应星研究手工艺的目的是想借此一探手工业对中国文化和经济的贡献，而这一点是被明朝保守的儒家士大夫们所轻视的。明代的士大夫圈子对商业和贸易的强烈排斥导致了中国的闭关锁国，科技也难以进步。即便火器继续发展且种类越发多样，但实质性的技术革新仍未出现。军事科技的发展得到横向延伸，但没有纵向深入。比如说，明朝鸟铳的准确性和可靠性都不尽如人意。日本就根据葡萄牙的技术改良了鸟铳，使之更精准可靠，但这样的火枪在中国就没有发现。明朝的能工巧匠转而去钻研火箭、手雷和毒气弹一类的武器。

在射艺上，我们也能看出某种技术性失败。宋应星用一个章节专门来描述弩的制造。他认为弩这种武器应该用于战略性防守而不适合于野战。弩弓是木制的，用一条木材绑上一些竹片作为支撑，这使得明代的弩能够在极端天气中持久使用。用于支撑的竹片有三层、五层或七层。弩弦用苎麻绳制成，上面还要涂上蜡或鹅油。

你也许会猜测，这种制造工艺得益于汉代以来悠久的制弩传统，再加上金属铸件工艺的进步。[65]但令人震惊的是，晚明的茅元仪在《武备志》中写道，他从一些收藏家那里见到了汉代的铜制弩机，感到非常惊讶，因为在他那个时代这种工艺根本不复存在了。汉代那种分刻度的瞄准装置他前所未见。他写道，明朝的弩机都是用鹿角制成，且经常无法使用。[66]

[65] 见卷八，第145—158页。

[66] 茅元仪《武备志》：“今四方擅弩之地，而皆不用古机，惟以鹿角为机。如弩弦麄（粗）大，一入角机则滚出弦逃。”

这一小小的案例反映出明朝统治阶层的闭关锁国政策使得中国失去了科技进步的机会。有可能是元代的混乱造成了中国传统铸造工艺的流失，以至于古老的技术无法使用，而新技术也不能产生。

另外，这一时期弓弩制作技术的进展无法与射艺理论和精神层面上的进步相匹配，火器的发展也被同时期的欧洲远远甩在了后面。

來射

去射

使射箭

射箭

中国“五族”(满蒙回藏汉)的文字依乾隆帝(1736—1796在位)的命令记录在册。图中的词从左至右依次是:射箭、使射箭、去射、来射。图中文字从上到下依次是:满文、藏文、藏文的满文转写、蒙古文、维吾尔文、维吾尔文的满文转写、汉文。

◀《御制五体清文鉴》

卷十二　明清转型

完善身心

作为一名“善射者”，需要完成好几个目标。在明末清初的作者笔下，这些目标呈现为如下三个方面：

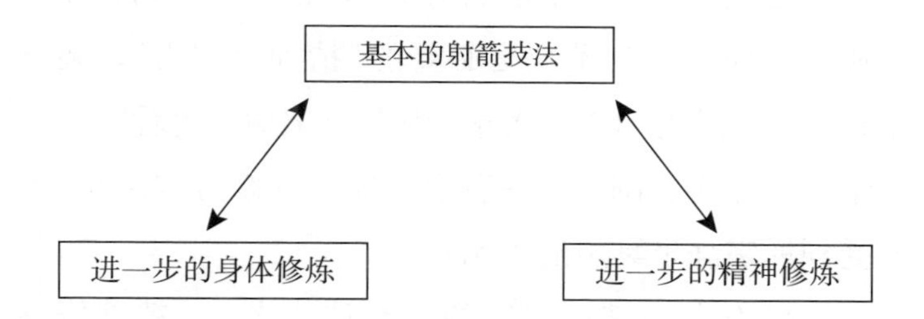

基本技法

基本的射箭技法就是那些在王琚和李呈芬的著作中阐述的实用技法。如你所见，两位作者都依托于前代文献来架构他们自己的著作，其中最核心的文献即是儒家的《礼记·射义》（参看卷五5B1段）。

《礼记·射义》记载的射箭基本技法，其核心要义以及其与身心修炼之间的关系如下页图所示。

在卷十一（11C52段）里，你可以读到李呈芬对这一主题的详细阐述。

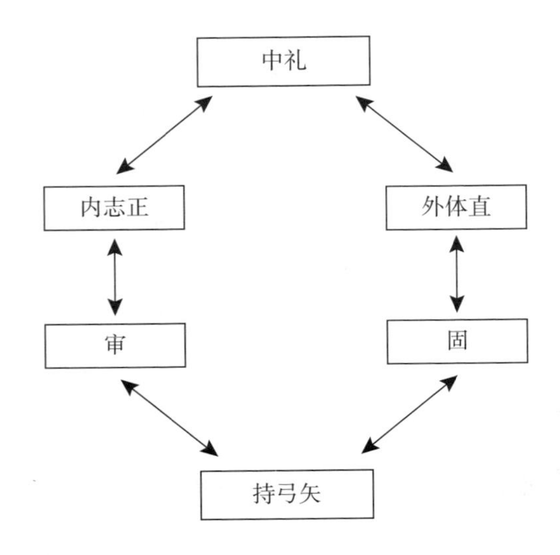

精神修炼

卷七（7K1段）提到，列子拥有高超的射艺。他用了很多把戏去展示他卓越的射术，但都没能令伯昏无人折服。其原因是列子缺乏必要的“精神控制力”。调整精神的方式在曾子的《大学》中有所记载，然后宋代的哲学家朱熹将它阐释为一种自我完善的修身方法（很可能受到禅宗静坐冥想的影响）。

在没有彻底掌握射箭的基本技法之前，精神修炼的技巧肯定无法被射手应用。中国的射箭教师们对自学往往嗤之以鼻，其原因我们在之后研究高颖著作的段落中会有清楚认识。学生们需要在符合“道”的基本技法中不断完善自身。这些技法需要被反复演练，直到臻于“无心”的完美境界。这是因为任何有意识地去控制射箭动作的方法都不可避免地会削弱其原本的效果，使之不能达到射艺的终极目的。

《大学》本身就是“道”。它提到学习的最高境界就是“止于至善”。在认识到这一最高境界之后，学子们就要坚定志向（“知止而后有定”）。坚定志向之后，需要排除杂念（“定而后能静”）。排除杂念后，心才能安定（“静而后能安”）。心安定之后，才能去冥想（“安而后能虑”）。通过冥想，他便能够从一棵树里见到整片森林，从结果中探知起因，并知道事情的先后次序（“虑而后能得。物有本末，事有终始，知所先后”）。如此，就能接近“大学之道”。所有这些修行次第都没有提及对基础知识的学习，这里必定假设了学子们在开始第一阶段的修行之前已经完全打好了基础。

如果我们现在回过头去审视伯昏无人对列子的评语（卷七7K1段：“是射之射，非不射之射也。”），依据对《大学》的解读，我们应该能更好地理解其意。列子的射艺是“射之射”，即仅仅符合了射箭的基本动作规范，但没有符合射艺的最高境界，即“不射之射”。

如果你想了解日本弓道练习者和韩国传统弓射手们所追求的境界，那么你必须了解《大学》中提出的完善自我之道，这一理念也被明代哲学家王阳明看重。[1]这与日本弓道的练习者借由禅宗的教导来表达他们的志向并无二致。

[1] 王阳明《大学问》：“大人者，以天地万物为一体者也。”

身体修炼

如果射手能控制自己的精神，进而克服射箭时一刹那的慌乱心理，那么控制自己的身体，使之能够不被射箭的动作细节所束缚，这也的确可以实现。达成这一目标的方法中，最要紧的就是控制“气”。

对气的控制并不神秘。另外，也不能用西方的医学术语去解释这一概念。在中医里，“气”像液体一样在人体的经络系统中“运行”（flow），这一观点是西医所没有的。但我还是将使用西方的术语去解释这套理论，即便这会损失掉一些信息。

“气功”这个词可以被理解为“用精神控制呼吸”(mental control over breathing)。至少，这是气功理论和气功研究的起点。春秋时期的学者管仲(死于前644年前后)解释说，心灵(mind)在肉体中占据主导的地位(“心之在体，君之位也。”)；“精神”(spirit)则是“气”的精华(“气之精也”)，“气”是身体之所“负载”(charge)(“气者，身之充也。”)[2]。列举出这些概念，我们可以发现，早期思想家认为“气”是一种可以被集中的能量，也是可以通过精神力去获取的。从汉代开始，使气在身体中聚集和运行就是传统医学的主要努力方向。

[2]《管子·心术》

道家相信，动物先天就能够控制气去摆脱疾病。尤其是乌龟，人们认为龟类通过缓慢到让人无法察觉的呼吸而拥有了超长的寿命。由此产生了这样一种观念，即模仿不同动物特有的活动对身体是有益的，比如蛇灵活的移动、飞鸟翅膀的展开、熊充满攻击性的站姿以及飞龙在天之形，然后再用缓慢、深沉的节奏呼吸，让能量充盈全身。

这一理论又派生出诸多的练习方法，这些方法进而又融入了几乎每一种中国的宗教思想与每一个中国武术流派。气功的精进离不开《大学》中所列出的精神修炼方法。在武术中，要想发挥气功的作用，首先要使自己的自然呼吸适应身体每时每刻的运动节奏，如果你做得到，才会带来气“聚集”(gathering)的效果，从而增强击打的力度。

有一种气功的练习技巧是学习同时使用胸廓和隔膜控制呼吸，使肺部吸入空气。此时拉满一把硬弓所需的肌肉张力会阻止胸廓随意运动。这种“丹田呼吸”法(diaphragm breathing)明显是有好处的，因为它能确保肺部吸入足量的空气。

另一种技巧是过度换气(hyperventilation)。[3]气功的练习者会把过度换气产生的指尖刺痛解读为“气”已有效地运至肢体末端的信号。拉弓前的过度换气有助于吸入充分的氧气，使肌肉可以在紧张状态下长时间运动，而不会发生颤抖。

[3] 译者注：“过度换气”或“过度呼吸”是现代医学术语。这里指道教中的一种相对急促的呼吸吐纳方法。在深呼吸后屏气，使得气能够聚集在身体中的某一处，产生刺痛感。道教术语中又称“武火”，与缓慢悠长的呼吸，即“文火”相对。

气功修炼更长远的目标是将《大学》里的冥想方法和气功中的身体调控法合而为一，使人进入一种“半催眠”(semi-hypnotic)的状态。要进入这种状态并不困难，只需将任何日常节奏缓慢的身体活动与自然的深呼吸结合在一起即可。身心结合之后的精神状态可以令人在竞赛或战斗中无所畏惧。据说这种状态能使武术或射艺的练习者取得本来无法企及的成就，当然也有人对此表示怀疑。

最后，一旦学会气功，只是在头脑中练习都能起到训练身体的作用。比如说，一组需要结合呼吸法的复杂动作(如完成一组射箭动作)，用不着移动双手即能在头脑中进行演练。这样的重复演练能够使一个惯用右手的射手逐渐掌握用左手射箭，反之亦然。左右手的使用习惯存于大脑中，用这种训练法克服习惯的障碍并非不合理。

气功并不是跟随呼吸始终。它包含在日常饮食、身体机能和情感之中。这就是卷十一的“射手十诫”中强调的原则(11B3段)。气功中也包含了如何达到平衡的原理。根据中国传统的心理知识认知，逐渐建立起积极心态以后，人们也可能迅速转向消极，正如阴阳符号一样。11B3段中谈到的根本原则也正是如此："射中勿喜，喜则心易而反跌。射不中勿忧，忧则心惑而无主。"

中华射艺特殊的外形特征：微微屈膝、分开双脚、肘肩腕呈一条直线、满弓时吸入空气撑大腹部，都表示着射手想要通过一种正确的方式去"运气"。

射艺的流派

很多重要的存世射艺著作都来自相对较晚的时代，甚至晚于明代将领俞大猷和戚继光在16世纪中叶平定东南沿海之时。[4]李呈芬的《射经》写于明朝分崩离析之际，这本著作概述了戚继光和俞大猷的教导。当满族的领袖皇太极（1626—1643年在位）宣称要建立一个新的王朝——清朝，来作为统治全中国的合法政权之时，李呈芬的著作正在射艺圈中流传。事实上，新的射艺文献集中出版的主要时段就在1600年至1650年之间，正如我们在卷十一里提到的。

[4] 见卷十一，第248—250页。

在17世纪上半叶，中国的经济逐渐衰退，明朝政府对财政的需求与日俱增。到了1620年，明朝政府还要从财政储备中拿出一部分来向大约23000名皇室成员支付生活津贴。为了对抗入侵朝鲜半岛的日本，明朝政府还要支出昂贵的军费。另外，1627年至1628年间的冬季，华中地区发生了严重的饥荒。一直以来，中国土地的所有权在传统的分家制度下日益分散，大地主们因此得以积累更多的土地，并且谨慎地躲避着缴税的责任。很多中国商人寻求移民东南亚以逃避明朝制定的诸多抑制商业的政策(anti-commercial policies)。结果,大宗的国际贸易被带离中国,使得明朝政府损失了大量关税收益。

明朝的对外贸易量与日俱增,尤其是与日本的贸易,银本位的货币体系也在中国建立(这些银两是用墨西哥银铸造的,通过马尼拉华商与西班牙的贸易中获得)。但是到了17世纪30年代后期,日本政府已经中断了对华贸易,马尼拉华商与西班牙的经济关系随之崩溃。为了保证经济稳定,中国政府一直在储存白银和粮食。

在皇室不断分裂、国民经济衰退、叛乱和自然灾害频仍的背景下,正统思想遭遇日益强烈的挑战,当然其中也包括传统的射艺思想。

如果没有日本最伟大的汉学家荻生徂徕(1666—1728),我们可能根本不会知道一位中国最具原创性的射艺研究者的姓名。荻生徂徕是一位饱读汉文典籍、精通中国哲学的儒家学者。他对儒家思想的致用层面抱有兴趣,并且渴望在江户时代复兴日本的武士阶层,所以他对中国的射艺有着强烈兴趣。他编纂了一部著作,[5]分析在明代留存的中国射书中列举的射箭技法,[6]这部著作在他死后得以出版。他关于明代射书版本出处的分析如下页图表所示,虚线表示该书是某原始文献的摘录,或与原始文献的关系不明(见下页表12.1)。[7]

在《射书类聚国字解》中,荻生徂徕认为几乎所有在中国流通的射书都取材自三至四本原始文献,如下图所示。[8]其中真正有原创性的一部著作是高颖的《武经射学正宗》(包括《武经射学正宗指迷集》)。荻生徂徕在日本享有崇高声望,他对高颖的推崇使得《武经射学正宗》极大影响了日本传统射艺(弓道)的发

[5] 〔日〕荻生徂徕:《射书类聚国字解》,京都:日本京都琉璃厂,1786年。

[6] 李呈芬的著作没有出现在荻生徂徕的研究中。

[7]《射书类聚国字解》的材料来源于查尔斯 E. 格雷森(Charles E. Grayson),他非常慷慨地授权我使用他对《射书类聚国字解》的翻译。

[8] 该图表是我根据荻生徂徕的著作自己制作的。

表12.1

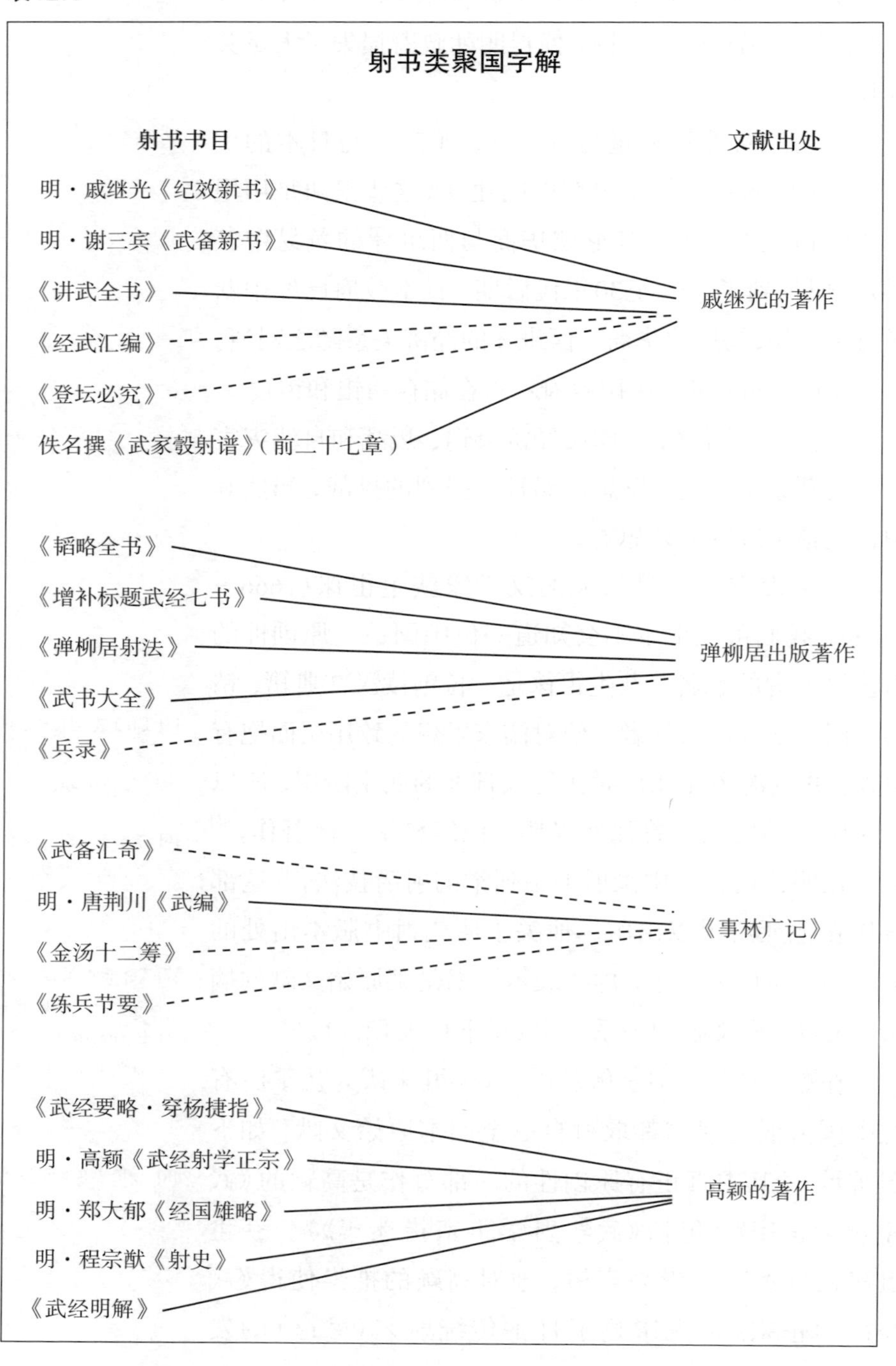
射书类聚国字解
射书书目
文献出处
明·戚继光《纪效新书》
明·谢三宾《武备新书》
《讲武全书》
《经武汇编》
《登坛必究》
佚名撰《武家彀射谱》（前二十七章）
戚继光的著作
《韬略全书》
《增补标题武经七书》
《弹柳居射法》
《武书大全》
《兵录》
弹柳居出版著作
《武备汇奇》
明·唐荆川《武编》
《金汤十二筹》
《练兵节要》
《事林广记》
《武经要略·穿杨捷指》
明·高颖《武经射学正宗》
明·郑大郁《经国雄略》
明·程宗猷《射史》
《武经明解》
高颖的著作

展，其影响力绵延至今。

高颖的姓名在今天的中国已几乎无人知晓。不过，后世很多著作都吸收了高颖书中的内容，尤其是顾煜的《射书》与朱墉（青溪）在1700年左右编辑出版的《重刊武经七书汇解》，后者的第一部分重刊了一份未注明出处的文献，题目是“射义”。[9]

在出版于1637年的《武经射学正宗》中，高颖在书的后序形容自己“年几古稀”。这应该意味着当时作者已经有六十多岁了，因此他可能参与过16世纪末抵抗日本的战争[10]。他在写作时有一个习惯与同时代人不同，即不用“左手”“右手”这样的描述，而是用“前手”（执弓手）和“后手”（控弦手）。

之所以这样写，是因为高颖自己是用左手开弓。他解释说，在他学习射箭的过程中遇到了瓶颈期，技术也开始逐渐走下坡路。在绝望之际，他找到了一位新导师纠正他的技术错误。最后，他意识到自己必须从头开始学起，唯一的方法就是抛弃惯用的右手，而改习用左手控弦。

在下面的摘录中，我解读了《武经射学正宗》的主要段落，包括关于如何改进射箭技术的《武经射学正宗指迷集》。

高颖《武经射学正宗·捷径门》[11]

12A1

夫射之道，若大路然。入路自有次序。得其路而由之，始而入门，既而升堂，又既而入室，计

[9] 见《中国兵书集成》编委会编《中国兵书集成·武经七书汇解·二》，北京：解放军出版社；沈阳：辽沈书社，1992年，第1883页及后页（译者注：朱墉整理的这篇文献即是翻刻自高颖的《武经射学正宗指迷集》）。

[10] 译者注：指万历朝鲜战争。

[11] 译者注：目前较为流行的《武经射学正宗》版本为1985年林忠明编校的排印标点本，其依据的底本为日藏“中日文相杂之藏书”本，可能是大正十五年（1926）武德会汉日对照刻本。近年来学界相继发现了日藏《武经射学正宗》崇祯金阊刻本及崇祯十年（1637）登龙馆刻本（金陵本），经马廉祯考证，金阊本为《武经射学正宗》的初刻本。今根据登龙馆刻本对原书作者征引部分进行了重校。《武经射学正宗》版本问题及高颖生平研究，见马廉祯《明代高颖〈武经射学正宗〉版本源流与价值研究》，《体育科学》2021年第5期。

日可到。不得其路而由之，一入旁门，尤适燕越辙，逾趋逾远。

12A2

当其年少初习时，病未入骨，筋力强，神气锐，引弓可彀，机势一熟，便可中的。习射既久，病根一深，不过数年，精神未及。衰老引弓，遽而难彀。射愈久而矢离的愈远。回视昔年中的时，若两截人物。

12A3

今人莫晓其故。此无他，只因习射之初，妄自引弓，或为拙射所误，偶入旁门，不得正路而由耳。若果循正路，则射逾久法逾熟。乌有射久而逾不如前者乎？

12A4

所云"正路"者何？一曰审，二曰彀，三曰匀，四曰轻，五曰注。颖请以法，详著于篇，使人得循途而进，不为邪径所迷。近不过百日，远不过期年，命中可几矣！其功最捷。故名其门曰"捷径"云。

12A5

世人只欲旦夕期效，一闻期年之说，便尔骇然。讵知无法之射，愈趋愈远，白首而无成。颖所云"期年"者，合法之射计日可到。期年之期，岂不为"捷径"乎。

12A6

论审法第一

发矢必先定一主意。意在心而发于目，故审为先。审之工夫直贯到底，与后“注”字相照应，俱以目为主。故欲射，先以目审定，而后肩臂众力，从之而发。然审法不同：有审镞于临发时者；有审于弓左者。皆非也。

12A7

审于临发时者，固已仓猝，且专审于箭镞，恐镞对而箭杆不对，发矢亦斜。若审在弓左者，[12]箭在弓右，目不见镞，注的不清，矢之远近，何从分别。总之以意度之耳。

[12] 高颖在此处指传统用右手开弓的射手。

12A8

故审之正法，惟于开弓时，先以目视的而后引弓，将彀时以目稍自箭杆至镞，直达于的，而大小东西了然。是之谓审。

12A9

然此审法，射远乃尔。若五十步以内者，俱视在弓左，与骑射同。骑射非十步、二十步内不发。射近而亦用前审法，则矢扬而大矣。故射近者，前手须低于后手。安能审在弓右乎？此又不可不知。

12A10

论彀法第二

彀者，引箭镞至弓弝中间之谓，乃射之根本，巧妙之所从出也。惟彀，则前段“审的”工夫有所托，以用其明，后匀、注之功有所托，以收中之效。

12A11

倘引弓不彀，胥、段、节未尽，肩臂俱松，犹不根之木，生意何由发？丧心之人，百务必不集。纵有巧法，安从施哉？世人讲射法者纷纷，但不讲所以彀之法。是舍本逐末，老而不精。故射之根本必先于彀。

12A12

然彀法不同。有“卤莽彀”，有“气虚彀”，有“泄气彀”。[13]夫卤莽彀者：引弓将彀时，将射镞露半寸许于弓弝外，临发时，急抽箭镞至弓弝中间而出。是全以气质用事，急于求彀，激动箭锋，矢发必不准。名曰“卤莽彀”。

[13] 高颖对“泄气彀”没有作说明。作者的解释是“用气过度地开弓”(excess energy draw)。

12A13

气虚彀者：引弓迅速，急抽箭镞至弓弝中间，不及审的，后手力量已竭，胆气俱虚，曾不能少留。随即发出，矢亦不准。名“气虚彀”，以形彀而气不彀也。此皆非彀之正法。

12A14

夫正法者，只有一条大路。世人不知，偶合其一二者有之。然非心知其善，亦未必能守也。及习射既久，病根渐增，始之偶合者，亦渐消减，原归不彀矣。彀之大路云何？

12A15

彀法根本全在前肩下卷。前肩既下，然后前臂及后肩臂一齐举起，与前肩平直如衡，后肘屈极向背，体势反觉朝后，骨节尽处，坚持不动。箭镞尤能浸进，方可言彀。

12A16

人之长短不齐，各以其骨节尽处为彀，则力大者不能太过，力小者不能不及。此天造地设之理。

12A17

今人不知彀法，专恃力以引弓，镞至弓弝为彀。骨节平直之法，置而不讲。则就一人之身，一日之间，力亦有衰旺。夫人朝气锐，昼气惰，暮气归。气锐时则力旺而彀，气衰则不彀矣。彀不彀分而矢之远近亦因之。

12A18

安有定衡乎？惟以骨节尽处为彀，则长人用长箭，短人用短箭，力大用劲弓，力小用软弓，矢镞俱引至弓弝中间为彀，方有定准。然骨节平直工夫全在前肩下卷。

12A19

下前肩法今人绝不讲。间有言及者，俱出耳闻，不得其窍。此所以前肩不得下，欲彀而未能耳。下肩法，详于《辨惑门·潦草引弓章》内。[14]宜细求之，则肩不期下而自下，弓不期彀而自彀矣。此下手入彀工夫也。

[14] 这一章本书没有征引。

12A20

论匀法第三

匀者，前后肩臂分匀而开之谓。[15]所以终彀之功，而启后轻、注之巧妙者也（匀之时，矢犹浸进未发）。[16]今人当引弓既彀时，骨节尽而筋力竭，信手便发，何暇浸进而加匀之功？

[15]“匀”即“平衡”(balance)，指开弓时前后手用力平衡之法。

[16] 译者注：本句在登龙馆本中为前句之注，下文括号内文字亦同。

12A21

匀开之功不加，发矢时斟酌不清，所以矢之大小左右俱不暇顾。发矢一偏，则彀之工夫总为无用。此彀之后当继之以匀。而匀开之功为最急。

12A22

然匀之法，莫妙于用肩，而勿用臂，何也？臂之力小而肩之力厚也。引弓既彀时，筋力已竭，欲使两臂分匀而开，势必不能。

12A23

惟肩力厚，则能施运而悠长（施运有口诀，笔不能尽）。弓彀之时，臂力将尽，以肩力继之，前肩极力下卷（向前番下为卷），后肩坚持泻开，则箭镞从弓弝之中间徐徐而进，如水之浸渍然。岂非匀之正法乎？

12A24

今人当彀之后，只用臂力分开，臂力之小，如何能开？必将殚力一抽，箭镞急进，激动前臂，发矢必斜，前功尽弃！

12A25

故曰:“匀之法，莫妙于用肩而勿用臂。”古云“胸前肉开，背后肉紧”者，此也。此匀之下手工夫也，今人讲匀不讲下手工夫，则说得，行不得，说之何益？下手工夫，独得之秘，当为智者道也。

12A26

论轻法第四

轻者，后拳与前掌相应，轻松而发矢也。然，轻之功极细。

12A27

发矢时，若欲轻而不敢用力，矢镞必然吐出。即使不吐而定，发矢亦觉无气，气怯则矢发必伤于小。惧其小也，而稍用力，则力微而矢不能进。惧其不进也，而极力求进，必然一抽而出。就着气质，机神冲动，不能凝注。矢不能不少偏矣。

12A28

故既匀之后，后肩泻开时，箭镞已至弓弝中间，决机命中全在于此。后拳必将筋力紧收，与前掌相应。前后肩臂殚力，并实坚凝一片，轻轻运开后拳，与前掌约匀平脱。后肘又须垂下向背。

12A29

若拳平脱后肘不垂，发矢无势。如此肘垂而拳平脱，气质烟火之性，泯然不露，如蜻蜓点水，轻扬活泼。如瓜熟蒂落，全出天然。松而且脆，矢出如豆，细冲至的。

12A30

此下手用轻之工夫，古云“后手发矢，前手不知”者也。

12A31

论注法第五

注者，目力凝注一处，精神聚而不分之谓。与前“审”字相应。夫人一身之精神皆萃于目。目之所注，神必至焉。神至而四体百骸、筋力精气俱赴矣。

12A32

李将军射石一发没镞者，以虎视石也，神之至也。故发矢时，目力必凝注一块。目注而心到、意到、手到，发无不中矣。古云“认的如仇”者，此也。此下手用注工夫也。

12A33

然“注”与“审”不可分为二事。引弓之初，以目视的，是之谓“审”。发矢时，以目注的，亦谓之“审”。总之皆用目力。原非二事。何为分“审”与“注”之名也？

12A34

只为世人引弓时，虽能目视的，及既彀之后，筋力已竭，信手便发，无暇认的，精神散漫，发矢俱偏。

12A35

故于匀、轻之后，复立一“注”之名，以提醒世人。使发矢时，目认的间一块，或认的之心，或认的之足与首，精神、手法俱向此一块而发。

12A36

故“注”之名，原为世人之拙射而设者。善射之人，手一举弓，目力便审，精神便凝注一块。自始至终，神气精专，弓一彀而匀、轻以出矣。何待匀、轻而注哉？善学者不可不察。

12A37

捷径门总结

审、彀、匀、轻、注虽为五段，其实一贯。审与注首尾相应，总之皆用目力。审于开弓之时，注于发矢之顷也。

12A38

中间“彀”字乃开弓之根本。匀者乃所以终彀之力量而斟酌发矢之机宜。

12A39

世人言射，只言“彀”字，一彀便发，大小左右俱不暇顾。讵知彀者乃发矢远到之本，非中的之本也。

12A40

彀而不匀，发矢皆偏，何取于彀？惟于彀之后，复引箭镞，匀调浸进分许，斟酌既定，而预为出矢轻松之地。故有匀之功，而彀力始不虚。

12A41

“轻”者，乃竟匀之机而发必中节者也。上文“匀”之时，矢犹未发而斟酌定矣。轻者，承匀之后，而轻松以出，发矢以准。故有轻之功，而后匀之妙始著。

12A42

“注”者，合众法之精神，萃而归之的，以终审、彀、匀、轻之大成也。

12A43

自审而彀，而匀，而轻，而注，相通一气。一审便彀，一彀便匀，轻而注，发以达于的，捷于呼吸。犹人一身自顶至足，疾痛相关，不隔一缕。而射之道尽矣！

12A44

然有终身习之而不得其门者，亦是为拙射所惑，偶入斜路，白首难改。犹学文者，一入恶套，挥之不去。又犹学书者，把笔一差，到老仍误习外。若一更改，反觉不便。此初射者斜正之门不可不辨。而下文“辨惑”[17]之门，所由作也。

[17]“辨惑”一章未收入本书。

对一种一以贯之的射艺体系加以解释说明，即是上文的主题。持续重复的动作练习确实能帮助肌肉达到一个更加平衡的状态，并且能让射手对自己的动作抱有更大的信心，无论这一观点是否出自高颖。在高颖著作的另一部分，他对当时的一些射箭方法和其他射书展开了一系列批评。尽管他并未在《武经射学正宗》中转引这些射书，但大部分思想都反映在《武经射学正宗指迷集》中。高颖对时人射箭技术的批评主要集中在以下几点：

- 在撒放之时精神不够集中，参考他提出的“注”一节。（12A35段）
- 传统的撒放法，像“捩”（往后有一拧的动作再撒放）和“镑”（猛然撒放），[18]会导致很强烈的手部震动。此处反映在他提出的“轻”一节。（12A29段）

[18] 参看卷九 9B17 段。

高颖对其他射箭流派严厉的批评可能也是他在中国声名不彰的缘由。《武经射学正宗》仅仅有一个抄本还在今天的中国留存，而《武经射学正宗指迷集》则在中国完全失传，只在日本存有几种版本。

高颖利用弩射的原理发展出了一套他自己的射箭方法：尺蠖势。用“尺蠖”作为比喻来源于周代的《易经》，其中尺蠖的运动被用来描述经济的运行周期。高颖借用“尺蠖”来比喻一种“以退为进”（reculer pour mieux sauter）的射箭理念。以下便是这种射箭方法的文本及插图，插图出自1750年前后的《指迷集》和刻本。

高颖《武经射学正宗指迷集》

12B1

指迷集尺蠖势开弓图第七（图40）

“尺蠖惟屈，所以能伸。”[19]开弓将前肩先下，前臂番直向地，后肘朝上，扣弦提起。前肩下定不

[19]《易・系辞下》。这一段《易经》中的引文说明万物皆在盛衰间循环往复。“伸”在古代也有时也写作“信”。

图40

动，只将前臂举起，两拳一齐撑开。前拳与目齐，后拳与腮齐，而弓已彀矣。

12B2

此时前肩尚低，前后臂俱高，前肩从下达上，送前掌托出，后臂从高泻下，而后拳平引，则弓不期彀而自彀矣。

12B3

如诸葛弩之控弦，只以后机从高压下，弩身直挺按定不动，故不劳力而弩自彀（图41）。

12B4

今人不知彀法。引弓先耸前肩，专恃臂力撑开。故弓一彀，臂力已竭，随即吐出，不能从容审的，如何发矢必准？若用尺蠖势彀弓，后手向上一提便彀，既彀之后，前肩从下按实，则前拳直撑，

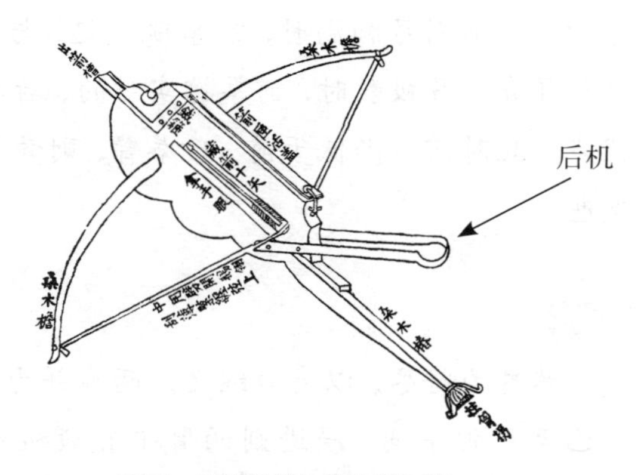

图41　诸葛弩（《古今图书集成》）

力量有余。后拳平引于前拳相对，以张其势。两肩并实运开，轻、匀以发矢，大小左右随意所指。何难于中的乎哉？（轻、匀法详《武经射学正宗·捷径门》）

12B5

指迷集尺蠖势引弓将彀图第八（图42）

引弓将彀时，前肩愈按实下卷，送前掌根托实

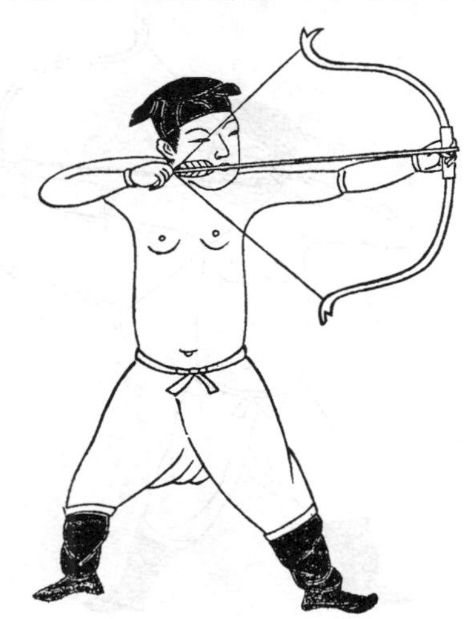

图42　尺蠖势引弓将彀图

[20] 高举。

弓心。大低引弓初满时，前拳骯[20]起，与鼻齐，后拳与耳齐。弓极彀时，前拳撑实对的，后拳渐低与腮齐。此时前肩尚低于前、后拳臂，则骨节犹未平直也。

12B6

然臂力将尽，以肩力继之。两肩并力泻开，矢镞已至弓弝中间，浸进则两臂平直彀极矣。将发矢时，后拳无退步。故后肘宜渐垂，轻、匀以脱出，后肘垂图在后。

12B7

指迷集尺蠖势引弓彀极，矢临发图第九（图43）

弓极彀时，后臂骨节已尽，后肘与膊合紧。发矢时，后肘不垂，后拳更无退步。故以肘稍垂（矢发时，方可垂。若未发时，则不宜垂）。后拳切勿下垂，只宜平脱。

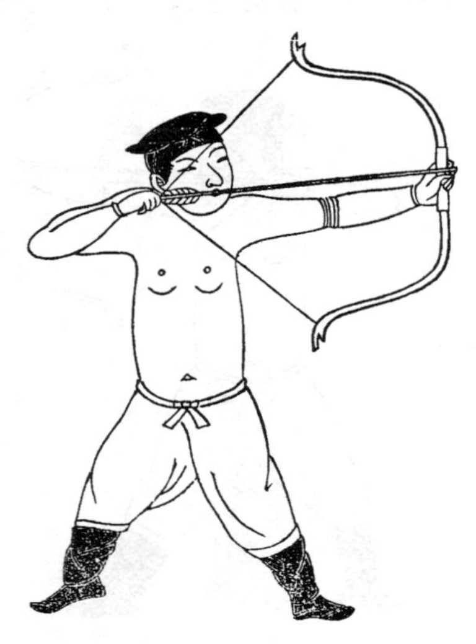

图43

12B8

今人学尺蠖势者，始初亦知下前肩矣。至弓彀发矢时，后肘稍垂，后拳亦从之而垂。引弓非不彀也。但后拳垂，前拳亦为后拳所牵而垂。前拳既垂，前肩复耸矣！

12B9

孰知前拳若垂，发矢必不及远，前肩复耸，则前臂主持不定，矢出亦不准。而始初下前肩之功俱不效。所以学尺蠖势者，未见其美也。故学尺蠖势而先下前肩者，当极彀时发矢，必将后拳守定，与前拳相对勿垂。

12B10

只将后肘垂，而前肩从下送，前拳从上达。出弓愈满，前肩愈下，后肩愈耸，两肩绷开。

12B11

镞至弓弝中间浸进，两拳相对平脱。此时前肩之下屈者方伸，后肘之势将垂，而矢正从此出。是得机于此，得势于此，而尺蠖之法方见全美而收其效。

12B12

使前肩未尽伸而矢即出，则失之早。前肩已伸而矢不出，则失之迟。后肘不垂而出矢，则气未足而出无势。后肘已垂而后出矢，则气竭，出亦无势。是前肩后肘之间，迟速失宜，出矢皆不可言得机势。

12B13

惟前肩下极方伸，后肘平极将垂，矢正从此发，饱满充足，不先不后，方为得机得势。嗟嗟，非沉雄之士，安能至此哉？

12B14

夫射法只有三大端，始而引弓之速彀也，既而持盈之坚固也，终而发矢之得机势也。非从尺蠖势者，不能到此妙境也（尺蠖势妙境在此数行，智者勿轻也）。

12B15

指迷集尺蠖势撒放图第十（图44）

发矢法不专用臂，专托力于肩，直推而出，不撇不绝，前肩从下送，前掌根直托而前，虎口自然不紧。彀极肘垂而矢即发，掌心自然向前，轻、匀平脱。

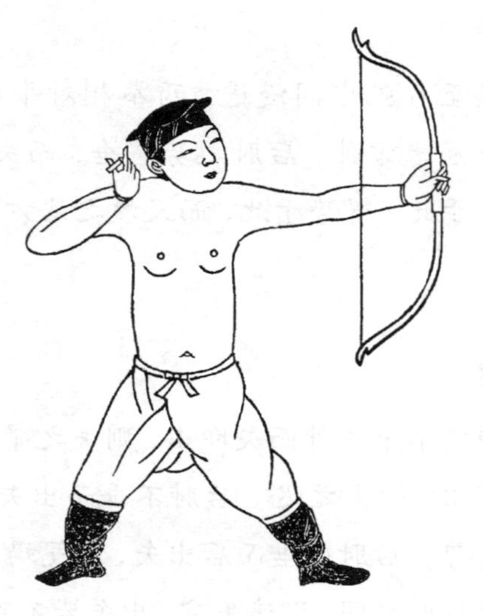

图44

12B16

体势反觉朝后，声色不动，出矢自雄。正所谓“后手发矢，前手不知”者也。较之《要略》所载“撒放势”，专以撇、绝发矢，锐气尽露于外，彀弓沉雄之实则不足。手动身摇，矢发偏斜者异矣。

明朝的衰亡以及满族对中原的入侵造成了一个混乱失序的时代，和元朝一样，很多汉族士大夫并不打算向清廷臣服。任何反抗的尝试都被清廷残酷镇压。他们强迫汉族男子留和满人一样的发式。尽管清廷仍向汉人开放仕途，但很多汉族文人最初都拒绝参加清廷组织的科考。

结果，很多士大夫归隐乡间，并开始准备从事武术研究。而在早期，传统的儒家学者对武术可能会嗤之以鼻。武术的发展从而也得益于这样的学术研究，在清代早期出现了很多射书，部分也可归因于这样的学术风气。

清初至清中叶康熙、雍正、乾隆三位皇帝执政的时间涵盖了从1662年到1796年这135年。在这三位明君的治理下，国家繁荣且稳定。尽管汉文化受到尊崇，但不允许汉人对少数民族表达不满。这就导致了在乾隆时期特别突出的文字狱，书籍中不能出现任何可能诋毁满人或其他草原民族的内容。有关军事战略的书籍也在禁止之列，因为它们可能会被用来造反。乾隆帝手下狂热实施着文字狱的官僚们可能造成了大量书籍的散佚。[21]

[21] 程子颐《武备要略》就是当时被禁的一部兵书。幸运的是，有副本留存于世。

清朝统治者强力压制汉人潜在的谋反活动，导致了许多宗教或准宗教团体从事秘密活动。这些宗教团体经常对武术流派进行赞助，秘密的武术活动在清代非常流行。不过，今天我们只能在至今尚存的中国拳术、剑术、棍术和杂技流派中找到这些武术的印记。现存武术流派并没有保留传统的射艺。

满族人有自己的射箭传统。他们特别偏爱大型的弓，再配上长而重的箭矢，这种标配替代了明朝木版画上一成不变的小型弓。清弓大致上与历代的中国弓一样，都是用木、竹、角、筋制造的，只不过更大更重。

存世清弓数量不少。清弓上弦后，两头之间的长度可达196厘米。一张新弓的拉力大概是30公斤。每一张弓都会按照满族的风格包上桦树皮，在上面用桃树皮拼贴出蝙蝠的图样，或风格化的汉字“千”——代表长命百岁。这种弓的弓弰长达30厘米，在弓弰与弓臂的连接点上有一块用兽骨或角制成的弦垫，用来防止弓弦脱出（图45）。

图45　约翰·汤姆逊（John Thomson）约1870年拍摄的清代射手

清代的军事组织基于八旗制度，其创建于满族领袖努尔哈赤（1559—1626）之手。“旗”是集行政、生产和军事为一体的组织（和蒙古人一样，早期的满族人也对这些功能不加区分），后来发展成为专门的军事组织。

随着满族对中原的入侵，努尔哈赤的继任者——其子皇太极（1592—1643）在本族的八旗之外，另增加了八旗蒙古和八旗汉军。清初八旗满洲大约有22万人，是军事上的主力，其中一半用来拱卫京师，另一半分散在全国各地守卫边疆。

明代的中国军队已经配备了火器，其中一些购自葡萄牙。但是到了清代，这些火器（主要是大炮和火枪）已不足以赢得军事统帅们的信任，因为它们在坏天气里不够精准有效。在明代的军事理论中，火器主要是用作地雷、燃烧弹和攻守城池的武器，火枪在野战中并不被看好（也许这让西方人越发有一种错觉，即中国人拿火药来制作烟花而非武器）。不过，在清代以前，火枪和火箭就已经是中国军队的制式装备，火枪的使用方法也是中国军队必备的训练项目。

满族亲贵们一开始坚守他们的游牧特性，前三位满族帝王[22]都尽力防止不习骑射导致本民族的游牧性被削弱。基于此，他们要特别确保射艺在军事训练中的核心地位。

[22] 译者注：原文如此。作者可能是指康雍乾三代帝王，而非入关后的“前三位”皇帝，即顺治、康熙、雍正。众所周知，乾隆特别重视满人的“国语骑射”传统。

12C1

《清史稿·兵志十》

以满洲夙重骑射，不可专习鸟枪而废弓矢，有马上枪箭熟习者，勉以优等。

12D1

《清稗类钞·技勇类·旗人以习射为娱》

> 八旗以骑射为本务……开国之初，其射也，弓用八力，箭长三尺，镞长五寸，名“透甲锥”。所重必洞，或连贯二人而有余力。

汉人的军队数量则被有意增加，并整编为“绿营”，用于守卫清帝国的疆土。绿营的士兵们按照明代的传统方式学习使用武器，但就射艺而言，他们被认为水平较低。[23]不过，他们的武器装备非常多样，包括超过十六种的刀剑，以及不同种类的抬枪和鸟枪。但是绿营兵的技击术被认为是过时的，还保留着戚继光最反对的那种华而不实的功夫。[24]

[23] (清)王先谦:《乾隆朝东华录》卷六十九:“弓箭非绿营所长……”

[24]《皇清奏议》卷六十五《议陕甘兵诸疏》:“皆传自前朝，相沿旧样，平时校阅，虽属可观，临敌打仗，竟无实用。”

最终，弓箭也在战场上失去了往日辉煌，同时弩也不再被使用。清代的射艺得以保存，主要还是因为其在武举考试中占有一席之地。

清代的武举制

702年武则天开创的武举考试发展到最终阶段，即是清代的武举制。即便离唐代已有一千多年，其主要特点仍一袭从前：它名义上是由皇家出资组织，并严格遵循儒家的教条，同时它也是一条让满人和汉人都能在军政两界获得晋升的通道。考试的基本形式接近明代，尽管随着时间变迁这种标准也在逐渐弱化。武举考试的大致结构如表12.2所示。

表12.2

考试名称	考试频次	考试地点	获取功名
童试	每三年一次	县、府、院	武童[25]
乡试	每三年一次(遇特殊庆典加开恩科)	北京和各省城	武举人
会试	每三年一次，在乡试次年举行(遇特殊庆典加开恩科)	北京和各省城	武举进士
殿试	每三年一次，在乡试次年十月举行	北京	武状元、武榜眼、武探花、同武进士出身

[25] 译者注：原文如此。此处应该为“武秀才”。“武童”或“武童生”是指参加武举童试的考生，不是一种功名。

只有60岁以下的男性才能参加武举考试。[26]那些想要参军的考生被排除在科举文试之外，反之参加了科举文试的考生不能参军。在19世纪90年代中期，离王朝的终结已经不远，一位来自上海某天主教会的中国耶稣会士徐劢(Etienne Zi)[27]记录了他在南京亲眼所见的清代武举考试的情况。他的记录如下文所述。[28]

“这种考试被划分成三个部分，即头场、二场、三场。头场考骑射；二场考步射，另还有三项力量考试；[29]三场是笔试。前两场考试在户外进行(外场)，后一场在室内进行(内场)。这种考试形式早在清代以前的明代就已通行。在1660年，力量考试被取消了，但其后(1774)又被恢复。三场笔试最初是让考生撰写一篇与古代军事经典有关的论文，但在1807年，考试内容改变，考生被要求记忆孙武的《兵法》、吴起的《吴子兵法》和穰苴的《司马法》，并从中默写出至少100字的文段。”[30]

[26] 这是一般的惯例。但在乾隆年间的1744年和1753年这个规定被作为法令颁布。

[27] 译者注：近年学者考证出Etienne Zi即徐劢神父，故该译名亦采用学界最新成果。参看尹磊《Etienne Zi何许人也——最早系统介绍科举的两部法文著作及其作者考》，《科举学论丛》2018年第1期。

[28] Le P. Etienne Zi (Siu) s. j., “Pratique des Examens Militaires en Chine”, Shanghai: *Variétés Sinologiques*, No. 9. 1896.

[29] 这三项力量考试是：引硬弓、挥花刀、掇石。

[30]《武场条例·武乡会试通例三》：“(嘉庆十二年)嗣后，内场策论改为默写武经，由主考官拟出一段，约百余字。”

童试

头场

“在指定的考试日清晨，考生们要身着礼服到县衙报到（要戴上帽子、穿上长袍和礼靴，但不穿外套）。考试一般在教场举行。通常有一名军官陪同知县出席，作为其助手，考生将在他们面前被分为十组。

“接下来会由军官从第一组开始点名，被点到名的考生要前往他们骑马的地方（发马处）。所用的马匹可能是考生自己的，也可能是考生临时租赁的。在南京，考试日租用一匹马的价格是平日的两倍。

“考生左手持弓和一支箭，有两支箭斜插在他身后的腰带上。考生骑马奔至箭道的拐弯处，在考官的命令下射出第一支箭。（图46）如果他中靶，一旁的随从会连续击鼓。接着他会用同样的姿势射出余下两箭，如果他成功射中剩下的两个箭靶，那么鼓点会再次敲响（在松江和苏州地区，当地的莽汉经常会尝试空手抓飞箭，结果导致不同程度的外伤）。完成骑射后，考生在马背上报上他的全名（报名），然后下马，将马交给其他人（收马）。如果在考试中考生掉箭，或让帽子脱落，或从马背上摔下，都会被认为有失体面（失仪），不能再参加接下去的考试。

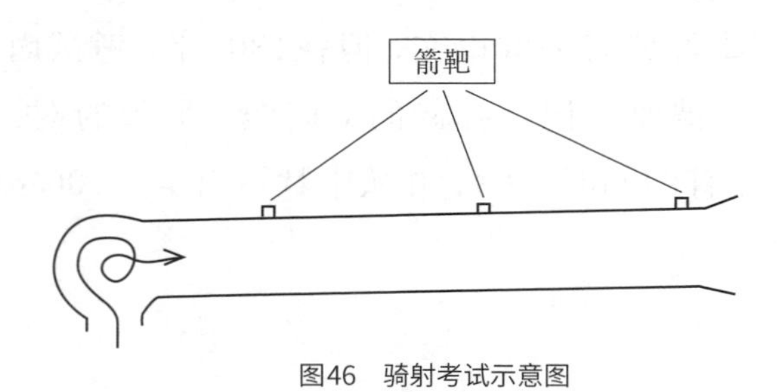

图46　骑射考试示意图

“考生拿着自己的弓下马，然后到主考官跟前报到——主考官站在箭道入口的另一头——他要深鞠一躬，并再次报上姓名，最后谦恭地离开。所有的考生都要继续上述流程，直到完成考试。接下来他们要进行二场和后续的考核。

“骑射考试结束之后，主考官不会立即宣布结果。他还会留时间去观看步射的考试，这场考试可能会安排在骑射考试同一天的下午，也可能安排在隔天。”

二场

“步射一般在县衙中闭门举行，由知县亲自主持，并配一名军官辅助。点名仍然由军官负责，考生依旧被分为十组。

“点名和分组结束之后，他们要在知县面前报到。接着其中一位考生出列，左手持弓，背后的皮带上插上五支箭。在给右手拇指套上扳指（玦）[31]之后，考生要表现出恭敬认真的仪态，并朝右转向主考官，立定几分钟。接着他取出一支箭扣在弦上，迈开双足，身体前倾，张开弓的同时眼睛一直注视着箭靶，最后撒放。如果他命中目标，鼓声就会响起。然后他让双脚回归原位，但保持双臂伸展身体前倾的姿态，几秒钟后他才站直。接着他取出第二支箭，用同样的姿势射出。射完第五支箭后，考生要再一次到主考官面前报名，和骑射考试一样，此时下一名考生上场。

“考试结束后，县衙的大门才再次打开。考生们解散时，不奏乐也不鸣炮。考试的结果也不会发布。知县会定下下一场‘技勇’考试的时间。”

“技勇”测试的是考生的力量。其中一项测试所用

[31] 最珍贵的扳指是用汉代的玉石制作的。它们颜色灰白，里面夹杂着红色的血丝和绿色的纹路。那些从墓里出土的军用扳指一般呈淡红色。人们认为这种扳指也带着祖先的庇佑。

的是一种叫“号弓”的特殊弓，这种弓又大又重。其标准拉力分为三个档次，用编号一、二、三来代表，依次为12力、10力和8力[32]（分别约70.8公斤、59公斤和47.2公斤）。这些弓也是按照一般射箭用弓的样式来制作的，只不过其弓身更宽，弓弰更大。射箭用弓的弓弦是麻制的，而这种号弓的弦用牛肠来制作。号弓的弓身上通常有少许装饰，一般在靠近弓弰的地方会印上该把弓的拉力编号。

这些号弓不是用来射箭的。[33]考生们站在主考官面前，用左手掌心握着一把号弓（通常是一号弓，即拉力约为70.8公斤的弓）。[34]他将伸直左臂，用右手握弦并把弓拉满（用整个拳头握住弓弦，不扣箭）。接着，他要立即把弓弦收回。这样的动作他要连做三次，然后在主考官面前报上姓名，并单膝下跪。

[32] 徐神父描述在他居住的地方一力相当于十斤。一斤约合0.59公斤（585.79克），所以一力约5.9公斤（13磅）。

[33] 这种“号弓”在中国的地摊上经常会看到。它引发了我们对中国弓拉力的奇妙猜想。偶尔中国的杂技演员会用这种弓来展示他们的技艺和力量，所以它还没有完全失传。

[34] 也有13力、14力和15力的弓（约76.7公斤—约88.5公斤），考生如果愿意可以去试一试。凡成功拉开的考生将获得一个特别的等级，称作“出号弓”。

武举人

乡试的骑射考试与童试在一个环节上有所不同，即乡射要考察“射地球”。徐神父这样描述：“球的大小与一个小南瓜相当，大约高60厘米，直径30厘米。球是用皮做的，并被涂成红色，还因表面的油漆而闪闪发光。球的形状很像一卷奶油。一个箭道上有一只球，球被有意放在一块小土堆的顶端。考生要用一支重119克、长108厘米、周长4厘米的箭将球射下去。箭是原木色的，但箭羽被涂成红色。箭镞是一个直径6.5厘米、长4.5厘米的皮制钝头。”

“在骑射的时候，考生不仅要射中皮球，还要把球从土堆上射下去。所有的考生都要遵守这项要求，射皮球时并非用平射，射角要略微向下倾斜。如果射中皮球的边缘，球很容易就旋转起来，如果射中球的中心，它就正好能落下去。如果球被射落，有人会击鼓或挥舞旗帜。这时骑射手要立即喊出他的姓名，到主考官面前时再次报名并单膝跪地。

“考生总共要射七支箭。六支射普通箭靶，一支射皮球。只要其中三支箭命中目标，则被认为合格（与一般观念不同，考生即便没有射中皮球也不会被取消考试资格），他即达到了能够参与其余外场考试的最低要求。合格的考生要在手臂上盖印以资证明。”

考试用的普通箭靶有5英尺5英寸高，2英尺5英寸宽（约1.65米×约0.74米）。在清代早期，箭靶要放置在80弓（约122米）[35]开外的地方，但到了1693年这个距离缩短到了50弓（约76米），在1760年又缩短至30弓（约46米）。

[35] 根据徐神父记载，一弓约合5尺或约1.524米。

“清晨，考生们要在指定的时间抵达考试场地。同样要点名并分为十组，每个考生都要亮出他手臂上的印章。考生们两个一组进行步射的考核。因此会有两名考生一起到主考官面前报到，一人站左边，一人站右边，并面向西方。他们每人都用左手持弓，并在腰带后别上六支箭。一座小型的石狮子被放置在考场上，标记了考生的射位。考生站直身体，取出一支箭，捏住箭尾卡上弓弦。然后迈开双脚，身体略微前倾，举弓看向南面的箭靶。最后，他满弓、撒放、中的，并静立几秒，再站直身体。箭很轻，所以一旦刮风，考生的风险也就增加了。

“如果中靶，箭靶附近会有人对成绩做记录，鼓声也会响起，一位站在主考官旁的助手会从一个托盘上拿一根木棒，扔在一只木桶里。由此标记考生的成绩变得容易了。所有的六支箭都会以这种方式射出并标记成绩。

“从前，一组的十名考生轮流成对考试，每位考生只射一箭。但到了1786年，规则变成每位考生都要连续射完他的六支箭。如果有两支中靶，则考生合格。

“虽然一对考生同时上场考试，但他们并非同时开弓射箭。其中一名考生射完六支箭后，负责往桶里投计数木棒的助手会向主考官大声宣布该考生射中几支。考生上前大声向主考官报名并单膝下跪。其余考生也要走同样流程。”

下面的表12.3是徐神父记录的武举考试所用弓箭的各项数据。

表12.3　关于武举考试所用弓箭的记录

弓的总长 （两弰之间的长度）	小弓：1.59米；中等弓：1.78米； 大弓：1.81米
弓的自重	小弓：470克；中等弓：650克；大弓：1105克
弓弭到弰头的长度	3厘米
弓弰的长度	27厘米
弓弝的长度	21厘米
弓臂的厚度	1厘米
中等弓弓身最宽处宽度	4.5厘米
大弓弓身最宽处宽度	4.8厘米
弦垫的规格	大弓：6.5厘米×3厘米； 小弓：4.4厘米×1.8厘米
骑射用箭	长98厘米，重80克，周长4厘米
步射用箭	长92厘米，重35克，周长3.2厘米
箭羽长度/宽度	26—36厘米/5厘米

弓腹要贴上2毫米厚的牛角片，弓背则要贴上一层牛筋。弓弦大概有你的小指头或一支大一点的铅笔一样粗，它是用好几束麻纤维捆绑在一起制成的，在弦的两头各有一个弦圈。弦圈（含绳结）的长度是25厘米，弦（不含弦圈）的长度是110厘米，所以弓弦总长度可达1.6米。

关于步射考试所用箭靶的记录

箭靶是用白布制成的，其展开系在靶架上的高度约1.92米，宽约0.90米。有绳索将其固定（两只三角形的小旗立在箭靶顶端的两角，用于标记风向）。靶布的中央用一个红色圆环装饰，中间有一个龙的纹样，这就是箭应该射中的地方。不过，只射中白色靶布的任何位置，都算合格。打中靶架或风向旗则不算数。

骑射考试使用的箭道和箭靶

骑射考试使用的箭道（又叫马路、马道或箭路）有307米长，中间挖出一条跑道，两边是用泥土垒砌的路堤。三个箭靶各相距约90米，放置在离路堤1.8米远的地方。靶子是用白纸包起一捆稻草，并制作成一个1.6米高的瘦长桶形。在桶状靶的顶端和底端各有一个黑色圆圈标记，靶子中央则有一个下方带有红色月牙图样的红圈标记。还有另外一种靶子的样式，即用白纸包裹一捆约2.6米高的藤条，上面画着三个红色圆圈，顶部插着两面小旗子。这种设计广泛用于射箭训练当中，被称作“三才靶子”。

随着19世纪的到来，中国逐渐暴露在来自东方和西方的帝国主义列强的攻击之下，射箭在战场上的价值也更加受到质疑。因此，以射箭考试为基础的武官选拔机制也遭到频繁的批评。事实上，在19世纪初，除了少数乡野猎人用弓箭打猎，帝国的武举考试已经成为射艺之所以还在中国存在的主要理由，尽管还有一些人相信有规律的射箭练习有益健康，可以作为健身和放松的运动。这些子虚乌有的理由让这门技艺最终走向没落。

高鸟已散，良弓将藏。狡兔已尽，良犬就烹。

——赵晔在《吴越春秋》中引用范蠡的话

卷十三　末日

清代的射艺文献

在中国历史上，孔子一直都是士大夫们的行为榜样。为了在中国社会中维持儒家的尊崇地位（也为了给家庭和整个宗族带来荣耀），参加科举考试是非常必要的。即使最尊崇的荣耀属于文科考试，在19世纪中叶以前，仍然破天荒地有大量考生参与骑射、步射、拉硬弓、舞花刀、举重，以及背诵军事典籍的考试，通过这些考试是在军队中取得高位的先决条件。

孔子关于射艺的理想化阐述（不管是真实的还是后人编造的）深深烙印在武举考试中，也给文人们找到了一个对射艺表示兴趣的理由。射艺的学习要么须得名师指点，要么全靠自学。有清一代，一直有供自学射箭的学生使用的书籍出版。[1]这些书籍主要是在参加武举的考生圈子中销售（表13.1）。

[1] 在下页表13.1书单中我略去了小说。

表中列举的著作无一例外都把射艺的学习路径分为“内功”和“外功”。“内功”包括了精神修炼、气功、集中注意力和优雅的仪态。[2]“外功”包括了站姿、握弓的姿势、正确的搭箭法、开弓手法、瞄准的方法等。这些书通常提供了一套射艺术语，对常见的错误动作进行

[2] 我在卷十二开头已经说明过了。

表13.1

大概出版年份	书名	作者
1679	《贯虱心传》	纪鉴
1697	《征南射法》	黄百家
18世纪初	《射余偶记》	汪正荣
1700	《武经七书汇解》	朱墉
1719	《射说》	顾镐
1722	《绣像科场射法指南车》	刘奇
1750	《奇射秘论弓箭谱》	张次美、徐祥
1770	《射的》	叶赫那拉·常钧
1839	《射略》	王廷极(手抄本)
1840—1852之间	《射诀集益》	陈王谟
1854	《新镌射艺详说》	崔起潜
1862	《武经集要》	徐亦
1868	《射艺津梁》	史德威[3]
1879	《学射录》	李塨

[3] 译者注:《射艺津梁》一书为明末将领史德威原著,1868年由其后人史攀龙辑录重刊,该书影印本收入《晚清四部丛刊》第一编84册。

分析,并注解了儒家关于射艺的经典文句。这些书还会对不同种类的弓箭进行点评,并提供弓箭维护方法的指导。一些书只谈步射,另一些则兼谈步射和骑射。清代的射手无人不习骑射。一些关于骑射的书籍也详细讲解了骑马及驯马的方法。

探讨清代射书中展现的射箭技法、教学方式和射艺流派是一个十分引人入胜的研究课题,但仅仅研究这些书中哪些知识是正确的则稍显肤浅。我将举例探讨三类清代主要的射书,即绣像书、歌诀和笔记。

绣像书

我们现在会认为一本体育教材理应配图，但在清代，相对而言只有很少的射书配有插图。成本并非主要问题。考虑到所有的文字也要雕刻在木板上，给书配上黑色或白色的木版画并不昂贵。但书的作者们却常常认为图像的作用比较有限。他们确信“内功”是无法用图像来展示的，同时图像也不能展示动态的动作。

然而，有两本书格外有趣，它们试图用大量的图像去展示射艺。其中最完备的一本书是刘奇的《绣像科场射法指南车》，这本书出版于1722年。[4]该书的特色是用在北京服役的满族禁卫军人作为模特，还分别绘制了模特正面、侧面和斜面的姿势，让其对动作的解释更加充分。

[4] 这本书在20世纪40年代由上海市国术协进会再版，收入《清代射艺丛书》之中，其编者为优秀的武术史家唐豪（1897—1959）。原书今只存此一版。

这本绣像指南开始于对技法的讨论，共分为三十六项，其中前八项是：“养心”“定志”“行气”“齐力”“引弓”“固势”“审的”和“发机”，它们都属于“内功”。这里刘奇提出一个设问：为何“引弓”和“发机”不属于“外功”？因为他认为这两项动作仍需以“内功”为基础。（“如‘引弓’‘发机’二条，法在外者，何以云内？不知二法虽在外，而运用二法之本，实由内出。”）

之后刘奇考察了身体各部分（脚、肩、上臂、手指等）在射箭中扮演的角色，以及射箭的每一步动作。然后他推荐了几种练习射箭的方法，并描述了骑射之法。

这本书的结尾卷叫“马步图说”（骑射和步射的示意图），其内容及插图如下所示：

13A1

马步图像，十有三式，皆自京卫考正。且关系古今要紧法则，图以备览。原取作一对证，非徒饰观而已：其自踵至顶，无一点不合法，无一点不有用。须细细看玩，得其神势。即移于镜中灯下，摩拟仿佛，使在我全体架子，与他出一个模样。规矩始定，即与识者面谈，不过如此。

13A2

正体执弓势（图47）

此势宜看他内正外直，从容闲雅，一片精神，俱在含养不露中为上。至于执弓出箭，冠冕有度，又其次矣。然亦大方举动，不可不学。

13A3

定志认扣势（图48）

此势宜看他端庄静默，凝神相的，无半点情色处为上。至于“抱弓如怀月，理扣如摘星”，不过是都门新样，略见大方而已。然学之亦有妙处。

13A4

架弓提气势（图49）

此势宜看他两手不高不低，两肋不偏不纽。腰伸脐吸，面正肩平处，然皆外相，易于看出。惟提气最难，须细看吸脐处，则见其妙矣。提气正在此时，不可忽略，切记切记。

13A5

合胯让弦势（图50）

此势乃旁取，非正像也。宜看他肩、肘、背三

图47

图48

图49

图50

处足后劲工夫，全在此时要紧。至于腰不软，臀不现，腹不鼓，膝不曲，虽是外相，非内力所在，然不可不如此。若不如此，则有病矣。

13A6

齐加后劲势（图51）

此势宜看他引弓到八九时，并气集力，胸、腹、腰、肘一齐加劲处。然后两肩可开，背骨可合，正是入彀先一着工夫。当细心揣摩如式，则入彀有余力矣。

13A7

引弓入彀势（图52）

此势乃正取，故不见让弦。宜看他胸骨开展，左右肩、肘平直如衡，则背自合无疑。此入彀之正式也。学者须渐次加功，其妙必得。至于前手得力，后归位，腰、腹用劲处，俱有相助之功，悉宜留心。

13A8

撒手验法势（图53）

此势宜看他前手不动不摇处，乃画龙点睛，末后第一着工夫。正是古法云："后手发矢，前手不知"之意也。至于后掌平出，不过取其中正之妙。若太猛，则又有失矣。二法俱是要紧，不可轻视。

13A9

对面认准势（图54）

此势宜看他立弓平准，正面审的，不偏不倚，

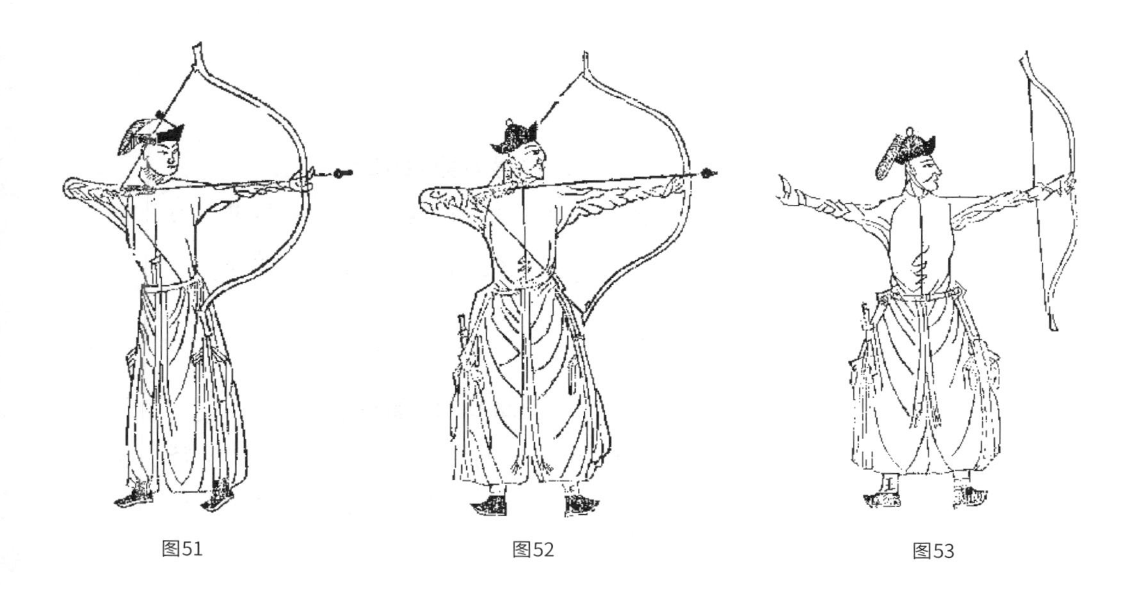

图51 图52 图53

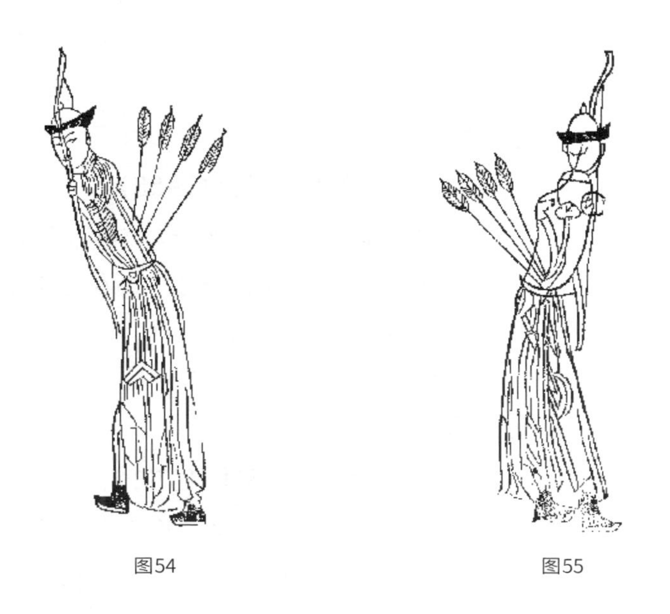

图54 图55

前后对针处，是要紧工夫。余与他势同。

13A10

后肘得力势（图55）

此势宜看他肘不松，肩不吐，手不悬，乃最得劲处。其头、胸、背、腰、臀，亦宜揣摩如式。

13A11

领正撒马势（图56）

此势宜看他勒马上道，不慌不忙处要紧。至于手、臂、腰、膝、足，俱是得法，亦不可忽略。

13A12

平射墙把势（图57）

此势宜看他侧腰而臂不动，探臂而肩自舒要紧，其弓满直处得力，又在两膝间矣。当细察之。

13A13

低射地球势（图58）

此势宜看他跪膝斜跨，让弦取准处，乃满洲家之熟中生巧式也。学之亦易，但右足不可挑蹬，两膝不放鞍头，是要紧法则。

13A14

射毕收马势（图59）

此势宜看他从容收缰，两膊靠紧胁，全身一齐着力，不俯不仰，步步加劲处。不但是惯家模样，而且令马之四蹄明白，永无颠蹶之误。

图56

图57

图58

图59

13A15

右骑射四势，[5]皆自京卫仿佛满式，至稳至便，毫无拟议者也。止自我辈闹场中，拔萃超群，最要留心。此外虽有多端，不过弓马娴熟，自能贯通，不必备于是册内。

[5] 其中之一乃步射姿势（13A12段），用于骑射的模拟训练。

通过对同一主题不同视角的展示，《绣像科场射法指南车》在某种程度上是有开创性的，它用更加完善的图像教给读者正确的步射和骑射姿势。另一本书是纪鉴出版于1679年的《贯虱心传》[6]，他也尝试了一种新鲜的内容：关节图解。

[6] 书名典出《列子》，见第七章7L1段。

13B1

图60中所显示的身体姿态频繁在清代展示射手动作的图像中出现。

在清代人们肯定会认为这样的射姿足够优雅。这

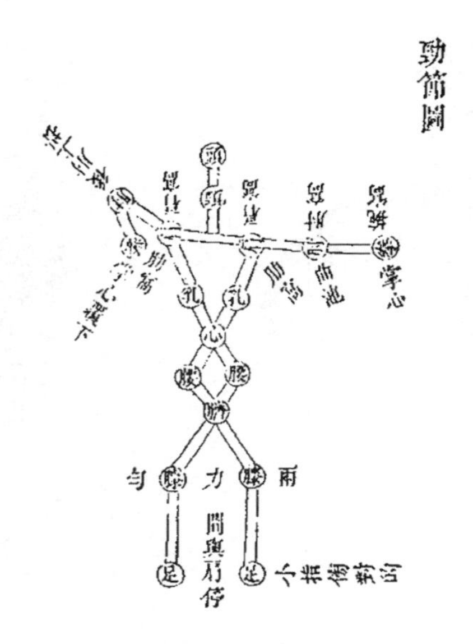

图60 《劲节图》（清・纪鉴《贯虱心传》）

张图可能使用了步射站姿来反映骑射姿势。下图同样来自《贯虱心传》，图61中显示出该人使用较大型的清弓来练习。要注意射手执弓手的食指伸开触到了箭镞，这与早期的明代射法完全不同，后者要把箭镞拉至弓弝的中间。

图61

关于执弓手和控弦手的姿势，《贯虱心传》也给出了详细示意图。

13B2

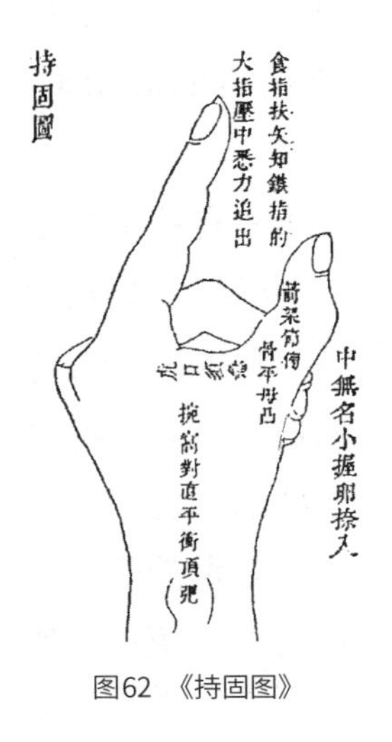

图62 《持固图》

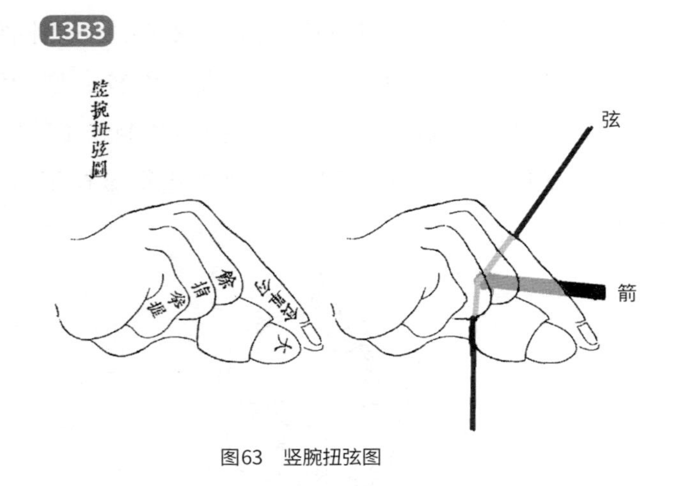

图63　竖腕扭弦图

在上图中，我在控弦手的示意图上做了一些改进，增加了表示弦和箭的线条，它们的一部分会被手遮住。

歌诀

我们在汉代的《吴越春秋》和唐代王琚的《射经》中已经见到过歌诀这种形式。但这两本书都缺少图片，难以具象化地解释这种普遍的口诀在中国武术教学中是怎样起作用的。几乎所有的流派都有一套自己的口诀来配合本派的武术。

这些歌诀多种多样，有些是打油诗，有些是富有文采的诗歌。它们的内容往往出自人们熟悉的典故。大多数歌诀都是七言诗，和中国的古诗不同，这些歌诀的韵脚使用的是当时的口语发音，而文人圈中使用的是基于唐代长安口音编制的韵。另外，有些歌诀只有对于特定方言的使用者来讲才是押韵的。

这些歌诀也要符合一些语法规则：表达一种语意的

一句诗由七个字组成，其中前四个字一般是主语，后三个字是谓语或相关的从属短语。这样的歌诀念起来像说唱。

很显然，歌诀可以让那些不识字的学生也能记住射艺的主要技巧。通常它们被当作“秘诀”，学生也开始由此往更高水平进阶（记住越来越多的“秘诀”也代表着水平的提升）。毫无疑问，学生需要给老师提供适当数额的学费，或为老师打杂。歌诀就这样一代代传承下去。不必说，这些歌诀在传承的过程中会发生变化，基本内容一致的歌诀可能存在很多版本，也许这也反映出为了适应不同的方言，人们对歌诀的字词进行了调整。

歌诀本身的作用其实也有限，它们仅仅表述了一些零散的技巧知识，以及简单的动作。所以，有教材会花一整章的篇幅来分析这些流传甚广的歌诀，详细解释这些歌诀的意思，以及不同歌诀之间的联系。陈王谟于19世纪50年代前后出版的著作《射诀集益》就是这样的例子。明代以降的很多射书都是通过分析当时流行的歌诀来表达其中心思想。

下面的两则歌诀引自出版于1868年的《射艺津梁》。用优雅的英文诗歌语言去翻译这些歌诀对于我来说是无法完成的挑战，中文比英文更适合用诗歌去优雅地表述武术的细节。

13C1

立身歌

立身形式似蹲鹰，[7]勿曲勿挺身须正。
心定气平神注目，领胸进步体庄凝。
观靶先将后脚衡[8]，以心对靶认分明。[9]

[7] 这里说的是，好像骑在一个像鹰那样迅捷不稳的东西上，暗指一种类似于冲浪的站姿。

[8] 此处可能是“横”。

[9] 有一种公认的射癖叫“的大眼大”，指的是射手的目光游移在整个靶子上，而不是定睛于靶上的一个点（即“认分明”）。

[10] 注意这句话与之前的文献有些矛盾，如前文说扣弦时要“凝神相的”，不能看着箭。

睄柯扣弦[10]缓缓搭，举手开弓必中心。

13D1

善射歌

善射由来有的传，但传形势巧自专。
全身劲力由心发，拉放从容在两拳。
神定眉平项不偏，双分两手力须坚。
平舒背力能施展，束肋松裆欸落肩。
定气平胸入彀明，细看靶近镞相迎。

13D2

左手持弝宜扁握，右指放箭贵速轻。
前拳力大后微松，箭出离弦恐失中。
后手力强前手弱，矢头发出多落空。
前后分明两力齐，里推外裹是元机。
扁开握放能如式，箭箭穿杨中不移。

13D3

力微只合用轻弓，箭短箭长与臂同。
弓强力弱难施放，硬则伤人软在工。
弓矢须秤已力行，五平三靠[11]记分明。
须将心静为真诀，法则当由十八精。
审彀匀轻注细参，武备射艺习何难。
得心应手真神妙，贯虱穿杨信不惭。

[11] 根据《射艺津梁》，“五平”是指“眉平、乳平、胸平、背平、手平”，“三靠”指“弦靠胸、扣靠箭、箭靠脸”。在清代李汝珍的小说《镜花缘》第七十九回中，作者对“五平三靠”提出了一个看起来更合理的解释：“两肩、两肘、天庭，俱要平正，此之谓‘五平’，翎花靠嘴、弓弦靠身、右耳听弦，此之谓‘三靠’。”

笔记

本卷和前几卷引用的大部分著作其实都属于笔记体，其中有一些笔记结合了歌诀和插图等多种表现形式。在这里就不再举例说明了。

本卷内容涉及清王朝，建立它的满族人是来自中国东北地区的民族。他们的祖先女真人曾经建立过金朝，统治着中国的北方。在17世纪初，满族根据蒙古文创建了自己的书写系统。他们的文字完全是拼音化的，且非常易学（之后满文得到大力推广，并成功地成为拼读满族统治下诸少数民族语言的标准拼音文字）。一旦掌握了简单的书写系统，满族人就开始着手翻译大量的汉语文学、历史及科技的文献，好让他们能够在智识上与汉人相当，并掌握汉人的宫廷礼仪和儒家伦理，以塑造其政权的合法性。

即使满族人十分看重射艺，他们似乎也很少留下关于射艺理论的只言片语。他们的理论受汉语文体和思维方式的影响很大。其中一部有趣的满汉双语著作《射的》，由满族人叶赫那拉·常钧撰写。下面的解释处理了射艺与八段锦之间的关系，后者是一种著名的气功训练套路。

[12] 译者注：《射的》一书全名为《射的——附观马图说》，其书署名为“叶河那兰氏常均”，“叶河那兰氏”即“叶赫那拉氏”，复姓那兰（纳兰）亦为叶赫那拉氏。常均，满洲镶蓝旗人，乾隆年间人，生卒年不详，曾任河南、江西、甘肃、湖北、云南、湖南等省巡抚。有关常均生平及《射的》的研究，可参考郭崴：《〈射的〉及其“四书五经”满文译文研究》，《满语研究》2018年第1期；锋晖：《满洲射书〈射的〉考》，《吉林师范大学学报》（人文社会科学版）2018年第3期。

13E1

《射的》[12]

人身以气充，而丹田又为气归宿之地……善养气者……勿以喜乐耗其气，勿以哀怒伤其气。纳而有常，出而有度，充于一身，达于四体。临射连用之时，全身贯注，百节乃灵，而力与功便鼓舞于气之中矣。

13E2

演法

用功不外乎法。身法、手法、指法、眼法，皆用功之准绳也。善学者，不必日事弓箭，朝斯夕斯周身一想。空手作执弓、扣弦状，久定之后，又作撒放势，一如真射。

13E3

道书修养门，以左右挽手如引硬弓，能疗风痹不仁。是此法原有所本也。且较之执弓空拉，功实倍之。盖空拉不过练肋膀力，既不能撒放，随弦收复，觔骨反拘，两拳中一点巧处，不能法泄。不若空拉，多定之后，即可作撒放势。久之，自然纯熟，临射则巧亦从熟生矣（图64）。

图64　那兰常钧《射的》满文本节选

中华射艺的衰落

自负的八旗贵胄成功控制了整个中华帝国，并有效将权力扩张至蒙古、回疆以及西藏，但最终他们落得和元朝蒙古人一般的下场。他们在取得军事上的成功之后，就依靠着国家供养过活，而缺乏就业维持生计的技术。在一次和美国驻厦门领事到中国西部旅行的过程中，E. A. 罗斯（Edward Alsworth Ross）观察到：[13]

[13] Ross, Edward Alsworth. *The Changing Chinese: The Conflict of Oriental and Western Cultures in China*. New York: Century, 1912.

> 满族人征服中国大概与克伦威尔执政是同一时期，他们在中国各大城市中都驻扎着亲卫部队。这些拥有特权的八旗子弟居住在自己的防区内，享用着国家供给的食粮，无所事事地繁衍生息着。在西安府，八旗的驻地一片凋敝，土墙斑驳，腐烂、懒惰和肮脏滋生其间。在一个宽敞的教场中，当有满族将领视察的时候，你可以看到骑手策马在跑道上飞驰射箭，命中箭靶。[14]这些懒惰的八旗子弟想参加新军，但却被证明是软弱无力的无用之辈，普通的二十英里行军都会让他们精疲力尽。拿着世袭的俸禄饱食终日，他们变得懒惰、邪恶，且体格羸弱、肌肉松弛，他们的衰弱预示着这个族群已奄奄一息。

[14] 不清楚在 1901 年武举废止后这样的训练是否还继续进行着。

清政府变得越来越闭关自守。列强的侵略越频繁，清政府反而越不思进取。但是，如果缺乏某种程度上的对外来思想的学习，他们就无法应对列强带来的更具效率的组织方式与更成熟的军事技术。

发现清朝官僚们对贸易不感兴趣之后，外国商人们开始直接与中国的老百姓接触，并在很多商品中发现了赚钱的机会，比如羊毛制品和鸦片。这种不受管制的商业行为遭到清政府的抵制，但凭着坚船利炮列强们并未收手，还继续并扩大了对华贸易。通过明治时期的启蒙，日本彻底完成了其政府和军队的现代化。当列强意识到中国已经衰弱到无法进行有效的抵抗时，日本加入美国、英国、法国、俄罗斯和德国的行列中，竞相争夺中国的领土和贸易特权。

除了日趋严峻的人口和经济压力，1850年至1873年相继爆发的太平天国运动和北方的回民起义进一步让清帝国走向衰亡。太平军信仰着一种“准基督教”（quasi-Christian），他们试图用武力驱逐满族人。一开始，太平军节节胜利。最后，在付出了巨大的伤亡代价后，清军终于靠着曾国藩的领导将太平军镇压下去。

太平天国运动被镇压之后，又有其他的起义在各地爆发，中国这时才试图将军队现代化，并装备了一支拥有西方现代武器的舰队。清政府组建了一支“新军”，并聘请外国教官来进行训练。但在1894年与日本的战争中，中国的军队遭遇耻辱的惨败，舰队几乎全军覆没。不久之后，另一支旨在让中国摆脱列强阴影的起义集团——义和团崛起，他们给中国造成了极大损失，并威胁到外国使节们的安全。慈禧太后（1835—1908）通过控制两位年轻的皇帝（同治和光绪），成为1868年到1908年间中国的实际统治者，一开始她对义和团排外的心理表示同情，但最后她还是联合外国军队血腥镇压了这次运动。中国被迫对外国租界受到的损害进行赔偿。

在1898年，光绪皇帝取得了短短几个月的时间，能够在没有慈禧太后的时刻监视下行使统治权。康有为那个时候正在北京，他发现自己有机会影响清廷，就连续向光绪上书。康有为在之前的十年里一直鼓吹改革，比如建议禁止裹小脚，认为应该革新科举制度。他也大力主张中国应该吸收更多的外国思想，即便他仍然将儒家哲学视作解决中国问题的根本答案。

在1898年，康有为针对中国的科举制度写下了下面的文字：

13F1

《请停弓、刀、石武试改设兵校折》

夫武试之制，始于唐之武后，于今千二百年矣，乃在德意志初祖沙立曼未出世之前。此真博物院之古物，足供考古者。岂今犹可抱巨石以投人、舞大刀而相斗、鸣长镝以相惊乎？以此弓、刀、石而与数十响之后膛枪、开花弹之克虏伯炮相较乎？既必无是理矣！……

13F2

以言兵事，等于古玩儿戏；以言国计，则大为弃民伤财……立下明诏，停止弓、刀、步、石之武试及旗兵习弓矢者，并广设武备学校。

如果没有慈禧太后对"百日维新"横加阻止并全面镇压的话，光绪帝很可能会接受康有为的建言。康有为逃亡到日本，其他没那么幸运的一些维新同志则被逮捕、被关押、被处死。不过，改革大幕已经拉开。在1901年，光绪帝签署了下面一条诏令：[15]

[15] 刘锦藻：《清朝续文献通考·选举五》。

图65 “太让我生气了，明明是我们发明了火药！”（法国政治讽刺漫画，1856年）

13G1

谕武科一途，本因前明旧制，相沿已久，流弊滋多，而所习硬弓、刀、石及马、步射皆与兵事无涉，施之今日，亦无所用，自应设法变通，力求实际。嗣后武生童考试及武科乡、会试，着即一律永远停止。

对于中国的弓匠来说，武举考试维持了他们的生意。在20世纪40年代，谭旦冏采访了中国当时仅存的其中一位弓匠，并根据采访内容写成《成都弓箭制作调查报告》[16]。他写道：

“长兴弓铺[17]的名声被宣扬出去，在当年，弓有时不够销，房间[18]得预定。但不幸，好景不长，光绪末年停考，制弓业便一落千丈，因此武正福的小儿子学了一半的手艺，便不愿继续而改行到嘉定经商去了，还是武

[16] 谭旦冏：《成都弓箭制作调查报告》，《“中央研究院”历史语言所集刊》，1951年第23刊。

[17] 译者注：成都长兴弓铺后来的故事，参考附录《成都最后的制弓人——武泳华访谈》。

[18] 这些房间会作为旅舍租给来成都参加武举考试的考生和他们的师傅。

正福的大儿子洪兴继承父亲的遗志，挣扎下来，再传给他的侄子树森，就是现在的老板。”

弓箭制造停顿了一段时间。到了1911年辛亥革命后，由政府资助的成都国术馆建立了“射德会”，有限地恢复了人们对射艺的兴趣。但弓箭生意赚钱慢，弓匠们经常要寻求国术馆的支持。他们有时会通过在周六开射箭班来补贴一些收入。到了谭旦冏撰写报告的时候，弓箭业已行将就木。

随着时间的推移，保存中华射艺的想法也渐渐出现。1940年，律师、武术研究者唐豪在上海市国术协进会的赞助下编辑出版了一本清代射书的选集。[19]他认为射箭和射击在本质上没有什么区别，军队通过射箭的训练，可以避免浪费弹药，因为那时中国还处于弹药紧缺的状态。

[19] 唐豪：《清代射艺丛书》，上海：上海市国术协进会，1940年。

但是，传统射艺并未在抗日战争中幸存，虽然有一些零星的报道说有农民用弓箭来抵抗日本人。在北京仍然保存着一些制弓的传统。1955年，蒙古族的传统射手们发现他们没法在当地获得足够多的传统弓，于是他们到北京来，并购买了大约500张弓。

中华人民共和国成立于1949年，之前中国已长期遭到战争和饥荒的蹂躏。毛泽东从一个中华射艺与中国传统制弓技术已凋零殆尽的环境中开创了新中国，中国国家射箭队原总教练徐开才曾在20世纪50年代从军，他对射箭的兴趣源于在少数民族地区（内蒙古和东北）观看射箭比赛的经历。他找到了一位在清朝时就教射箭的老师傅学习射艺。但是，传统的教学要求学生长时间张开双臂站立，好放松肩膀的关节，并练习气功、调节呼吸，这在徐开才看来是与现代竞技射箭格格不入的。他和中国射箭队最后转练已在西方流行起来的现代反曲弓，并采用了西式的射箭法。[20]

[20] 徐开才先生大力支持了本书的写作，并慷慨地贡献出他的时间和资料。

在20世纪30年代，传统弓匠杨文通跟随他的父亲杨瑞林进入弓箭行当中。杨家的弓箭铺聚元号位于北京的一个传统弓匠聚集区。1957年，聚元号改成公私合营，他们得以继续制作弓、弹弓和弹弩，主要是卖给内蒙古、青海和西藏的蒙古族、藏族的传统弓箭手。但是在“文化大革命”刚开始的1966年，他们的手艺被红卫兵认为是属于资产阶级的，父子俩不得不改行做木工。21世纪初，年过七旬的杨文通从木工岗位上退休，慢慢又开始捡起传统的制弓手艺了。一个拥有着三千年历史的传统手艺如今紧握在一个人手中。

射貴形端志正寬福六合活
舒胸五指三氣是足穿守三足中
行之重開高要詳於詩放江得
射謀完滿參風服最宜命穩
酒方能以中

射贵形端志正，宽裆下气舒胸。
五平三靠是其宗，立足千斤之重。
开要安详大雅，放须停顿从容。
后拳凤眼最宜丰，稳满方能得中。

——李汝珍（约1763—约1830）
《镜花缘》第七十九回

◄《镜花缘》第七十九回　张国英 书

卷十四　终卷

我要向读者道歉，因为我把你们生生拖进了三千年的中国历史当中，穿过了战场，经过了哲学家的后花园，越过了汉字的丛林。现在你们伤痕累累，被好几种迥然不同的射艺风格和姿势牵绊着无法前进（就算是同一类射箭姿势中间也会有前后不一之处）。然而我还是没有向你们展示如何以一种中华式（Chinese style）的射法来射箭，或展示任何与之有关联的射箭姿势。

你们有权表示不满。

我一度想过要用我自己对中华射艺的综合理解来对本书进行总结，比如写上详细的拉弓流程，或用一系列图片或照片（当然是我自己的）清楚地解释射箭的每一个步骤和技术要点。

但如果我这么做了，我无法保证能诚实面对如下两个问题：

其一，我们已经遇见了很多不同时空中的射艺风格和理论。我应该说谁是正确的呢？在黑压压的战场上，马蹄扬起的灰尘遮蔽天空，耳畔是战鼓的雷鸣，这种情势下我要把自己的生命交托到哪一种射姿上呢？答案不是任何一种射姿，而是：跑！

其二，我不是一个好射手。如果要我厚着脸皮来教你们任何射箭的方法，我会对我自己的射艺水平有很高的期待，然后我的伪装会被迅速拆穿。

所以该怎么做呢？我不愿意让你们感到失望。不过我们需要以某种方式听一位真正优秀的老师来讲解中华射艺。

这可能吗？或许吧。

让我向你们介绍一位深谙传统之道的射艺老师和诗人——苏亚兰。

亚兰是一位虚构的年轻女子。实际上，她是清代小说《镜花缘》中的一个角色，这本小说写于1820年前后，作者是李汝珍。《镜花缘》以唐朝武则天时代为背景，武则天是科举制度的奠基人，她废黜了唐朝皇帝，建立了自己的王朝"周"，成了中国历史上唯一一位女皇（小说中这一背景是历史事实，武则天690年至705年在位）。不过，借此背景，李汝珍把我们带入了一个充满奇思妙想的世界。在他笔下，武则天同意让女人参加科举，有百位"才女"以优异的成绩通过了考试（其实她们是百花的化身，武则天在一次醉酒后发号施令让百花齐放，于是她们落入凡间）。

在作者的小说里，这些女子为了庆祝科举考中，举行了各种聚会，还参加了很多本来是为男性预备的体育和娱乐活动。[1]在描写这些活动时，作者展示了他对中国体育的广博知识，这些活动都存在于作者生活的时代，即19世纪初。[2]

下面就让优秀的亚兰老师给你们上一堂射艺课吧。让三千年以男性为主导的中华射艺历史优雅地浓缩在一位女性身上，还有什么比这更妙的事吗？

祝各位射得漂亮！

[1] 李汝珍并非一名伟大的女权主义者，尽管他在小说中写到了女人也享有平等参加科举的权利，还废除了缠足。但他仍是在用一名男性的眼光打量这个世界。

[2] 一提到《镜花缘》，很多读者就会想起书中那些存在于中国神话里的奇异国度。的确，前五十回的情节讲的就是一位女性角色的海外游历，但我在此处想谈的是该书的后半部。

14A1

《镜花缘》第七十九回

次日把卷交了，陆续都到卞府，彼此把诗稿看了，互相评论一番。用过早面，仍在园中各处散步。游了多时，一齐步过柳荫，转过鱼池，又往前走了几步。紫芝手指旁边道："这里有个箭道，却与玉蟾姐姐对路。诸位姐姐可进去看看？"

14A2

张凤雏道："此地想是老师射鹄消遣去处，我们进去望望。"一齐走进。里面五间敞厅，架上悬着许多弓箭，面前长长一条箭道，迎面高高一个敞篷，篷内悬一五色皮鹄。苏亚兰道："这敞篷从这敞厅一直接过去，大约为雨而设？"香云道："正是。家父往往遇着天阴下雨，衙门无事，就在这里射鹄消遣。恐湿了翎花，所以搭这敞篷。"

14A3

张凤雏见这许多弓箭，不觉技痒，因在架上取了一张小弓，开了一开。玉蟾道："姐姐敢是行家么？"凤雏道："不瞒姐姐说，我家外祖虽是文职，最喜此道，我时常跟着顽，略略晓得。"紫芝道："妹子也是时常跟着舅舅顽。我们何不同玉蟾姐姐射两条舒舒筋哩？"琼芝道："苏家伯伯曾任兵马元帅，亚兰姐姐自然也是善射了？"亚兰道："妹子幼时虽然学过，因身体过弱，没甚力量，所以不敢常射，但此中讲究倒知一二。如诸位姐姐高兴，妹子在旁看看，倒可指驳指驳。"紫芝道："如此甚好。"

当时就同玉蟾、凤雏各射了三箭，紫芝三箭全中，玉蟾、凤雏各中了两箭。

14A4

紫芝满面笑容，望着亚兰道："中可中了，但内中毛病还求老师说说哩，并且妹子从未请人指教。人说这是舒筋的，我射过之后，反觉胳膊疼；人说这是养心的，我射过之后，只觉心里发跳。一定力用左了，所以如此，姐姐自然知道的。"

14A5

亚兰道："玉蟾、凤雏二位姐姐开放势子，一望而知是用过功的，不必说了。至妹妹毛病甚多，若不厌烦，倒可谈谈。"绿云道："如此甚妙，就请姐姐细细讲讲，将来我们也好学着顽，倒是与人有益的。"亚兰道："妹子当日学射，曾撮大略作了一首《西江月》[3]。后来家父看见，道：'人能依了这个，才算会射；不然，那只算个外行。'今念来大家听听：

射贵形端志正，宽裆下气舒胸。
五平三靠是其宗，立足千斤之重。
开要安详大雅，放须停顿从容。
后拳凤眼最宜丰，稳满方能得中。

[3] 源于唐代的一个词牌名。全词共五十字，格律无定式。

14A6

"刚才紫芝妹妹射的架势，以这《西江月》论起来，却样样都要斟酌。既要我说，谅未必见怪的。即如头一句'射贵形端志正'，谁知他身子却是歪的，头也不正，第一件先就错了。

14A7

“至第二句‘宽裆下气舒胸’，他却直身开弓，并未下腰。腰既不下，胸又何得而舒？胸既不舒，气又安得而下？所以三箭射完，只觉嘘嘘气喘，无怪心要发跳了。

14A8

“第三句‘五平三靠是其宗’：两肩、两肘、天庭，俱要平正，此之谓‘五平’；翎花靠嘴、弓弦靠身、右耳听弦，此之谓‘三靠’。这是万不可忽略的。以五平而论，他的左肩先已高起一块，右肘却又下垂，头是左高右低，五平是不全的。以三靠而论，翎花并不靠嘴，弓是直开直放，弓梢并未近身，所以弓弦离怀甚远，右耳歪在一边，如何还能听弦？三靠也是少的。

14A9

“第四句‘立足千斤之重’，他站的不牢，却是我们闺阁学射通病，这也不必讲。[4]

[4] 这里暗指清代中国家庭里强迫妇女缠足的习俗。李汝珍非常反对这一陋俗。

14A10

“第五句‘开要安详大雅’，这句紫芝妹妹更不是了。刚才他开弓时，先用左手将弓推出，却用右手朝后硬拉。这不是开弓，竟是扯弓了。所谓开者，要如双手开门之状，两手平分，方能四平，方不吃力。若将右手用扯的气力，自然肘要下垂，弄成茶壶柄样，最是丑态，不好看了。

14A11

“第六句‘放须停顿从容’，我看他刚才放时并不大撒，却将食指一动，轻轻就放出去；虽说小撒不算大病，究竟箭去无力，样子也不好看。射箭最要洒脱，一经拘板，就不是了。况大撒毫不费事，只要平时拿一软弓，时时撒放，或者手不执弓，单做撒放样子，撒来撒去，也就会了。若讲停顿二字，他弓将开满，并不略略停留，旋即放了出去，何能还讲从容？

14A12

“第七句‘后拳凤眼最宜丰’，他将大指并未挑起，哪里还有凤眼？纵有些须凤眼，并不朝怀，弦也不拧，因此后肘更不平了。

14A13

“第八句‘稳满方能得中’，就只这句，紫芝妹妹却有的，因他开的满，前手也稳，所以才中了两箭。但这样射去，纵箭箭皆中，也不可为训。”

14A14

紫芝道：“姐姐此言，妹子真真佩服！当日我因人说射鹄子只要准头，不论样子，所以我只记了‘左手如托泰山，右手如抱婴孩’这两句，随便射去，哪里晓得有这些讲究。”

14A15

亚兰道："妹妹，你要提起'左手如托泰山'这句，真是害人不浅！当日不知那个始作俑者，忽然用个'托'字，初学不知，往往弄成大病，实实可恨！"琼芝道："若这样说，姐姐何不将这'托'字另换一字哩？"亚兰道："据我愚见，'左手如托泰山'六字，必须废而不用才好。若按此句，'托'字另换一字，惟有改做'擫'字。虽说泰山不能下个擫字，但以左手而论，却非擫字不可。

14A16

"若误用托字，必须手掌托出；手掌既托，手背定然弯曲；手背既弯，肘也因之而翻，肩也因之而努。托来托去，肘也歪了，肩也高了，射到后来，不但箭去不准，并且也不能执弓，倒做了射中废人。这托字贻害一至于此！你若用了擫字，手背先是平正，由腕一路平直到肩，毫不勉强，弓也易合，弦也靠怀，不但终身无病，更是日渐精熟，这与托字迥隔霄壤了。"

14A17

玉蟾道："妹子也疑这个托字不妥，今听姐姐之言，真是指破谜团，后人受益不浅。"绿云道："据妹子意思，只要好准头，何必讲究势子，倒要费事？"亚兰道："姐姐这话错了。往往人家射箭消遣，原图舒畅筋骨，流动血脉，可以除痼疾，可以增饮食，与人有益的。若不讲究势子，即如刚才紫芝妹妹并不开弓，却用扯弓，虽然一时无妨，若一连扯上几天，肩肘再无不痛。倘不下腰，不下气，一股力气全堆胸前，久而久之，不但气喘心跳，并且胸前还要发痛，甚至弄成劳伤之症。再加一个托字，弄得肘歪肩努，百病丛生，并不是学他消遣，倒是讨罪受了。”

14A18

张凤雏道：“姐姐这番议论，真可算得‘学射金针’。”

附录 成都最后的制弓人——武泳华访谈

访问/摄影：谢肃方

时间：2000年4月6日

长兴弓铺传人武泳华

武泳华是成都长兴弓铺当家武树森（1894—1990）的女儿，武树森曾接受过学者谭旦冏的深度访谈，记录在谭旦冏著《成都弓箭制作调查报告》中。尽管已经75岁了，武泳华老人依然身体矍铄，头脑清晰。她在位于成都西大街239号的老作坊中亲历了弓箭制作和销售的全过程。

成都市西大街228号门牌

作坊最初拥有239号的两个商铺，后来长兴弓铺生意兴隆，遂购置了街对面228号的一个铺面专门销售弓箭。

这两处老铺留存至今(在当代中国这很少见)[1]，但都改做了餐馆(没有一间是武家的产业)。弓箭铺的二楼从前拿来租用给那些考武举的考生住，现在依稀还有当年的模样。

[1] 译者注：括号内为作者添加的补充说明，下同。

谢肃方(后文简称“谢”)：首先，请您简单介绍一下当年是怎么进入长兴弓铺的制弓行当的，作为一个女人，做这一行可能更难？

武泳华(后文简称“武”)：在我家女人做这个并不困难。确实男人承担了大部分的工作，但女人专门负责处理牛筋，这些牛筋可以加强弓的韧性，还可以做弦。我六七岁就开始做啦！(注：武泳华7岁的时候应该是1932年)我记得我帮做的第一件事是放倒被锯断的竹子，然后帮着把竹子搬进作坊。接着我就开始学着熬胶。那些鱼鳔真是大，我想可能是鲨鱼的。我们通常将鱼鳔切割成长条，然后从早到晚地熬制。鱼鳔一般是放在一口大平底锅里，要用文火慢慢熬。

谢：熬胶的时候你们加其他什么材料吗？

武：不加。等胶熬了一整天后我们要拿去过滤。我们要熬制大量的胶，弓匠们用的时候就只挖一小勺。使用之前，这些胶还要拿到蒸锅里重新加热，但也必须确保加热过后的胶不会伤到牛筋(联想到弓匠使用胶的时间在一年里基本有个定时，准备胶的时长应该也不会太久)。

谢：在做弓的时候弓匠需不需要遵守什么宗教习俗？

武：并没有啥子特别的，但我们一年要拜四次三帝（即三皇大帝）和关公。（出乎意料地，武泳华老人竟然还保留着一方青花瓷缸，用于给三帝上香。“文革”时为防被红卫兵砸烂，还专门漆成黑色，伪装成米缸。在“破四旧”运动中，老弓匠们首当其冲，显然红卫兵们害怕弓箭被用于武装造反，这种事情不只发生在成都，北京和新疆察布查尔锡伯自治县的弓匠也受到冲击。）

武家藏三皇大帝牌位瓷缸

谢：这些胶要怎么用呢？

武：用胶的时候，它的温度一定要低于沸点，而且一定要保证不能有汗或者油滴进去。

谢：贴角和贴筋用的胶一样吗？

武：一样的，黏度是一样的。在粘之前，角片的表面要做上标记，我们是用一条夹在钳子上的锯齿画的。我们先用一个夹子将竹片与角片固定住，然后再用线将两者绑紧。

谢：等胶干大概要多长时间？

武：一年，但并不只是等胶干那么简单。一些竹子有天然的抗虫性，但是你不可能提前知道哪一段抗虫哪一段不抗。我们四川乡下人常说，如果一根竹子在盛夏的时候都能抗虫害，那么它永远都不会招虫。所以我们要把上好胶的竹条放置整个夏天，然后在接下来的六个月里观察它是否遭了虫蛀。那些不招虫的竹子才会被用来做弓，否则就丢了不用。

谢：你们是如何选择竹子的呢？是否要选用竹节最少的一段拿来做弓？

武：不用，竹节的数量是不需要计算在内的。你只用保证弓弝上不会有竹节，而且弓弝上下的竹节数对称就可以了。一般我们弓弝上下都各有两个竹节。

谢：那么弓弰呢？

武：弓弰我们用檀木，弓弝也是。

谢：在角片与弓弝的结合部，你们会放其他添加物吗？

武：不，它们是直接嵌进去的。但往往弓会在弓弝上出问题。以前北京考武举的时候（1901年之前）我爷爷和父亲都要带着工具到北京去为那些考生修弓，总会有些残次品。

谢：我听说有经验的弓匠可以仅凭知道制弓材料的重量做出特定拉力的弓，这是真的吗？

武：我想有经验的弓匠或许能做到吧（这并不是一个十分肯定的答复）。

谢：您能为我再讲一些牛筋的知识吗？

武：好，我们用的是水牛的背筋，需要从健壮的公牛身上提取。我们收的一般是新鲜或者半干的牛筋，收到后要马上剔除上面残存的肉和油脂，然后把它们放置在潮湿的地上以保持湿润（显然这些牛筋不会运送到作坊中去，而是拿到附近的打谷场里）。我们一般把牛筋放在打谷场上，用米糠盖住。它们既不能太湿也不能太干，接着我们要用人或牛拉的碾子将牛筋压散。

谢：我原以为是要把牛筋晒干，然后用大锤子去砸。

武：这样会损坏牛筋，我们需要长一些的筋丝，而不是大量的短丝。在压散过后，我们要用湿毛巾盖住牛筋以保持适当的湿度，还要往上吐口水（在处理牛筋时唾液似乎很重要，唾液中的酶有助于分解残留在牛筋上的油脂）。然后我们要把长短不一的筋丝分开，取用足够做五十把弓（弓铺的年产量）的就行了。之后，这些筋丝就可以拿去晾干了。我们在竹片和角片贴好之后才用到筋，长的铺在弓的中部，短的铺在两端。铺的筋层数越多，弓力就越大。

谢：能告诉我有关桦树皮的知识吗？

武：可以，但我不大清楚桦树的来源。我只知道桦树皮的最外层和最里层是不能用的，只用中间的。

谢：你们会把弓铺的名字标记在弓上吗？

武：不会，我们有专门的商标：所有长兴弓铺出产的弓，在弓弰弦槽部分都会贴一块菱形的黑色桦树皮作为标志。这是我们的秘密商标，我们不会在任何弓上写

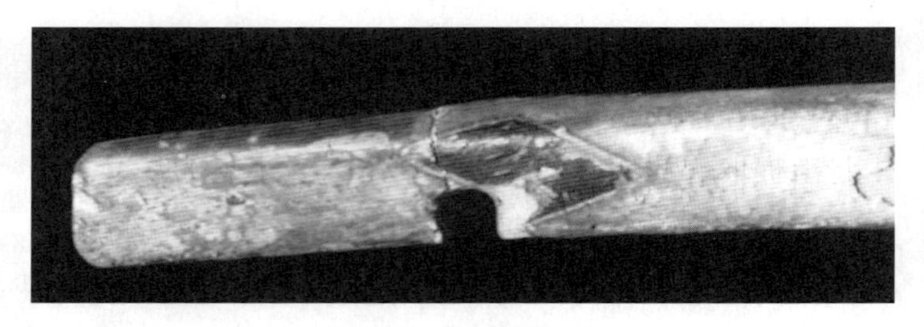

长兴弓铺弓弰上的菱形商标

字。在弓造好后，我们都会刷一层桐油，这个做法在北方是没有的。

谢：在北京，他们用桃木皮做装饰，你们也这么做吗？

武：不，我们只用桦树皮。

谢：成都弓箭生意最后的景象是怎样的，能给我讲讲吗？

武：我们是最后一代了。抗日战争开始后，我们不能再做生意。大家都撤离到乡下避难。新中国成立后，弓箭市场也不复存在了，我的父亲靠木匠手艺维生。之前我们在城郊有一个放弓的仓库，但是后来意外烧毁了，我也只留下了一把老长兴弓（武泳华老人保留的弓是很优良的长兴弓标本，用的是白水牛角，但现在也破损了。她的侄女据说有一把武树森做的弹弓，但是我没有见到）。

谢：我知道你用传统弓参加过一次射箭比赛。

武：是的，我被我父亲培养成了一名传统弓射手，在20世纪50年代中期我参加了第一届全运会。我在女子射箭比赛中拿了铜牌，之后我被运动学校聘为教练。我教了很多年射箭，用传统弓教，后来也用西洋弓。

参考文献

- 此处列举了我为写作此书而参阅的各类文献资料；
- 未注明出版者的古籍，一部分是明清刻本，一部分出版者不详；
- 古籍的出版时间为推测的年份；
- 未注明国际标准书号（ISBN）的参考文献，要么出版于ISBN系统建立以前，要么未被归入ISBN编号范畴。

中文文献

陈邦彦书《康熙字典》，上海：中华图书馆，1919年。

陈恩林：《先秦军事制度研究》，7-80528-340-0，长春：吉林文史出版社，1991年。

陈槃：《“侯”与“射侯”》，《“中央研究院”历史语言研究所集刊》，第22刊，1950年。

陈群：《中国兵制简史》，7-80021-122-5，北京：军事科学出版社，1989年。

陈剩勇：《中国第一王朝的崛起：中华文明和国家起源之谜破译》，7-5438-0784-X，长沙：湖南人民出版社，1994年。

陈戍国点校《周礼·仪礼·礼记》（《古典名著普及文库》），7-80520-163-3，长沙：岳麓书社，1989年。

陈王谟：《射诀集益》，1840—1852年间。

陈元靓：《事林广记》，7-101-02009-7，北京：中华书局，1963年。

成东、钟少异编著《中国古代兵器图集》，7-5065-0646-7，北京：解放军出版社，1990年。

程子颐：《武备要略》（卷四《射论》），1638年。

程宗猷：《射史》（卷八《射法直述图》），1629年。

崔起潜：《新镌射艺详说》，1854年。

方述鑫等编《甲骨金文字典》，7-80523-576-7，成都：巴蜀书社，1993年。

房立中主编《兵书观止》，7-81004-426-5，北京：北京广播学院出版社，1994年。

冯继钦、孟古托力、黄凤岐：《契丹族文化史》，7-207-03000-2，哈尔滨：黑龙江人民出版社，1994年。

冯友兰：《中国哲学史》，957-05-0690-3，台北：台湾商务印书馆，1993年。
高明：《中国古文字学通论》，7-301-02285-9，北京：北京大学出版社，1996年。
高锐：《中国上古军事史》，7-80021-814-7，北京：军事科学出版社，1995年。
高颖：《武经射学正宗指迷集》，1637年。
顾宝田、陈福林注译《左氏春秋译注》，7-80528-912-3，长春：吉林文史出版社，1995年。
顾镐：《射说》，1719年。
顾煜：《射书》（四卷），1637年。
郭嵩焘：《礼记质疑》，7-80520-300-8，长沙：岳麓书社，1992年。
郭希汾：《中国体育史》，7-5321-1075-3，上海：上海文艺出版社，1993年。
国家体委武术研究院编纂《中国武术史》，7-5009-1341-9，北京：人民体育出版社，1997年。
汉语大字典编辑委员会编纂《汉语大字典》，7-5403-0027-2，武汉：湖北辞书出版社；成都：四川辞书出版社，1986年。
汉语大词典编辑委员会、汉语大词典编纂处编纂《汉语大词典》，7-5432-0005-8，上海：汉语大词典出版社，1990年。
黄百家：《征南射法》，1697年。
黄云眉：《古今伪书考补证》，南京：金陵大学中国文化研究所，1932年。
纪鉴：《贯虱心传》，1679年。
姜亮夫：《屈原赋校注》，香港：香港商务印书馆，1964年。
蒋廷锡、陈梦雷：《钦定古今图书集成·经济汇编·戎政典》，1726年。
缪袭：《尤射》（一卷），500年。
劳干：《“侯”与“射侯”后记》，《“中央研究院”历史语言研究所集刊》，第22刊，1950年。
李呈芬：《射经》，1646年。
李塨：《学射录》（二卷），1879年。
李军主编《五经全译》，7-80573-635-9，长春：长春出版社，1992年。
李玲璞、臧克和、刘志基：《古汉字与中国文化源》，7-221-04271-3，贵阳：贵州人民出版社，1997年。
李圃：《甲骨文文字学》，7-80616-100-7，上海：学林出版社，1995年。
李汝珍：《镜花缘》，962-231-312-4，香港：香港中华书局，1992年。
林伯原：《中国古代体育史》，957-601-111-6，台北：五洲出版社，1996年。
林旅芝：《西夏史》，香港：香港大同印务有限公司，1975年。
林尹注译《周礼今注今译》，台北：台湾商务印书馆，1972年。
林正才：《守城录注释》，7-5065-1419-2，北京：解放军出版社，1990年。

刘奇：《绣像科场射法指南车》，1722年。
刘申宁：《中国兵书总目》，7-5626-0205-0，北京：国防大学出版社，1990年。
刘向：《列女传》，7-80568-316-6，北京：中国书店出版社，1991年。
毛华阳编《二十五史纪传人名索引》，7-5325-0565-0，上海：上海古籍出版社，1994年。
毛礼锐、沈灌群主编《中国教育通史》，7-5328-2201-X，济南：山东教育出版社，1985年。
茅元仪：《武备志》（《中国兵书集成》），7-80507-006-7，北京：解放军出版社；沈阳：辽沈书社，1989年。
〔日〕长泽规矩也编《和刻本类书集成》，7-5325-0791-2，上海：上海古籍出版社，1990年。
叶赫那拉·常钧：《射的》，1770年。
欧阳修：《九射格》，1070年。
戚继光：《纪效新书》（《中国兵书集成》），7-5065-2513-5，北京：解放军出版社；沈阳：辽沈书社，1995年。
钱玄：《三礼通论》，7-81047-065-5，南京：南京师范大学出版社，1996年。
上海古籍出版社、上海书店编《二十五史》，7-5325-0464-6，上海：上海古籍出版社、上海书店，1986年。
沈括：《梦溪笔谈》，7-80130-018-1，北京：团结出版社，1996年。
史德威撰、史攀龙辑《射艺津梁》，1868年。
石璋如：《小屯殷代的成套兵器》，《"中央研究院"历史语言研究所集刊》，第22刊，1950年。
〔日〕筱田耕一：《中国古兵器大全》，962-14-1034-7，香港：万里书店，1950年。
舒之梅、张绪球主编《楚文化　奇谲浪漫的南方大国》（《中国地域文化大系》），962-07-5218-X，香港：香港商务印书馆，1997年。
司马迁：《史记》，北京：中华书局，1959年。
宋应星：《天工开物》，962-231-705-7，香港：香港中华书局，1988年。
谭旦冏：《成都弓箭制作调查报告》，《"中央研究院"历史语言研究所集刊》，第23刊，1951年。
唐豪：《清代射艺丛书》，上海：上海市国术协进会，1940年。
唐顺之（荆川）：《武编》（《中国兵书集成》），7-80507-048-2，北京：解放军出版社；沈阳：辽沈书社，1989年。
王琚：《射经》，756年。
王克芬：《中国舞蹈发展史》，957-638-070-7，台北：南天书局，1991年。
王圻、王思义编《三才图会》，1614年。
王世征、谭宝善译注《晏子春秋选译》，7-02-001810-6，北京：人民文学出版社，1994年。
王廷极：《射略》（一卷），手抄本，1839年。
王学理：《秦俑专题研究》，7-80546-792-7，西安：三秦出版社，1994年。

王曾瑜:《金朝军制》, 7-81028-415-0, 保定: 河北大学出版社, 1996年。
汪正荣:《射余偶记》, 1700年。
王仲荦:《隋唐五代史》, 7-208-00566-4, 上海: 上海人民出版社, 1990年。
文物出版社编《中国历史年代简表》, 北京: 文物出版社, 1973年。
吴龙辉主编《中华杂经集成》, 7-5004-1541-9, 北京: 中国社会科学出版社, 1994年。
空军政治学院、《中国古代军事三百题》编委会编《中国古代军事三百题》, 7-5325-0644-6, 上海: 上海古籍出版社, 1989年。
习云太:《中国武术史》, 北京: 人民体育出版社, 1985年。
香港商务印书馆编辑部:《辞源》(修订本), 962-07-0038-4, 香港: 香港商务印书馆, 1984年。
向斯:《中国皇帝游乐生活》, 957-8984-28-6, 台北: 老古文化事业有限公司, 1995年。
谢青、汤德用主编《中国考试制度史》, 7-80535-753-6, 合肥: 黄山书社, 1995年。
许洞:《虎钤经》(《中国兵书集成》), 7-5065-2032-1, 北京: 解放军出版社; 沈阳: 辽沈书社, 1992年。
许进雄:《古文谐声字根》, 957-05-1174-5, 台北: 台湾商务印书馆, 1995年。
刘安等著, 许匡一译注《淮南子全译》, 7-221-03358-7, 贵阳: 贵州人民出版社, 1993年。
徐亦:《武经集要》, 7-0568-544-4, 北京: 中国书店, 1994年。
徐中舒主编《甲骨文字典》, 7-80543-044-7, 成都: 四川辞书出版社, 1989年。
严捷、严北溟编著《列子译注》, 962-231-109-1, 香港: 香港中华书局, 1987年。
杨泓:《中国古兵器论丛(增订本)》, 北京: 文物出版社, 1985年。
杨宽:《战国史》, 957-05-1416-7, 台北: 台湾商务印书馆, 1997年。
杨天宇:《仪礼译注》, 7-5325-1755-1, 上海: 上海古籍出版社, 1994年。
杨向奎:《宗周社会与礼乐文明》, 7-01-000971-6, 北京: 人民出版社, 1992年。
叶舒宪:《诗经的文化阐释: 中国诗歌的发生研究》, 7-216-01390-5, 武汉: 湖北人民出版社, 1994年。
佚名:《山海经》, 台北: 金枫出版社, 1986年。
俞大猷:《剑经》(《中国杂经集成》卷一), 7-5004-1541-9, 北京: 中国社会科学出版社, 1994年。
袁珂:《中国神话通论》, 7-80523-480-9, 成都: 巴蜀书社, 1993年。
臧克和:《说文解字的文化说解》, 7-216-01597-5, 武汉: 湖北人民出版社, 1995年。
臧励龢等编《中国人名大辞典》, 7-5348-0951-7, 郑州: 中州古籍出版社, 1993年。
曾公亮:《武经总要》(《中国兵书集成》), 7-80507-005-9, 北京: 解放军出版社; 辽沈书社, 1988年。
札奇斯钦:《蒙古秘史新译并注释》, 台北: 联经出版事业公司, 1980年。

张次美、徐祥：《奇射秘论弓箭谱》，1750年。
赵晔著，张觉译注《吴越春秋全译》，7-221-03223-8，贵阳：贵州人民出版社，1993年。
张鹏良：《岳飞》，7-80021-503-2，北京：军事科学出版社，1992年。
张山、裴锡荣主编《中华武术大辞典》，7-5345-1842-3，南京：江苏科学技术出版社，1994年。
张正明：《楚文化史》，957-9482-31-4，台北：南天书局，1990年。
赵晔：《吴越春秋》，957-99042-6-X，台北：台湾古籍出版社，1996年。
《中国古代兵器》编纂委员会编《中国古代兵器》，7-224-03778-8，西安：陕西人民出版社，1995年。
周纬：《中国兵器史稿》，台北：明文书局，1981年。
朱墉：《武经七书汇解》（《中国兵书集成》），7-5065-1655-1，北京：解放军出版社；沈阳：辽沈书社，1992年。
朱永嘉、萧木注译《新译吕氏春秋》，957-14-2050-6，台北：三民书局，1995年。

日文、韩文文献

李呈芬著，〔日〕滨口富士雄译《射经》，东京：明德出版社，1980年。
大韩弓道协会：《韩国弓道》，大韩弓道协会出版，1993年。
〔日〕荻生徂徕：《射书类聚国字解》，京都：日本京都琉璃厂，1786年。

西文文献

Boltz, William G., "The Origin and Early Development of the Chinese Writing System", 0-940490-78-1, *American Oriental Series*, Vol. 78, New Haven, CT: American Oriental Society, 1994.
Cowles, Roy T., *The Cantonese Speaker's Dictionary*, Hong Kong: Hong Kong University Press, 1965.
Creel, H. G., *Studies in Early Chinese Culture*, 0-87991-601-X, Philadelphia: Porcupine Press, 1978.
Diem, Carl, *Asiatische Reiterspiele*, Berlin: Deutscher Archiv-Verlag, 1942.
Encyclopaedia Britannica Inc., *Encyclopaedia Britannica* (*CD-Rom Edition 1998*), Encyclopaedia Britannica Inc., 1998.
Fairbank, John King, *China*: *A New History*, 0-674-11671-2, Cambridge, MA: Belknap Harvard, 1994.
Gore, Rick, "Neanderthals", *National Geographic*, Vol. 189, No. 1, 1996.

Granet, Marcel, *Festivals and Songs of Ancient China*, New York: E. P. Dutton, 1932.

Granet, Marcel, *Chinese Civilization*, London: Routledge & Paul Kegan, 1950.

Hamm, Jim Ed., *The Traditional Bowyer's Bible*, 1-55821-207-8, Azle, TX: Bois d'Arc Press, 1993.

Hideharu Onuma, Prospero, Dan De, *Kyudo: the Essence and Practice of Japanese Archery*, 4-7700-1734-0, Tokyo, London, New York: Kodansha International, 1993.

Hsu, Cho-yun, *Ancient China in Transition*, Stanford, CA: Stanford University Press, 1965.

Karlgren, Bernhard, "Compendium of Phonetics in Ancient and Archaic Chinese", *the Bulletin of the Museum of Far Eastern Antiquities*, No. 26, 1954.

Legge, James, *The Chinese Classics*, 962-209-062-1, Hong Kong: Hong Kong University Press, 1960.

Lewis, Mark Edward, *Sanctioned Violence in Early China*, 0-7914-0077-8, Albany, NY: University of New York Press, 1990.

Metternich, Hilary Roe, *Mongolian Folktales*, 0937321060, Boulder, CO: Avery Press, 1996.

Moseley, Walter Michael, *An Essay on Archery Describing the Practice of the Art in All Ages and Nations*, London: Gale ECCO, 2010.

Pirazzoli-t'Serstevens, Michele, *The Han Dynasty*, 0-8478-0438-0, New York: Rizzoli International Publications, 1982.

Pyotrovsky, Boris, *Frozen Tombs: The Culture and Art of the Ancient Tribes of Siberia*, 0-7141-0097-8, London: The British Museum, 1978.

Riegel, Jeffrey K., "Early Chinese Target Magic", *Journal of Chinese Religions*, No.10, ISSN 0737-769X, Boulder, CO: Society for the Study of Chinese Religions, 1982.

Ross, Edward Alsworth, *The Changing Chinese: The Conflict of Oriental and Western Cultures in China*, New York: Century, 1912.

Sawyer, Ralph D., *The Seven Military Classics of Ancient China*, 0-8133-1228-0, Boulder, CO: Westview Press, 1993.

Shaughnessy, Edward L., *I Ching: The Classic of Changes*, 0-345-36243-8, New York: Ballantine Books, 1997.

Song Yingxing (宋应星), Trans. Sun, E-tu Zen and Sun, Shiou-chuan, *Chinese Technology in the Seventeenth Century* (《天工开物》), 0-486-29593-1, New York: Dover Publications Inc., 1997.

Werner, E. T. C., *Chinese Weapons*, 9971-49-116-8, Singapore: Graham Brash, 1989.

Zi (Siu), Etienne, Le P. S. J., "Pratique des Examins Militaires en Chine", *Variétés Sinologiques*, No. 9, Shanghai, 1896.

译后记

起心翻译本书，可追溯到十年前我的大学时代。当时我在学校因缘际会参加日本弓道社团，同时和朋友开始接触中国传统射箭。恰逢中华射艺传播者李军阳老师在我学校附近的岛上开辟了一片射场，闲时便与二三好友前去射箭。某次谢肃方先生来岛拜访李老师，我们方知谢老是著名的射艺研究者，且惊叹于他对中文和中国文化的熟稔程度。了解到谢老出版过一本研究中国射箭文化的专著，我即去图书馆觅得此书，看后大长见识，不承想射箭背后还蕴藏着大学问，这本书就是《射书十四卷》。十年前中国传统射箭的爱好者还不多，大家一般聚在一个叫“中华弓会”的网络论坛上，彼此分享资料和射箭心得，但权威的研究著作尚很罕见。我即尝试将《射书十四卷》的序言及谢老对成都长兴弓铺传承人的访谈（见本书附录）译出，发布到论坛上，并获得一些同人的关注，也因此结识了本书的另一译者贠琰兄。

大学毕业后我赴香港读研，射艺的练习和研究均已荒疏，而贠兄长期以来专注射艺，无论在技术还是理论上均已达到相当高度，尤其是他精擅考古文物，在与中华射艺有关的文物图像搜集上恐怕全国无出其右者。2013年我从香港硕士毕业，应龚鹏程师之召，回到成都协助都江堰文庙暨都江堰国学院开展工作，其间又重拾射艺练习，并开设了一段时间的射艺课程。一日贠兄携友来都江堰访我，我们即兴安排了一次小型的射艺学术交流会，贠兄介绍他对“射箭学”体系的构想，体大思精，上接民国时期张唯中先生奠定的“弓箭学”，下开射艺研究的新方法新理路。但中华射艺的研究几乎是一个从零开始的任务，当时国内仅有零星讨论先秦射礼的一些论著，但对中华射艺的整体脉络，尚无系统性的认知。要知从儒家六艺“礼乐射御书数”以降，“射”可谓是贯通中国历史的经典文化符号，其不仅在战争中是“十八般武艺”之首，更出现在各种哲学、文学、宗教、民俗的文本之中。也唯有“射”独立于其他武艺，从先秦开始就拥有完整的形上（德性修身）和形下（器物技法）的知识系统，“射”之可以成为“学”，当然顺理成章。学术界首个从“射学”角度阐释中国射箭历史文化的著作正是谢老的《射书十四卷》，有感于本书的开创性价值，我们决定把它整本译出，以供学界参考。在获得谢老首肯之后，我和贠兄在读博之余，完成了本书的翻译。

拙译得以出版，首先要感谢龚鹏程师，蒙龚师大力推荐，我有幸与北京大学出版社建立联系。北大出版社梁勇老师亦认为本书是一个不错的学术选题，很快便落实了版权问题，并予以立项。因本书是我们第一次尝试学术翻译，不免有许多错漏，译文亦欠雅驯。出版社编辑老师不吝赐教，给出了宝贵翔实的修改意见，这才使本书能以稍微可观的形式呈现，不致辜负期待本书出版的射艺同好们。马明达教授是国内最早评介《射书十四卷》的学者，亦是最早重视和提倡射学研究的先驱，蒙马老慷慨赐序，倍感荣幸。龚鹏程师、崔乐泉师、潘斌教授在百忙之中抽空为本书撰写推荐语，在此向诸位老师致上诚挚谢意。译文中仍存在的问题，希望读者发现后予以批评指正。

陈雨石

壬寅清明于成都